KB048624

# 근대가족의 성립과 종언

# 근대가족의 성립과 종언

우에노 치즈코 지음

이미지문화연구소 옮김

당대

KINDAI KAZOKU NO SEIRITSU TO SHUEN

by Chikuko Ueno

ⓒ 1994 by Chikuko Ueno

Originally published in Japanese by Iwanami Shoten, Publishers, Tokyo, 1994.

This Korean language edition published in 2009

by Dangdae Publishing Co., Seoul

by arrangement with the proprietor c/o Iwanami Shoten, Publishers, Tokyo

# 근대가족의 성립과 종언

제1판1쇄 인쇄 | 2009년 3월 25일
제1판1쇄 발행 | 2009년 3월 30일

지은이 | 우에노 치즈코
옮긴이 | 이미지문화연구소
펴낸이 | 박미옥
디자인 | 조완철

펴낸곳 | 도서출판 당대
등록 | 1995년 4월 21일 제10-1149호
주소 | 서울시 마포구 서교동 395-99 402호
전화 | 02-323-1315~6
팩스 | 02-323-1317
전자우편 | dangbi@chol.com

ISBN 978-89-8163-146-8 93330

이 책을 1994년에 펴냈을 때 『근대가족의 성립과 종언』이라는 제목을 보고 "일본에는 아직 근대가족이 형성되지도 않았는데 벌써 종언을 이야기하는 것은 성급하다"는 비판을 받았다. 하지만 이미 그 당시에 드러난 다양한 인구학적 징후를 보면 근대가족이 해체되고 있다는 사실은 분명했다.

　본문에서도 썼지만 근대가족이란 가족사 연구자들이 발견해 낸 역사적 '기술(記述) 개념'이지 '규범 개념'이 아니다. 근대화를 경험한 모든 사회에서 '근대가족'의 특징을 공유하는 역사적 가족이 등장했는데, 여기서는 일본도 예외가 아니다. 일본문화론에는 일본의 가족제도를 고유의 전통으로 간주하는 일본 특수성론이 있으며, 이것은 일종의 전도된 오리엔탈리즘이라고 해야 할 것이다. 어떤 가족제도나 역사 속에서 변모하며 일본의 '이에'(家) 제도도 역사를 초월한 문화유전자는 아니다. 일본의 근대국가 형성과정에서 이에 제도가 어떻게 인위적으로 가공되어 온 역사적 구축물인지를 이 책에서는 논하고 있다.

　이 책은 출판되던 해에 산토리학예상 문화·예술부문을 수상하면서 일본의 근대가족 연구에서 하나의 이정표가 되었다. 또한 이 책을 계기로 일본판 '근대가족' 논쟁이 가족사 연구자들 사이에서 일어났다. 즉 '이에'가 근세와 근대 사이에, 또 전전(戰前)과 전후(戰後) 사이에 어떻게 연속성과 단절을 경험했는지를 둘러싼 논쟁이었다. 이 논쟁을 거친 지금도 나는 이 책에서 논한 내용을 수정할 필요성을 느끼지 않는다.

그렇다 하더라도 이 책이 출판된 지 10여 년 동안 일본 사회의 가족변모에 대해 관찰한 몇 가지를 덧붙여두고자 한다.

1990년대의 일본은 버블 쇼크 이후 장기간 불황을 겪었으며, 이 시기를 '잃어버린 10년'이라고 부른다. 일본의 기업들 상당수가 '일본형 경영'이라 일컬어지는 종업원과의 공존공영을 도모하는 경영기법을 유지할 수 없게 되었다. 일본형 경영은 종업원들의 종신고용과 연공서열 급여체계를 보증해 줌으로써 고용의 안정성을 꾀해 왔으나, 이 같은 고용의 안정성 붕괴는 혼인 안정성의 붕괴와 궤를 같이한다. 돌이켜보면 '일본형 고용'의 기원이라고 해봤자 고작 1950년대로 거슬러 올라가는 정도의 짧은 역사인데다, 경제 성장기에는 적합한 관행이었지만 글로벌화 아래서 장기적으로 지속된 경기불황기에는 계속 유지해 나간다는 게 불가능해졌다.

이 시기를 거치면서 여성 역시 큰 변화를 경험했다. 이른바 '여여(女女) 격차', 즉 여성들 사이의 격차라 지칭되는 여성의 다양화가 진행되고 고용의 유동성이 촉진되었다. 1990년대 초에 33%였던 여성 비정규직 고용인의 비율이 2006년에는 52%에 이르렀다. 현재는 남녀를 불문하고 노동자 3명 가운데 1명은 파트타임, 파견, 계약, 청부 등의 비정규직 고용인이다.

남성 비정규직 고용인 비율도 17%나 된다. 마리아 미스가 예언한 것처럼, 남녀 할 것 없이 '노동의 주부화'가 진행되고 있는 것이다.

2000년대 일본에서는 생활보호 수준보다 낮은 임금을 벌어들이는 이른바 '근로빈곤층'(working poor)이 사회문제로 대두되었다. 하지만 여성 비정규직 노동자는 그전부터 실질적으로 근로빈곤층 상태에 있었다. 여성뿐 아니라 남성까지 포함되면서 비로소 비정규직 노동자는 사회적으로 문제가 되었던 것이다.

같은 시기에 가족해체의 징후를 나타내는, 두 가지 인구학적 지표가 변화했다. 대부분의 선진 공업국들에서는 이혼율 증가와 혼외출생률 증가가 이 지표에 해당한다. 전자는 혼인의 안정성이 약화되고 있음을 보여주는 지표이며, 후자는 혼인과 성행위가 분리되고 있다는 것을 나타내는 지표이다. 두 가지 모두 근대가족을 떠받쳐주는 성규범, 즉 혼인과 성관계와 출산이라는 삼위일체의 동요 정도를 나타내는 지표로서 지금까지 사용되어 왔다. 서구 선진공업국가들에서는 이 두 지표가 급격하게 상승한 데 반해, 일본의 경우 전자인 이혼율은 이들 국가들에 비해 완만한 상승률을 나타냈으며 후자 혼외출생률은 거의 무시해도 좋을 만큼 낮은 수치를 나타냈다.

이를 가리켜 한 보수파 언론인은 "일본은 세계에서 그 예가 드물 정도로 안정된 가족제도의 전통이 있기 때문"이라고 일본 특수성론을 주장했으나, 실로 잘못된 주장이 아닐 수 없다. 왜냐하면 같은 시기에 일본의 인구학적 지표는 다음과 같이 변화했기 때문이다. 하나는 비혼율의 증가이고, 또 하나는 출생률이 극단적으로 낮아졌다는 점이다. 전자의 비혼율 증가는 기능적으로 이혼율 상승과 동등한 가치를 가지는 인구학적 지표이다. 그 이유는, 이혼을 하려면 일단 결혼을 해야 하는데 혼인연령에 속하는 일본의 남녀들이 이혼을 경험하기에 앞서 결혼 자체를 하지 않는 선택을 하고 있기 때문이다. 후자의 출생률 저하 역시 혼외출생률 증가와 기능적으로는 등가의 인구학적 지표이다. 출생률 저하의 이면에는 혼외 임신 중절률 상승이라는 현상이 수반되고 있기 때문이다. 혼외임신 그 자체는 혼인과 성행위의 상호연결성이 약해졌음을 의미하지만, 외국에서는 이것이 출산으로 이어져서 혼외출생률을 상승시키는 데 반해 일본에서는 혼외임신이 출산에 이르기 전에 중절함으로써 출산율 저하로 직결되기 때문이다. 미국을 제외한 선진 공업국들에서는 모두 인구치환수준(2.01)을 밑도는 출생률 저하 현상이 나타나고 있지만, 이 가운데 상대적으로 출생률이 높은 나라들(스웨덴, 프랑스)에서는 혼외출생률의 기여도가 크다. 일본의 극단적인 저출산의 원인에는 혼외출생률의 기여도가 전무에 가깝다는 사정이 있으며, 이 점은 한국과 중국도 마찬가지이다. 하지만 그 이유를 비혼 싱글 맘에게 사회적 제제를 가하는 동아시아의 유교적 가부장제 규범에서만 찾을 것이 아니라, 싱글 맘이 자녀양육을 하기 매우 어려운 사회경제적 조건에서 찾아야 할 것이다. 일본 정부의 저출산 대책에는 싱글 맘에 대한 지원이 포함되어 있지 않을 뿐 아니라 지난 몇 년 동안 계속 싱글 맘의 지원을 삭감하고 있다.

현재를 후기근대라고 부를지 아니면 포스트모던이라고 부를지는 논자에 따라 다르지만, 근대의 성립과 함께 형성된 근대가족은 근대의 종언과 더불어 해체를 맞이하고 있다고 해도 무방하다. 그러나 근대가족의 종언은 가족 자체의 종언을 의미하지 않는다. 우리가 목격하고 있는 것은 지금까지 보아온 가족의 모습이나 형태가 바뀌고 있는 현실이며, 앞으로 가족이 어떤 모습을 취할지는 아무도 예측할 수 없다. 가족의 변모 시기에는 불안과 위기의 언설이 대두한다. 아마 "가족의 가치를 지키라"는 시대착오적이고 반동적인 표현형태를 취할 것이다. 하지만 우리에게 진실로 필요한 것은 변화한 현실을 직시하고, 이제 적합성을 상실한 이전의 틀을 새로운 현실에 맞게 재구축하는 일이다. 이 점에서 나는 이 책에서는 물론이고 그후로도 일관되게 리얼리스트이다.

초판이 나온 지 15년, 이 책은 18쇄를 찍으면서 누계 2만 2천 부를 세상에 내보냈다. 2009년에는 일본학술진흥회로부터 출판조성기금을 받아 Trans Pacific Press에서 영어판 *The Modern Japanese Family*를 간행했다. 이번에 한국어판을 출판하게 되어 저자로서는 더할 나위 없이 기쁘다. 근대화 과정에서 일본과 많은 공통점을 공유하는 한국에는 이 책에 공감하는 독자도 많을 것이다. 여기서 더 나아가 한일 양국의 근대가족 경험에 대한 비교가족사 연구가 활발해지기를 기대한다.

2009년 봄, 우에노 치즈코

## 제1부_근대가족의 위기

1. 가족 정체성의 전망 ·················· 15

2. 여성의 변모와 가족 ·················· 64


## 제2부_근대와 여성

1. 일본형 근대가족의 성립 ·················· 91

2. 가족의 근대 ·················· 129

3. 여성사와 근대 ·················· 151


## 제3부_가정학의 전개

1. 우메사오(梅棹) 가정학의 전개 ·················· 175

2. 기술혁신과 가사노동 ·················· 195


## 제4부_고도성장과 가족

1. 전후(戰後) 어머니의 역사 ·················· 225

2. 포스트사추기(四秋期)의 아내들 258

## 제5부_성차별의 역설

1. 부부각성의 덫 ································· 279

2. 살아온 경험으로서의 노후 ··············· 290

3. 여연(女緣)의 가능성 ····················· 316

4. 성차별의 역설: 이문화 적응과 성차 ······· 338


참고문헌 ························································ 361

글을 마치며 ··················································· 373

최초 수록목록 ················································· 377

찾아보기 ······················································· 378

# 제1부 근대가족의 위기

1. 가족 정체성의 전망

2. 여성의 변모와 가족

# 1. 가족 정체성의 전망

## 1) 위기의 언설

역사의 전환기에는 비슷한 현상이 일어난다. 오늘날 20세기 말에 가족의 위기를 부르짖고 있으나, 19세기 말에도 마찬가지로 가족의 위기가 제기되었다. 하지만 실제로 가족은 해체되지 않았고 서구와 일본 모두 가족의 존재형태가 변했을 따름이다.

분명 가족은 **변모**하고 있지만, 반드시 **해체**위기를 맞고 있다고는 할 수 없다. 그러나 많은 사람들이 눈앞에서 가족이 생소하게 변해 가는 모습을 목격하면서 이를 '위기'로 인식한다. 사람들은 현재 존재하는 가족형태밖에 모르거나 혹은 상상력이 부족할 뿐이다.

지난 세기 말에 일어났던 가족의 변화도 보수적인 사람들 눈에는 탐탁지 않게 비쳤다. 전환기가 되면 어김없이 "가족을 지켜라"는 보수적인 언설이 반동 이데올로기로 등장하는데, 이것이 '근대가족'의 이상(理想)으로 대체되기까지는 많은 시간이 걸리지 않았다. 단지 앞으로 어떻게 변해 갈지 모른다는 사실만이 사람들을 두렵게 한다. 가족은 어디에서 와서 어디로 가려고 하는가, 이 물음에 답하려는 시도가 필요하다.

## 2) 가족 정체성

가족이 가족이기 위한 조건은 무엇인가? 이 물음에, 문화인류학은 비교문화의 관점에서 가족을 정의하려 했다. 결론부터 말하자면, 문화의 다양성 앞에서 '가족'의 통문화적(cross-cultural) 정의는 이미 오래 전에 포기되었다. 양자제도가 있는 문화권에서 혈연은 가족을 정의하는 요소에 들어가지 않으며, 아프리카처럼 영혼결혼(ghost marriage, 죽은 사람과의 결혼) 관행이 있는 곳에서는 죽은 사람조차 가족 구성원에 포함된다. 가족이란 개념의 조작적 정의를 위해 문화인류학이 도달한 최소한의 정의는 '불(부엌)의 공유', 즉 함께 식사하는 공동체라는 것이다. 따라서 '불의 분리'가 이루어지는 경우는 세대분리(世帶分離)—이는 때때로 가족분리로 이어진다—가 일어난 것으로 본다.

국세조사(國勢調査)[1]도 '한 세대 한 부엌' 원칙을 바탕으로 한다. 1920년부터 시작한 국세조사가 철저히 현주소주의를 표방하는 이유도, 법적·제도적 '가족'이 유동적이어서 호적과 주민등록에 기초한 조사가 신뢰성을 잃었기 때문이다. 그러나 국세조사에서 파악하는 것은 '세대' 개념까지이다. 조심스럽게 '가족' 개념을 피해 간다. 세대는 '공동의 거주'를 원칙으로 한다. 하지만 일정 기간 타지에서 직장생활을 하거나 혼자 근무지에 가는 경우처럼, 함께 거주하지 않는 가족도 있다. 세대 개념과 가족 개념은 일치하지 않는다. 문화인류학에서 이야기하는 최소한의 정의는 '세대'에는 해당하지만, '가족'에는 적합하지 않다.

가족을 구성하는 데는 현실과 의식 차원이 있다. 예를 들어 완전히 남이라고 생각해도 피가 섞였으면 실제로 가족이라고 하는 경우도 있다. 그러나 당사자들이 전혀 자각하지 못하는 가족의 실체는 존재할 수 없다. 신원을 보증해 줄 친척을 찾는 중국귀국자녀[2]의 사례에서 볼 수 있듯이, 당사자들이 가족임을 추인하고 가족의식을 지녀야 비로소 가족은 성립한다. 물론 이 또한 한쪽이 가족의식을 가져도 다른 쪽은 부인하는 경우도 있다. 이렇게 보면 많은 경우 가족은 현실보다도 의식 속에 존재하는 게 된다.

이 책에서는 가족을 성립시키는 의식을 가족 정체성(family identity, FI)이라고 하겠다. 가족 정체성이란 말 그대로 무엇을 가족이라고 규정할 (identify) 것인가라는 '경계의 정의'이다. E. H. 에릭슨(Erik Homburger Erikson)[3]이 도입한 정체성이라는 심리학 용어는 이후 개인에서 확장되어 다양한 집단 정체성에도 적용되기에 이르렀는데, 기업 정체성(corporate identity)과 민족 정체성(national identity)이 그 예이다. 하지만 '법인격' 으로서 초개인적 실체로 간주되는 기업의 정체성도 개개인의 의식으로 담보될 수밖에 없다. 집단 정체성이 문제가 되는 것은, 그 집단이 인위적으로 구성되었기 때문에 위험성을 내포하는 경우이다. 따라서 자연적이라고 여겼던 집단, 예를 들어 가족이나 커뮤니티와 같은 1차집단의 경우는 지금까지 정체성이 문제되지 않았다.[4]

그럼에도 불구하고 가족 정체성이라는 용어를 굳이 도입한 것은 다음 과 같은 이유 때문이다.

첫째, 가족이 실체적 자연성을 상실하고 모종의 인위적 구성물로 여겨 지게 되었다는 점. 둘째, 지금까지 전통적으로 가족의 '실체'로 간주되었 던 것과 가족 정체성 사이에 괴리가 생겼다는 점. 셋째, 가족 정체성 또한 가족 구성원 각자에 의해 담보될 수밖에 없는데, 가족 정체성 개념은 가족 구성원을 다각적으로 바라봄으로써 그들 사이의 틈을 기술할 수 있다는 점. 이상 세 가지가 가족 정체성이라는 용어를 도입한 이유이다. 변동기의 가족을 분석할 때 가족 정체성이라는 조작개념은 의식과 현실의 틈, 구성 원 상호간의 틈을 기술하는 데 편리하다.

### 3) 전통형에서 비전통형으로

역으로 가족 정체성(family identity) 개념을 기존의 전통적 가족에 적용해 보자. 예를 들어 '이에'(家)[5]는 초개인적 실체로 여겨졌지만 가족 구성원 들 사이에서 이에 의식이 사라지면 이에는 붕괴한다. 하지만 개인적 정체 성(personal identity)에 신체라는 물적 기반이 있듯이, 확대가족에도 그것 을 성립시키는 다음과 같은 물질적 기반이 존재한다. 가업(家業)의 공유, 가명(家名)의 공유 그리고 공동의 거주와 공동의 가계(家計)이다.

이에 의식이 존속하는 데는 그에 상응하는 물질적 근거가 있었다. 예를 들어 구민법[6]이 법적으로 호주권을 보증한다 해도, 가업이나 가산과 같은

| | | 출신 | |
| --- | --- | --- | --- |
| | | 부계 | 모계 |
| 거주 | 부계 | 부계부방거주(父系父方居住) | 모계부방거주 |
| | 모계 | 부계모방거주(父系母方居住) | 모계모방거주 |

〈그림 1〉

실체적 근거를 잃어버리고 단지 가명 같은 상징적 근거만 가지고는 이에의 가족 정체성을 유지하기 어렵다. 현재의 가족 정체성은 공동의 거주나 공동의 가계처럼 훨씬 한정된 물질적 기반에 근거해 있다. 게다가 그것조차도 세대분리나 맞벌이(double income)로 흔들린다.

그렇다면 가족 정체성이 성립하기 위한 최소한의 근거는 무엇일까.

인류학에서 말하는 가족 개념은 세대 개념과 혈통 개념이 미분화된 채 섞여 있다. 세대의 원리는 '공동의 거주'(문화인류학 용어에서는 '불의 공유')이고, 혈통의 원리는 '혈연의 공유'이다. 두 개념 모두 부계·모계·쌍계 세 종류가 있으며, 거주와 혈통이 반드시 일치하지는 않는다〈그림 1〉참조).[7]

'공동의 거주'와 '혈연의 공유'가 각각 독립 개념이라고 한다면, 다음과 같은 도표를 만들 수 있다〈그림 2〉. 제1사분면에는 거주와 혈연이 일치하는 전통형 가족, 제2사분면에는 혈연은 공유하지만 세대분리가 된 가족, 즉 별거와 단신부임 가족이 들어간다. 제4사분면에는 혈연을 공유하지 않는 사람끼리의 동거, 예를 들어 자녀가 없는 부부나 양자결연(養子結緣)이

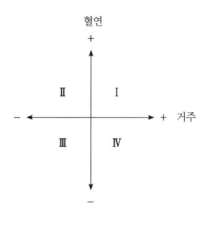

〈그림 2〉

포함된다.

　그러면 가족의 최소 요건 중 '공동의 거주'와 '혈연의 공유'가 결여된 제3사분면에 들어가는 것은 가족이 아닌가? 여기서도 우리는 새로운 현상과 마주친다. 뒤에 소개할 조사에 따르면, '공동의 거주'도 '혈연의 공유'도 하지 않는 사람들 사이에서도 가족 정체성이 유지되는 사례가 다수 있었다. 예를 들어 호적상 비혼(非婚)관계에 있는 남편이 외국에 따로 살아 성(姓)도 살림도 섹스도 공유하지 않으나 가족의식을 공유하는 경우, 만난 적도 없는 네그로스섬[8] 아이의 '수양부모'가 되어 아이에 대해 가족의식을 갖는 경우 등이 있다.

　'공동의 거주'와 '혈연의 공유'라는 최소한의 요건이 부정되어도 여전히 가족 정체성은 성립한다. 오히려 현재 흔들리고 있는 가족 정체성은 전

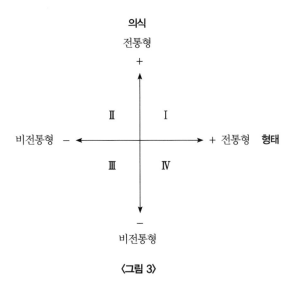

**의식**

전통형

+

Ⅱ        Ⅰ

비전통형 − ←————————→ + 전통형 **형태**

Ⅲ        Ⅳ

−

비전통형

〈그림 3〉

통적인 가족의 요건인 거주와 혈연의 원리만으로는 파악할 수 없는 다양
한 양상을 보여준다. 가족의 변동을 파악하는 우리 프로젝트는 〈그림 2〉
의 정태적 도표에서 벗어나 보다 다양한 변수를 포함하는 동태적 도표를
작성할 필요성에 직면했다.

　가족의 변동은 의식과 형태 면에서 일어난다. '아직 한번도 본 적 없는
가족'은 의식과 형태 모두 '지금까지 접해 온 가족'과는 닮지 않은 것이다.
그러한 상태에 이르는 변동과정에서는 의식의 변화와 형태변화 사이에 간
극이 발생한다. 형태는 벌써 변해 버렸는데 의식이 전통형인 가족이나, 반
대로 형태는 종래대로인데 의식이 완전히 변해 버린 가족이 과도기에는
성립한다. 이런 양쪽의 변화를 개념화하기 위해 작업가설로 설정한 것이 〈
그림 3〉이다.

제1사분면에는 의식과 형태 모두 전통형과 일치하는 가족이, 그 대각선 방향의 제3사분면에는 의식과 형태가 비전통형과 일치하는 가족이 포함된다. 제2사분면에는 의식은 전통형이고 형태는 비전통형인 가족, 제4사분면에는 형태는 전통형이지만 의식은 비전통형인 가족이 포함된다. 변화의 방향은 〈그림 4〉와 같다.

우리의 조사는 가족의 변동방향을 파악하는 것이 목적이므로, 제1사분면을 제외한 세 개의 사분면에 걸쳐서 의식과 형태 양면에서 비전통적인 (unconventional) 가족유형을 가능한 한 시뮬레이션 해보았다. 이어서 그에 해당하는 경험적 사례를 찾아 접촉 가능한 경우는 인터뷰를 하고, 불가능한 경우(예를 들어 수감자와 결혼한 여성의 사례가 있지만 프라이버시 문제 등으로 접근이 어려운 경우)는 2차자료(르포, 신문보도, 수기 등)에 의존했다. '가족의 실험' 시대라 할 수 있는 지난 10여 년 동안 비전통적 가족에 관한 논픽션과 다큐멘터리는 수없이 많이 간행되었다. 다만 그 시대에 일어나는 변화를 기술할 만한 분석적 장치가 없었던 것이다.

시뮬레이션 결과, 비전통적 가족의 유형은 약 50가지 얻을 수 있었고 그에 해당하는 사례를 39건 추출해 인터뷰했다. 그리고 기초 데이터로 가족구성과 거주범위, 가족사를 수집했다.

수집한 유형을 〈그림 4〉의 도표에 배치해 보면 다음과 같다.

제2사분면에는 의식은 전통형이지만 그에 적합한 형태를 유지할 수 없어서 형태가 비전통형으로 바뀐 경우가 포함된다. 오히려 전통형 가족의식을 지키기 위해서, 가족이 위기에 놓였을 때 그 대안으로 세대분리를 택한 사례가 여기에 해당한다. 그리고 세대분리의 대상은 주로 노인이나 남편, 자녀이다. 노인은 병들어 눕거나 치매에 걸리면 흔히 노인시설로 보내고, 자녀도 장애아이거나 문제행동을 일으키면 해당 시설이나 산촌유학(山村留學)을 보내기도 하며 사회복지사도 대개 시설에 보낼 것을 권하는 편이다. 남편의 경우는 단신부임이 계기가 되기 십상이다. 이처럼 가족은 위기가 닥치면 결속하기보다 문제가 있는 구성원을 분리시키는 쪽을 택하는 경향이 있다. 이른바 '노부모 · 자녀 · 남편 유기 가족'이다. 이러한 의미에서 현대가족은 내성이 매우 취약하다고 할 수 있다.

이와 달리 형태는 전통형이지만 의식은 비전통형이 되어버린 제4사분면의 사례로는, 형태는 3세대 동거이어도 전통적인 부계동거만이 아니라

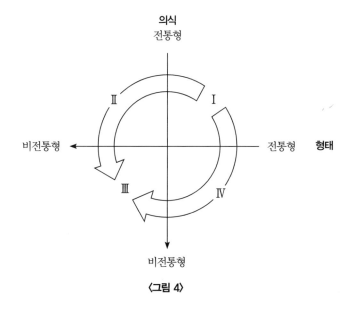

〈그림 4〉

모계동거나 쌍계동거의 증가를 들 수 있다. 전형적인 핵가족이라도 '친구 같은 커플'은 이름뿐, 실상은 구태의연한 성별 역할분담형에 그치고 만 단괴(團塊)세대[9] 가족 대신, '함께 놀 수 있는' 동호회 커플이나 자녀가 없는 딩크족, 게다가 너무 닮아서 끌린 쌍둥이 커플 등과 같이 '우애(友愛)가족'이 현실화되는 한편으로 가정 내 이혼과 같은 '해체가족'도 있다.

의식 전통형/형태 비전통형 가족과 의식 비전통형/형태 전통형 가족의 중간형으로 비혈연 구성원을 포함하면서도 전통형 가족형태를 유지하려는 다양한 시도, 가령 양자가족과 재혼가족 등과 같은 이른바 '재건가족'이 있다.

마지막으로 제3사분면에는 형태도 의식도 종래 관점에서 보면 도무지 가족으로 생각할 수 없지만 당사자들은 '나에게는 이것이 가족'이라고 생각하는 의식·형태 모두 비전통형인 가족이 있다. 여기에는 생활 공동체(collective)와 그 밖의 다양한 공동체, 레즈비언과 게이 커플, 심지어 죽은 사람이나 인간이 아닌 애완동물과 구성한 가족 등이 있다. 그 반대편에는 가족을 구성하지 않는 확고한 싱글이 있는데, 자신의 생식가족(family of procreation)[10]을 만들지 않는 사람도 자신이 태어나는 정위가족(family of orientation)[11]으로부터 벗어날 수는 없으므로 성인으로 자란 자녀와 그 부모의 관계는 남는다.

인터뷰 내용은 매우 간단하다. 우선 가족 정체성의 '경계'를 어떻게 정의하는지 묻는다. "당신은 어느 범위까지의 사람(물건, 생물 등)을 '가족'으로 보십니까?" 그런 다음 해당 가족 정체성의 범위에서 공유하는 최소

조건이 무엇인지를 '당사자의 카테고리'에서 기술하도록 한다.

인터뷰 조사방법을 이용한 것은 다음과 같은 이유 때문이다. 가족의 변동이 이처럼 심한 시대에는 가족에 대한 어떤 선험적 정의도 도움이 되지 않으므로 카테고리를 미리 설정한 정량조사(定量調査)는 의미가 없다. 따라서 정성조사(定性調査)를 중시하는데, 이때 연역적 카테고리가 아니라 '당사자의 카테고리'를 가능한 채택한다. 복합적으로 구성된 가족의 경우에는 복수의 당사자들을 인터뷰하고, 가족 정체성의 '경계의 정의' 면에서 상호간에 간극이 없는지를 확인한다. 비전통적인 가족의 존재양식에서도 여전히 가족 정체성이 유지되고 있다면 '당사자 카테고리'에 의해 새로운 가족상이 나타날 것이라고 예측했다.

## 4) 의식은 전통형, 형태는 비전통형인 가족

제2사분면의 의식 전통형/형태 비전통형 타입에는, 가족 정체성은 종래와 같지만 외적인 요인이나 부득이한 사정으로 세대를 분리할 수밖에 없었던 가족이 포함된다.

그 전형적 예는 단신부임이다.

> :: A씨(여 · 39세 · 회사원)의 사례
>
> 고등학교 시절부터 친구였던 남편과의 사이에 자녀가 두 명. 그녀는 항공사에 근무한 지 20년 된 베테랑 사무원이다. 여자도 일을 해야 한다고

생각했기 때문에 육아가 힘들어도 회사밖에 모르는 남편에게는 애초에 기대하지 않고 어려움을 극복했다. 작년여름 남편은 규슈(九州)로 전근되었다. 남편의 단신부임에 조금도 망설임은 없었다. 그녀와 아이들의 생활은 이전과 크게 다르지 않다. 변했다고 한다면 갹출했던 생활비 가운데 남편이 내는 몫이 전보다 줄어들었다는 정도. 줄곧 맞벌이였기 때문에 남편은 필요하다면 뭐든지 스스로 할 수 있는 사람이다. 빨래와 청소는 적당히 하는 것 같고, 식사는 거의 외식인 듯하다.

많은 경우 단신부임의 계기는 자녀교육과 부인의 직장생활이다. 후자가 이유인 경우가 점점 증가하고 있다. 지역에서 네트워크를 만든 전업주부가 자녀교육을 내세워 전근 가는 남편과 함께 가기를 거부하는 경우도 있다. 그 밖에 주택관리와 노부모 부양이 이유인 경우도 있다.

A씨의 사례는 남편이 전근 가기 전부터 실질적인 모자가정(母子家庭)으로, 남편의 단신부임 후에도 그녀와 자녀들의 생활은 거의 변화가 없다. 오히려 남편이 없음으로 해서 전보다 편안한 모자가정이 되어, 가끔 남편이 와도 환영받지 못한다. 여기서는 가족보다 회사를 선택한 남편, 남편보다 자녀를 선택한 부인이 대비된다. 남편은 전근지에서 직장을 매개로 한 사연가족(社緣家族)과 술자리가족[酒緣家族] 같은 유사가족 만드느라 열심인 듯하다.

흥미로운 것은 A씨 가족 구성원들의 가족 정체성에 간극이 있다는 사실이다〈그림 5〉. A씨의 가족 정체성은 두 자녀에서 그칠 뿐, 남편에게까지

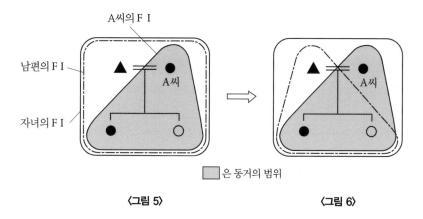

А씨의 F I

남편의 F I

자녀의 F I

А씨

А씨

☐ 은 동거의 범위

〈그림 5〉                    〈그림 6〉

미치지 않는다. 하지만 남편의 가족 정체성에는 가족 네 명이 다 포함되며, 자녀들의 가족 정체성에도 아버지가 포함되어 있다. 가령 A씨와 남편이 이혼을 한다면, 가족 정체성의 도표는 곧바로 〈그림 6〉과 같은 형태로 바뀔 것이다. 즉 자녀들의 친자관계(親子關係) 인지는 변하지 않지만, A씨 자신의 가족 정체성은 이혼을 해도 변화가 없을 만큼 이미 남편과 사이가 멀어졌음을 알 수 있다.

가족 중에서 세대분리의 원인제공자가 남편만은 아니다. 노인과 자녀가 그런 경우도 있다.

: : B씨(여 · 45세 · 주부)의 사례

둘째며느리. 시어머니는 오랫동안 시골에서 혼자 살았는데, 유사시에는 장남이 돌보리라 생각했다. 그런데 시어머니가 몸이 불편해져 혼자 지낼 수 없게 되자, 장남은 부양을 거부했다. 가족회의를 통해 장녀는 아이가 수험생이라는 이유로, 결국 차남이 맡게 되었다. 그 때문에 집도 구입했다. 하지만 함께 살기 시작한 지 얼마 안 되어 시어머니가 치매에 걸렸다. 1년 동안 열심히 시어머니 수발을 들었지만 병증은 갈수록 심해져 노인시설에 들여보냈고, 그제야 겨우 해방되었다. 면회는 남편이 한 달에 한번 간다. 자신과 아이들은 가봐야 알아보지도 못해 거의 가지 않는다. 원래 없던 구성원이 불쑥 나타났다가 사라졌을 뿐, 허전하다거나 어쩐지 양심이 찔린다는 느낌은 전혀 없다.

B씨와 남편의 가족 정체성은 〈그림 7〉과 같이 차이가 난다. B씨의 사례에서 볼 수 있듯이, 부계동거(父系同居)는 반드시 장남이 해야 하는 것도 아니다. 게다가 B씨처럼 도중에 함께 살게 되는 경우가 압도적으로 많다. 같이 살더라도 치매에 걸리기라도 하면 노인시설에 보낸다. 비싼 시설이용료는 일종의 '부모유기 비용'이다. 이렇게라도 하지 않으면 모두가 지쳐

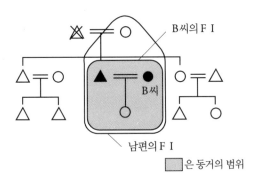

〈그림 7〉

버리는 노인 장기요양의 현실에서는 노인을 시설에 보내고 '가족'을 지킨다는 선택이 작동한다. 면회는 아들세대까지이다. 친숙하지 않은 손자손녀들과는 교류가 이루어지지 않는다.

'자녀유기'의 경우도 있다.

---

**:: C씨(여 · 40대 · 주부)의 사례**

자식이 셋 딸린 남편과 결혼. 딸하고는 갈등도 있었지만 차츰 좋아졌다. 하지만 큰아들과 둘째아들은 학업성적도 나쁘고 게으른데다가 거짓말을 하고 갖가지 유혹에 쉽게 현혹되어서 키우기가 힘들다. 남편은 "도즈카(戸塚) 요트 스쿨[12]에라도 입학시키는 수밖에 없다"고 했다. 중학교에 들어가서부터는 가출과 비행을 거듭하면서 아무리 주의를 줘도 나아지는 기미가 보이지 않아 산촌유학을 보내기로 결심했다. 둘째아들은 가고 싶어했지만 큰아들은 싫다고 거부했다. 하지만 부부와 시부모가 설득해서 보냈다. 아들이 희망한 것도 아니고 비싼 교육비를 지불한다 해서 반드시 효과가 있으리라는 법은 없지만 C씨가 견딜 수 있는 한계를 넘어섰기 때문에 어쩔 수 없었다.

---

산촌유학지인 나가노(長野) 현 야사카(八坂) 마을에서 1990년 현재 공부하는 아이들은 6명이다. 한 명은 편부가정이었는데 아버지가 재혼하면서 귀찮은 존재가 되어버린 아이, 한 명은 혼외 출생아, 두 명은 입시준비생, 나머지 두 명은 자녀를 씩씩하게 키우고 싶다는 부모의 희망이 산촌유

학을 보낸 동기였다. 산촌유학은 도회지 아이들을 자연 속에서 건강하게 키운다는 원래의 명분 뒤에 부모가 키우기 곤란한 아이를 일시적으로 맡기는 곳, 학교에 적응하지 못하는 아이의 일시적 휴식처, 가족과 원만하지 못한 아이의 피난처라는 측면이 존재한다. 여기에는 비싼 대가를 지불하고 자녀를 유기함으로써 나머지 '가족'을 지키려는 부모의 에고이즘이 자리 잡고 있다. 하지만 역으로 스스로 산촌유학을 희망한 아이들 중에는 '자녀가 부모를 버리는' 계기로 삼은 경우도 있다.

가족의 세대분리는 종종 '남편유기' '부모유기' '자녀유기'로 연결된다. 가족 정체성은 따로 사는 가족까지는 좀처럼 감싸지 않는다. 더구나 문제가 없을 때는 괜찮지만 일단 상황이 나빠지면 나머지 가족을 지키기 위해 문제가 있는 가족 구성원은 버린다. 도중에 장애가 발생한 경우 이러한 현상이 노골적으로 드러난다.

---

**:: D씨(남 · 52세 · 중도실명자)의 사례**

공무원이었던 그는 과로로 인한 급성 망막박리로 실명. 세 차례의 자살 미수와 일곱 차례의 입 · 퇴원을 반복했다. 아내에게는 큰 부담을 주고 있어 도움을 받을 때마다 고마움을 표시한다. 신경은 쓰고 있지만 역시 아내와는 사이가 좋지 않다. 아내는 창피하다는 이유로 외출도 함께하지 않는다. 그래서 실명하고 2년 동안은 집에만 틀어박혀 있었다. 바깥나들이를 하는 것은 자원봉사자의 도움을 받고부터이다. 아내가 이혼하지 않는 이유는 자신에게 돈이 있기 때문이라고 생각한다.

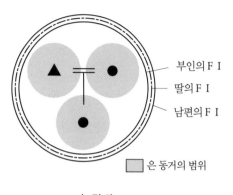

부인의 F I
딸의 F I
남편의 F I

은 동거의 범위

〈그림 8〉

사정이 좋을 때만 가족일 뿐 상황이 나빠지면 유기되는 사실이 충격적인 형태로 드러난 것은 1990년 9월 나가노 현의 알츠하이머 이혼소송 판결이다.[13] 알츠하이머에 걸린 아내와의 이혼을 인정한 이 판결은 가족이 개인의 위기에 대한 보장이라는 사고방식을 뿌리에서부터 뒤집어놓은 사례이다. 그러나 현실에서는 위기에 처한 가족은 법이 인정하지 않더라도 병든 부분을 도려냄으로써 스스로를 지키려 한다.

현대가족은 위기에 대한 내성이 매우 약하다. 〈초원의 집〉에 나오는 가족처럼, 외부로부터 덮친 위기에 가족이 일치단결하여 당당하게 맞선다는 이미지는 신화에 가깝다. 가족은 위기 앞에서 결속하기보다 위기를 이겨내지 못하고 붕괴할 가능성이 높다.[14] 유사시 가족이 아무런 도움이 못 되는 현실은 그만큼 가족의 물적 기반이 약해졌다는 것을 반영한다. 혈연의 환상만으로는 가족 정체성을 지켜내기에 역부족이라는 것이다.

반대로 적극적인 이유에서 세대분리가 일어나는 경우도 있다. 예를 들어 3인 가족 중 남편은 독일로 부임하고 아내는 도쿄에서 직장생활을 하며 외동딸은 영국의 서머힐스쿨에 다니는, 한 가족이 3세대로 분리된 사례도 있다.

이 경우, 서로 떨어져 있는 세대들 사이의 거리와 관계없이 가족 정체성은 유지된다(〈그림 8〉). 같이 산다는 사실보다 가족 구성원 각자의 개인적 이익이 우선시된다. 그러나 이 가족의 가족 정체성을 지탱해 주는 것은 3세대의 유지를 가능케 하는 경제력과 혈연의 공유이다. 선택적 별거를 하고는 있으나 일이나 자녀의 개성을 존중해서 부득이한 일시적 선택으로 받아들이며, 극히 이례적인 형태이지만 가족의식은 고전적이다. 이들은 분리된 세대를 언젠가는 합쳐 형태와 의식의 일치를 도모하려는 의지가 있다.

## 5) 형태는 전통형, 의식은 비전통형인 가족

반대로 가족형태는 종래의 유형이지만 그것을 지탱해 주는 의식은 완전히 변한 사례가 제4사분면에 집중되어 있다.

새로운 도시형의 3세대 동거가 그 예이다. 외형은 전통적인 가족제도처럼 보이지만 동거의 상대가 부계에서 모계로 이행하는 경향을 나타내거나(〈그림 9〉)[15] 장남·장녀에 한정되지 않고 부모자식 상호간의 선택적 동거도 늘어나고 있다(〈그림 10〉).

가장 비전통적인 3세대 동거의 사례는 쌍계동거일 것이다.

| 부계 · 모계 동거별 | | | | | 선택적 동거 | | |
|---|---|---|---|---|---|---|---|
| 부계 79% | 모계 21% | 1985년 | 부계동거 | | 장남 84% | 차·삼남 16% | |
| 부계 75% | 차·삼녀 25% | 1988년 | 모계동거 | | 장녀 79.5% | 차·삼녀 20.5% | |

* 자료: 旭化成의 2세대주택구입자 수, 1990.

〈그림 9〉 　　　　　　　　　　　　〈그림 10〉

---

:: E씨(여 · 39세 · 공무원)의 사례

학창시절 알게 된 남편과의 사이에 초등학교 1학년 딸이 하나 있다. 결혼할 당시에는 공영주택에 살다가 얼마 후 아파트를 구입했다. 아이를 낳고 나서 부부 모두 일이 바빠지자 남동생 일가에게 부모님의 집을 새로 지어드리자는 제안을 했다. 건축비용은 모두 E씨 부부가 부담했다. E씨는 부모와 함께 거주하고, 같은 부지 내에 남동생 일가는 따로 집을 지었다. 가사는 최소한으로 줄었고 아이는 거의 어머니가 맡아서 키워주신다.

---

　E씨 가족의 가족 정체성은 〈그림 11〉과 같다. E씨는 어머니를 가족 정체성의 범위에 포함시키지만, 남편은 아내와 자녀만의 핵가족을 가족 정체성의 범위로 받아들인다.

　여기서는 공동의 거주에 개별의 원리가 적용되지 않고, 도시의 지가상승 영향을 받아 부동산을 소유한 쪽으로 딸의 가정과 아들 가정이 모두 모

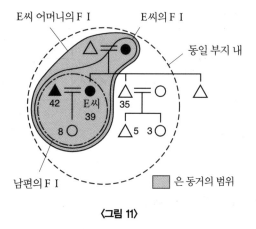

E씨 어머니의 F I     E씨의 F I

동일 부지 내

42     E씨 39     35

8

5     3

남편의 F I

■ 은 동거의 범위

〈그림 11〉

여드는 현상이 일어난다. 개별적인 가족 이데올로기보다 가산(家産)이라
는 물질적 기반이 큰 결정요인이 될 뿐 아니라, 가산이 새로운 도시형 가
족의 세대간 응집력의 기반이 된다는 것을 알 수 있다. 게다가 그 주도권
은 대부분의 경우 일을 하는 딸과 그 가족이 쥐고 있다. 부계 · 모계 관계
없이 6세 미만의 자녀를 둔 풀타임 취업 여성의 3세대 동거 비율이 동일한
조건의 전업주부보다 높다는 데이터도 있다. 3세대 동거라는 전통형 가족
에는 일하는 여성의 요구가 그 밑바탕에 깔려 있다. 모계동거 비율이 높은
것도 이들 때문이다. 이 경우는 낡은 부대에 새 술이 담긴 사례이다.

　단신부임과는 반대로 함께 살고는 있지만 사실상 가족이 해체된 사례
가 '가정 내 이혼'이다. 하야시 이쿠(林郁)의 책제목(林 1985) 때문에 일약
유명해진 가정 내 이혼은 통계상으로 드러나지는 않지만 잠재적으로는 많
을 것으로 보인다.

## :: F씨(여 · 62세 · 주부)의 사례

평범한 60대 부부. 결혼한 지 40년 되었다. 요즘은 "남편이 밥 먹는 모습
만 봐도 짜증이 난다"고 한다. 그래도 같이 사는 이유는 헤어지면 먹고
살 길이 막막한데다 위자료도 그리 많이 받지 못할 것 같아서이다. 헤어
지면 손해다. 게다가 이미 나이가 들어 갈라설 용기를 낼 만한 에너지도
남아 있지 않고 열의도 없다. 그러니 식사준비는 하더라도 같이 먹지는
않는다. 죽어서 절대 함께 묻히지 않을 거다. 묘지에 관한 것은 딸에게
분명히 당부해 둘 생각이다.

〈그림 12〉는 F씨의 가족 정체성이다. 남편과 아내 다 가족 정체성에 서
로를 포함시키지 않지만 결혼한 딸이나 손자는 자신의 가족으로 생각한
다. 딸은 어떻게 생각할는지 알 수 없다. 하야시 이쿠의 『가정 내 이혼』에
따르면, 심리적으로 이혼상태에 있는 부부가 별거도, 법적 이혼도 하지 않
는 이유는 주로 주택, 즉 부동산의 공유에 있다. 한 지붕 아래서 그들은 가
정 내 별거생활을 한다.[16] 하야시가 취재한 사례에서 아내들은 입을 모아
"성관계를 하지 않으니까 가정 내 이혼 상태가 유지될 수 있었다"고 말한
다. '공동의 거주'를 하는 부부사이라 해도 '성의 공유'는 이미 사라진 것
이다.

양자결연은 전통적인 이에(家) 제도의 산물이지만, 이 경우에도 이변이
일어나고 있다. 원래는 '이에'의 대를 이을 자식이 없을 때 대를 잇기 위해

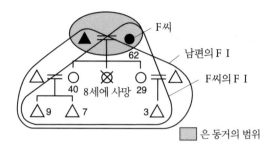

F씨

남편의 F I

F씨의 F I

62

40  8세에 사망  29

9  7  3

■ 은 동거의 범위

〈그림 12〉

양자를 들이지만, 요즘은 양자결연을 원하는 부모의 80% 이상이 0~3세
의 여자아이를 희망한다고 한다. 대를 잇는다는 생각보다 그런 의식이 필
요 없는 자녀양육의 즐거움을 우선시하는 것이다. 다른 시각에서 보면 자
녀양육에는 '노후대책' 비용이 포함되어 있는데, 화폐비용보다 현물비용
이 더 드는[17] 노인 장기요양의 현실에 비추어볼 때 딸에게 노후를 의탁할
기대가 높아지고 있다고 해석할 수 있다. 양자결연의 현대적 형태는 자원
봉사자의 수양부모 제도이다.

:: G씨(남 · 42세 · 시청직원)의 사례

사내결혼을 한 아내와 고등학생 · 중학생 자녀, 어머니로 구성된 5인 가
족. 업무관계로 필리핀 여성과 알게 된 것이 네그로스(Negros) 아이의 수
양부모가 된 계기이다. 3년 전부터 지금 11세인 여자아이의 수양부모가
되었다. 네그로스 수양딸의 1년간 학비는 1만 엔. G씨의 아내는 네그로
스 수양딸에게는 관심이 없어서 "두 아이는 내 자식들이고, 수양딸은 남

편 자식"이라고 생각한다. 두 달에 한번 편지를 보내며, 그때마다 답장이 꼭 온다. 이번 여름에는 네그로스까지 가서 만나고 왔다.

G씨의 수양가족은 용돈으로 즐기는 일종의 가족놀이라 말할 수 있다. 엔고로 가능해진 이 일본판 키다리 아저씨의 조건은 약간의 경제력과 자원봉사 정신이다. G씨의 가족 정체성은 〈그림 13〉과 같다. 서로 밀착되어 있는 아내와 아이들에게서 소외된 남자의 유사가족 만들기라고도 할 수 있다.

외형은 '낡은 가죽부대'이지만 내용물은 완전히 '새 술'로 바뀐 극단적인 사례는 H씨의 경우이다.

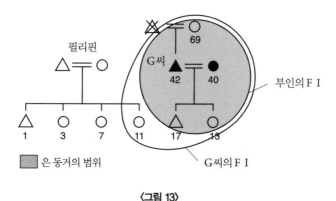

〈그림 13〉

## :: H씨(여·51세·자유기고가)의 사례

47세에 남편과 이혼. "너랑 헤어지기 싫다"는 시어머니의 한마디에 같이 살게 되었다. 며느리였을 때는 유서 깊은 집안이라 번성한 친족들이 모여 사는 마을에서 마치 주군과 하녀 같은 관계로 살았다. "어서 죽었으면 좋겠다"는 생각을 수도 없이 했을 만큼 시집살이가 고됐는데, 이혼까지 하고서도 같이 살 줄은 꿈에도 생각지 못했다. 그런 터라 함께 살기 시작하면서부터는 "지금부터 어머니 일은 어머니가 하시라"고 못을 박았다. 이런저런 집안일도 마구 시키고 좀 잘못하면 야단도 쳤다. 그렇게 해야 두 손 들고 아들에게로 돌아갈 거라는 계산이었다. 그러나 시어머니는 차츰 집안일을 익히더니 급기야는 "집안일이 즐겁다"고 말할 정도가 되었고, 어느덧 시어머니는 없으면 안 될 사람이 되어버렸다. 집안일을 도와주는 것이 큰 보탬이 되거니와 낮 동안에는 전화를 받아주는 비서 역할도 해준다. 현재 성인이 된 두 자녀는 독립해서 따로 살고, H씨와 시어머니 2인 세대로 살고 있다.

사별한 남편의 부모에 며느리와 손자로 구성된 〈그림 14〉는 전몰자 가족에게서 흔히 볼 수 있는 사례이다. 자녀가 없다면 며느리를 친정으로 돌려보냈겠지만 아이가 있으면 집안 후계자의 양육 책임자로서 시가에서 그대로 사는 경우가 많았다.[18]

H씨의 사례는 가족구성만 보면 패전 후의 인습적인 가족과 매우 흡사

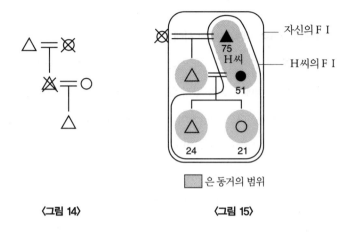

자신의 F I

H씨의 F I

75
H씨

51

24    21

⬜ 은 동거의 범위

〈그림 14〉          〈그림 15〉

하다. 가족구성의 통계자료만으로는 H씨의 사례를 전통형 직계가족(그
결원형태)과 구별하기가 어렵다. 그러나 H씨는 남편과 사별이 아닌 이혼
이라는 점, 시어머니와의 동거가 자발적 선택이라는 점에서 전통형과는
크게 다르다. H씨의 경우는 과거에 인연이 있었던 타인사이—H씨와 시
어머니는 완전히 남남이다〈그림 15〉). 게다가 시어머니의 동거이유는 핏줄
인 손자와 헤어지고 싶지 않아서가 아니다—가 어쩌다가 서로 상대를 선
택한 것이 결과적으로 인습적인 가족형태와 비슷해졌다.

　형태는 전통형, 의식은 비전통형의 전형적인 사례는 혼인신고를 하지
않은 커플이다. 사실혼으로 부부가 각자의 성을 그대로 쓰는 커플 가운데
이런 경우가 많다. 그러나 사실혼 커플이면서 흔히 자녀도 낳지 않겠다는
딩크족인 경우와 비교하면, 아래의 I씨는 자식을 낳더라도 혼외자녀로 신
고하겠다는 확고한 사실혼주의자이다.

## :: I씨(여 · 46세 · 대학강사)의 사례

현재 열세 살 연하의 남편과 일곱 살 된 딸과 함께 산다. 남편과 자신은 어느 쪽의 호적에도 올라 있지 않다. 일본의 부계사회적 존재양식이 여성차별로 이어진다고 생각하며 사회가 제대로 기능하려면 모계사회가 좋다고 판단, 남편에게 자녀의 인지(認知)를 요구하지 않는다. 남편과의 긴장관계는 늘 존재한다. 조금이라도 어긋나는 느낌이 들면 잠자리를 따로 하는 등의 경고를 발동하기도 한다. 언제라도 헤어질 수 있다는 의식이 있기 때문에 서로에게 최선을 다하지 않으면 관계는 깨져 버린다. 그렇기 때문에 대화를 매우 중요하게 여겨, 가능한 한 이야기를 많이 하려고 노력한다. 딸에게도 자신들의 삶의 방식을 알게 해주고 싶고 사회에 대해서도 관심을 가지도록 하기 위해 많은 이야기를 해주며 집회 같은 곳에도 웬만하면 데리고 다닌다.

I씨의 남편은 육아에 깊이 관여하고 있고, 법률상의 친자관계는 아니지만 사실상의 친자관계는 여느 아버지 이상으로 강하다. 현재 사실혼 커플은 법률적으로는 여러 가지 불이익이 있지만 법률이 사실혼을 인정한다면 (혹은 혼외자녀에 대한 차별이 없어진다면) I씨의 사례는 일반적인 핵가족과 다를 게 없다. 법적으로는 I씨나 I씨의 남편 모두 싱글이지만, 국세조사와 같은 철저한 현주소주의('혈연관계가 아닌 남녀가 동거하는 경우'와 철저한 사실혼주의가 적용되고 있다)에 따르면, I씨의 세대도 다른 핵가족

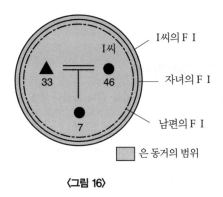

I씨의 F I

자녀의 F I

I씨

남편의 F I

33   46

7

☐ 은 동거의 범위

〈그림 16〉

세대와 동일한 카테고리로 분류된다. I씨의 사례 역시 동거의 범위와 가족 정체성이 완전히 겹치는 동시에 당사자 상호간의 가족 정체성에도 간극은 없다〈그림 16〉.

흥미로운 것은 동거·별거에 상관없이 법률혼을 부정하는 사실혼 커플 쪽이 "우리야말로 진정한 가족"이라며 실질적 가족을 강조하는 성향을 공유하고 있다는 점이다. "서로 사랑하는 부부와 부자간의 끈끈한 유대"라는 근대가족의 이데올로기(落合 1989)는 역설적으로 사실혼 커플 쪽에서 보다 순화된 형태로 유지되는 듯하다. 형식과 내용을 일치시키려는 점에서 그들이 훨씬 청교도적이다. 만일 형식(법적 정비)이 내용을 따라잡는다면 법률혼과 사실혼을 구별하는 기준은 없어질 것이다. 사실 부부각성(夫婦 各姓)의 법제화, 혼외자녀 차별 철폐, 호적제도 폐지 등과 같은 요구는 그들이 의식 면에서 비전통형이라는 사실의 기반 자체를 해체시켜 버린다. 그들의 요구가 실현되면, 사실혼 커플이 제1사분면의 의식·형태=전통형으로 복귀하는 게 될까.

---

### : : J씨(여 · 31세 · 회사원)의 사례

스물네 살에 가정이 있는 유부남을 만나 스물다섯에 첫아이를, 스물여덟에 둘째를 낳았다. 상대남자는 "혼자 낳아서 키우겠지"라며 출산을 순순히 받아들인다. 그는 일주일에 한두 번 주말에 찾아온다. 양육비는 수입이 생겼을 때, 2~3개월에 한번 꼴로 갖다 준다. 아이는 어린이집에 맡기고 풀타임으로 일을 하지만 혼자서 모든 것을 다 하기가 버겁다. 그 남자와 굳이 결혼할 마음은 없지만 육아에 조금 더 관심을 기울여주었으면 하는 바람이 있다. 그 남자의 아내는 "형식적이라도 좋으니 가정은 반드시 지키겠다"는 주의이고, 남자도 아내와 이혼할 마음이 없으며, 각종 집안행사와 명절 · 친척모임 등은 반드시 챙기는 쪽이다.

---

법률혼 반대주의자가 별거중인 경우, 게다가 당사자의 한쪽이 사실상 중혼상태에 있는 경우는 어떤가.

J씨의 사례는 여자 쪽이 그 남자를 자발적으로 선택했다는 선진적인 의식에도 불구하고, 애인 또는 아내를 둔 남자의 중혼상황과 크게 다르지 않다. J씨는 남자의 가족들과 남자를 '공유'한다고 생각하지만, 실상은 남자가 육아에 거의 관여하지 않으며 J씨는 그에 대해 불만이 있다. 종래의 유형과 크게 다른 것은, J씨가 경제적으로나 정신적으로 충분히 자립해 있기 때문에 남자에게 경제적 부담을 주지 않을 뿐더러 남자의 '가족'을 깨트리

지 않는다는 점이다. J씨는 혼인제도에 대한 반발로 자신의 처지를 '불륜'
이라 인정하지 않고 남자를 가족 정체성의 범위에 포함시키지만, 상대남
자에게 가족은 '결혼한 가족'이다〈그림 17〉.

사실 편모가정의 경우, 여성은 육아부담이 큰 데 비해 남자는 이따금
'가족놀이'를 하는 정도이다. J씨의 사례는 한마디로 현대판 첩이라 할 수
있는데, 옛날에는 남자가 첩을 두려면 돈이 들었지만 지금은 여자가 자립
한 만큼 남자에게 생활비를 요구하지 않는 묘한 결과가 생긴다.

사실혼이 중혼상황과 겹치는 경우에 언제나 법률혼 쪽이 유리하다. J씨
와 동일한 경우인 또 한 여성은 출산 후 남자에게 인지청구를 하자, 역으
로 남자의 아내가 '아내의 권리'를 침해당했다며 위자료를 청구했다. '아
내의 권리'는 변함없이 강하다.

J씨의 사실혼주의에 대한 신념이 향후 단혼주의로 갈지 중혼주의로 갈
지, 판단하기는 어렵다. 법적인 장애만 해결된다면 J씨는 상대남자가 법률

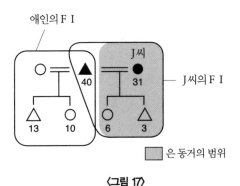

〈그림 17〉

혼을 정리하고 자신과 함께 살기를 바랄까? 이 경우, 거주와 가족 정체성의 범위는 일치하게 된다. 아니면 계속 상대남자와 별거하면서 싱글마더 세대를 그대로 유지하려 할까? 이렇게 되면 별거형의 단혼이 되는 걸까, 아니면 복수의 파트너를 동시에 가진 중혼의 가능성도 있는 것일까. 물론 여기에는 여자 쪽의 중혼 가능성도 포함된다. 성의 이중기준에서 말하자면, J씨의 상대남자는 자신의 중혼상태는 제쳐두고 J씨의 중혼상태를 안 받아들이려 하지 않을까? …여러 가지 의문이 꼬리에 꼬리를 문다.

J씨의 선택이 사실혼+단혼주의라면, I씨의 경우는 근대가족 이데올로기에 가깝다. 이때 J씨의 현재 상황은 법률에 규제된 부득이한 과도기적 형태에 지나지 않는다. 그렇다면 J씨의 사례는 의식 면에서도 전혀 새롭지 않다. J씨가 흔들리는 것은 확실하고 그녀의 어정쩡한 '새로움'을 남자가 이용하는 것도 사실이다.

앞으로 점점 증가 추세를 보이는 것은 재혼에 의한 합체가족이다. 특히 양쪽 다 자녀가 있는 경우는 서로 다른 두 문화의 결합이다. 형태와 의식 모든 면에서 새로워지는 것은 여성이 자녀를 데리고 재혼하는 경우이다. 우선, 전통적인 직계가족에서 이혼은 여성이 자녀를 두고 그 집안에서 나가는 것을 의미했다. 지금도 법적으로 공동친권을 인정하지 않는 일본에서 여성이 이혼과 동시에 친권을 취득하는 사례가 그 반대의 경우를 웃돈 것은 불과 20~30년밖에 되지 않았다. 두번째로, 이혼한 편모가정의 여성이 재혼하는 일이 지금까지 흔치 않았을 뿐 아니라 재혼을 하더라도 아이를 두고 가는 경우가 많았다. 재혼상대가 여성의 자녀를 받아들인다는 것은 비교적 새로운 현상이다. 상대남성이 초혼인 경우는 연하가 많다.

---

**∷ K씨(여·50세·약사)의 사례**

아이가 태어나고 곧바로 남편이 병으로 사망. 그후 세 살 난 딸을 데리고 재혼했다. 상대남자에게도 아들이 있었다. 재혼하고 얼마 되지 않아 남편이 술에 취해 들어와 딸을 때리는 일이 있었고, 아이와 함께 살기가 어렵다고 판단하여 친정어머니 쪽에 양녀로 보냈다. 그리고는 오로지 남편 아들의 교육에만 힘을 쏟았지만 초등학교 5학년이 되면서 성적이 떨어지고 자신의 기대에 미치지 못하자 결국 친권을 취소, 현재 아들은 취직해 혼자 산다. 어머니 집에 양녀로 보낸 자기 딸과는 겉으로 보기에는 사이가 좋은 듯해도 어딘지 모르게 딸의 시선이 차갑다. 자신은 뭐라고 말할 자격이 없으니 도리가 없다고 체념한다.

---

쌍방이 아이를 동반한 재혼은 부부 외에 각각의 자녀와의 관계가 복잡하게 뒤얽힌다. K씨의 경우는 친자관계보다 부부관계를 우선으로 생각하여 새로운 생활에 방해가 되는 자녀는 친자식이더라도 버리는 쪽을 선택했다. 재혼한 남편의 동반자녀와는 일단 모자관계를 형성했지만,[19] 나중에 의붓자식과의 관계가 나빠지자 친권을 취소한다. K씨는 부부관계나 친자관계가 계약으로 합의 또는 파기할 수 있는 것으로 본다. 그러니 나중에 혈연의 우위를 부정한 친자로부터 '부모유기'를 당하더라도 감수할 생각이다〈그림 18〉.

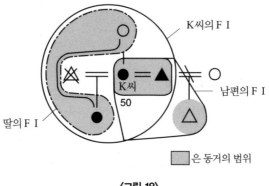

K씨의 F I

K씨
50

남편의 F I

딸의 F I

은 동거의 범위

〈그림 18〉

언뜻 K씨의 사례는 여성이 재혼을 위해 자기 아이를 버리고 재혼한 남자의 자녀 양육에 헌신하는 전통형으로 보일 수 있다. 그러나 가족 내 복잡한 갈등상황에서 부부관계를 우선적으로 생각하고 여타 잡음들을 제거했다는 것은 대단히 자각적이고 합리적인 선택이다. 자녀를 동반한 재혼가족의 경우 물론 K씨의 사례와 달리 잘되는 경우도 많지만, 미국의 사례를 보더라도 아내가 데리고 온 자녀를 남편이 성적 학대를 한다거나 새롭게 이룬 재혼가족의 형제자매간의 갈등 혹은 전처나 전남편과의 인간관계 등이 얽혀 있는 만큼, 재혼가정을 꾸려나가기란 쉽지 않다. 혈연의 환상이 없는 곳에서 가족 정체성을 유지하는 데는 당사자의 보다 큰 노력이 요구된다.

## 6) 의식과 형태 비전통형 가족

제3사분면의, 의식과 형태 모두 비전통형인 가족으로는 다음과 같은 유형이 포함된다. 우선, 형태가 '가족'의 규범에서 벗어나 있다는 점에서는 혈연과 거주의 불일치라는 지표를 제시할 수 있다. 그 첫번째 유형이 비혈연자의 동거이고, 두번째 유형은 혈연자의 비동거, 그것도 최소한으로 단출한 단신세대의 사례이다.

비혈연자의 동거는 기본적으로 부부를 가리킨다. 부부는 원래 가족이 아니었던 관계를 가족으로 만들기 위한 출발점이다. 가정 내 이혼의 사례에서도 볼 수 있듯이, '성의 공유' 유무가 '부부관계'에서 필수불가결한 조건은 아니다. 성의 공유는 단지 그 결과로서 '자녀'라는 혈연관계 발생으로 추인될 뿐이다. 최근의 섹스리스 커플처럼 성생활이 없는 젊은 커플이나 성적 교섭을 반드시 중요하게 여기지 않는 노혼커플, 딩크족처럼 자녀를 갖지 않는 커플 혹은 불행히도 아이를 낳을 수 없는 커플 등은 종래형의 정의에 따르면 '가족'이라고 부를 수 없다. '혈연의 발생'이 성적 공유의 목적에서 벗어나 있고 성의 공유 역시 필수조건이 아니라면, 동거의 상대가 동성이건 그 수가 두 명 이상이건 관계없다. 당사자들이 가족 정체성을 가지고만 있다면 어떤 집단이라도 '가족'이 된다. 생활공동체나 자치공동체(commune) 같은 집단에는 이런 유형의 가족이 있다.

---

## :: L씨(여 · 39세 · 인쇄소운영)의 사례

현재 여자들 셋이 같이 살고 있다. 다함께 작은 인쇄소를 운영한 지 8년 정도 되었는데, 멤버는 바뀌기도 하고 줄어들기도 했다. 리브 운동[20]을 하면서 만난 여성들이 자신들의 사업장을 만들고 혈연이나 남자와의 관계를 맺지 않는 새로운 삶의 방식을 모색해 보고 싶었던 것이, 공동생활을 하게 된 동기이다. 함께 생활하는 편이 경제적일 거라는 이유도 있었다. 처음에는 하루가 멀다 하고 싸웠다. 서로 사상이 일치한다고 해도 일상적인 생활방식이 제각각 달랐기 때문에, 칠칠치 못하다는 생각이 든다거나 너무 예민해서 피곤해질 때도 많았다. 지금은 이른바 자연도태가 이루어져서 비슷한 사람들끼리 생활하고 있다. 싸울 일도 거의 없고 업무와 가사의 역할분담도 잘되는 편이다. 이따금 남자와 연애도 했지만 결국은 여자들끼리 생활하는 편이 편하다는 판단이 내려졌다.

생활공동체의 고참 버전도 있다. 『스크램블 가족』(吉廣 1989)을 보면 퇴직 간호사의 사례가 등장한다.

### :: M씨(여·65세·전 일본적십자 간호사)의 사례

제2차 세계대전을 전후한 격동의 시대에 일본적십자병원에서 간호사로 일했던 네 사람은 현재 집 4채를 나란히 짓고 "가장 중요한 것은 우리 네 사람"이라는 모토 아래 공동생활을 하면서 노년을 즐기고 있다. 90평 남짓한 대지에 앞뜰 딸린 2층집을 각각 지었다. 인터폰과 비상벨, 또 거실은 복도로 서로 연결되어 있고 정원도 자유롭게 오가게 되어 있다. 식사는 네 사람이 함께하며, 목욕은 두 사람씩 한다. 나머지 시간은 자유롭게 모여 차를 마시거나, 아침산책을 하기도 한다. 네 사람 모두 취미나 관심 있는 테마를 가지고 하루하루를 열심히 생활하며 지낸다. "우리

는 자매보다도 친하며 유대가 강한 동지적 가족이자 변형된 공동체"라
고 말한다.

생활공동체가 동성집단인지 혼성집단인지, 성관계를 허용하는지 그렇
지 않은지에 따라 다양한 사례가 있지만, 현재 비교적 안정된 집단은 여성
들만의 동성집단으로서 성적 관계가 존재하지 않는다는 공통점이 있다.
물론 역사적으로는 남성들로 이루어진 집단이 공동으로 거주하는 기숙사
나 군대 등이 있었으나, 이런 것을 그들은 '가족'이라 부르지 않고 일시
적으로 강제된 통과의례로 생각했다. 남성들만의 집단이 자발적으로 공동
거주를 도모함으로써 가족 정체성 의식을 형성한 사례는 이번 조사에서
찾아볼 수 없었다. 다른 문헌에 보고되어 있는 예로는 '가이노주쿠'(皆農
塾)[21]나 '밀키웨이'(ミルキ一ウェイ) 같은 환경운동을 지향하는 공동체가
있으나, 이 경우는 남녀혼성으로서 그 내부에 '부부' '부모자식' 관계가
존재해 확실히 비전통형이기는 하지만 넓은 의미에서는 '타인들이 동거
하는 혈연가족'=확대가족에 가깝다. 게다가 이 확대가족은 농장과 같은
경영조직을 물질기반으로 공유한다. 생활공동체에 남성들로만 이루어진
동성집단의 사례가 없다는 것은 남성은 동성집단을 수단으로 받아들이는
경향이 있고, 자기충족적인 정서적 공동체성에만 의존할 수 없는 성별 사
회화의 한계를 보여주는 것일 수도 있다.

그 대신 남성들은 유사가족적인 '술자리가족'[酒緣家族]을 만든다.

올리브는 오사카미나미(大阪南)에 있는 바(bar)이다. 모두 스탠드 좌석으로 열 명만 들어와도 가득 찬다. 마담은 누님 같은 분위기의 40대 후반 여성. 손님은 기업에 근무하는 샐러리맨으로 대부분이 단골손님이다. 가라오케에서 노래하거나 마담을 둘러싸고 이야기를 나누며 매일 밤 북적댄다. 발렌타인데이는 물론이고 생일을 맞이한 사람이 있으면 선물을 준비해 다 같이 생일축하 노래를 부른다. 때로는 술을 마신 뒤 마담이 주동이 되어 근처에서 식사를 하고 헤어지기도 한다. 손님이 초밥이나 화과자 따위를 가지고 오면 모두 나누어 먹는다. 1년에 한번은 온천여행도 간다. 비용은 바에서 절반 내고 나머지는 손님들이 갹출한다.

'어머니'라 불리는 마담의 존재, '공동의 음식'과 '공동의 어머니'로 손님들은 형제지간 같은 관계가 된다〈그림 19〉). 진짜 가족은 잊어버린 생일파티를 술자리가족들이 챙겨주는 가족의례(family ritual)도 있다. 1년에 한번 가족여행도 간다. 그러나 설이나 추석 같은 명절 때면 이 유사가족은

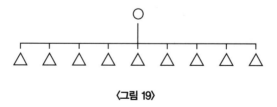

〈그림 19〉

| 구분 | 성의 공유 | |
|---|---|---|
| | + | − |
| 이성 | 부부 | 가정 내 이혼<br>섹스리스 커플 |
| 동성 | 레즈비언 커플<br>게이 | 생활공동체<br>노인시설 |

〈그림 20〉

진짜 가족에게 자리를 양보한다. 손님은 돈을 내고 잠시 '가족놀이'를 하는데, 아버지의 책임감을 요구하지 않는 편안한 자리이다.

동성사이에 '성의 공유'가 존재하면 레즈비언 혹은 게이 커플이 된다. 종래형은 '성의 공유' + '이성간의 결합'만이 부부로 인정했으나 '성의 공유' 유무와 동성 · 이성의 결합이 각각 독립하면 〈그림 20〉처럼 다양한 형태가 존재할 수 있다.

물론 예부터 '자매처럼' 생활하는 여성들끼리의 세대는 있었으나 페미니즘의 영향을 받은 게이 · 레즈비언 해방운동이 활성화되면서 관계의 인정이나 법적 보증을 공식적으로 요구하게 되었다. 미국 캘리포니아주에서는 동성애 커플의 '결혼'을 법적으로 인정한다. 물론 이 '결혼'에서 혈연관계는 생기지 않지만 양자결연이나 인공생식으로 '친자관계'를 만들 수 있다. 그러나 슈바르츠와 블룸스테인도 『아메리칸 커플』(Schwartz & Blumstein 1985)에서 명확하게 지적했듯이, 게이는 복혼(polygamous) 경향이 더 강한 데 반해 레즈비언은 상대적으로 단혼(monogamous) 경향이 강하다. 즉 일정한 파트너와 비교적 장기간 안정된 관계를 유지하는 경향이 있으며 '가족' 지향 의식도 강하다. 다음은 레즈비언 커플의 사례이다.

---

**:: N씨(여 · 40세 · 회사원)의 사례**

열아홉 살 학생 때 결혼. 남편은 한 살 많은 성실한 남성이다. 자기 집도 사고 열여덟과 열네 살 된 아이도 있으나 남편과 별거하고 지금은 스물일곱 살 된 여성과 동거하고 있다. 20년 동안 남편과 커뮤니케이션을 하려고 노력했지만 서로를 이해하는 것은 불가능했다. 권위적이지도 않은 좋은 남자였으나 아무리 대화를 해도 감성이나 의식이 통하지 않아 좋은 관계를 유지할 수 없었다. 혼자서도 살 수는 있지만 서로 힘이 되어주는 관계가 중요하다는 생각이다. 동거녀와는 함께 있으면 편하다. 그녀도 사람과의 관계를 믿을 수 없게 되었다고 말한다. 조만간 그녀와 양자결연을 맺는 것도 고려중이다.

---

비혈연자의 동거에서는 종종 '자매처럼' '자매보다도 친한' '부모자식 같은'이라는 혈연관계의 은유가 사용된다. 어떤 실체적 기반에도 기대지 않는 관계에서는 오히려 친족관계의 용어로 관계를 보강하려는 경향이 작용한다(〈그림 21〉).

반대로, 가족을 비전통적인 방향으로 개방하려는 의식은 가족 속에 친족관계 이외의 용어, 예를 들면 '친구 같은 부부' '친구 같은 부모자식'이라는 비유를 가져와서 표현된다. 뉴패밀리로 대표되는 '친구 같은 부부'는

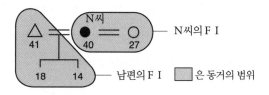

**〈그림 21〉**

본래 가족의 전통의식을 타파하는 방향성을 지닌 것이었다. 베이비붐 세대의 '친구 같은 부부'는 구호일 뿐 실질적으로는 전통적 성별 역할분담형의 올드 패밀리를 만든 것에 불과했지만, 이 '친구 같은 부부'의 방향성을 계승한 것이 신세대의 '동호회 유형의 커플'이다. 나이차가 없는 커플, 취미와 행동의 공유, 모라토리엄형으로서 종종 자녀출산 거부 등이 동반된다. 알트만 시스템의 배후가설인 '상호 보완적인 부부'가 아니라 '닮은 꼴 부부'이다. 딩크족이 이런 '친구 같은 부부' 버전인데 그들은 '동호회 형태'의 활동을 제약하는 속박을 싫어할 뿐 아니라, 자식을 낳으면 필연적으로 뒤따르게 마련인 부와 모의 역할분담과 그로 인해 '친구 같은' 관계가 사라질까 봐 두려워한다.

::  O씨(여 · 37세 · 무용가)의 사례

샐러리맨인 남편과는 스무 살에 결혼. 스물한두 살 무렵 "자식을 낳지 않겠다"고 결심했다. 자식이 있으면 사고방식이 보수적이 될 것 같기 때문이다. 부부 단둘이면 자유롭게 살 수 있다. 그녀에게 자유는 대단히 중요하다. 게다가 부부사이에 자식이 끼어드는 것은 견딜 수 없다고 한다. 매

사가 아이 중심으로 돌아가고 부부가 서로 '아버지, 어머니'라 부르는 것
도 싫다. 그러나 남편은 아이를 원한다. 그녀의 삶의 방식을 존중하여 잠
자코 있을 뿐이다. 경구피임약을 사용해서 피임을 한다. 이따금 남편이
"아이가 없으니 가족이랄 수 없어" 하고 중얼거릴 때면 "이 결혼이 깨어
질지도 모른다"는 불안에 휩싸이기도 한다.

이상적인 '동호회 유형의 커플'은 종종 순정만화에 나오는 '쌍둥이커
플'로 묘사된다.[22] 쌍둥이(twins)는 숙명적인 짝이지만, 그와 동시에 성관
계 금지의 울타리가 둘러쳐 있는 '형제'관계이기도 하다. 동호회 유형의
커플들은 부부관계에 '형제 같은'이라는 성적으로 중립적인 비유를 갖다
붙이는 것을 환영하지만, 여기에는 무엇보다도 둘 사이에서 성적인 요소
를 최소화해 두려는 동기와 그럼으로써 둘의 관계에서 나아가 제3자, 제4
자를 불러모으는 (문자 그대로 동호회적인) 개방성을 확보해 두려는 동기
가 깔려 있다. 사실 동호회 커플은 결혼 후에도 다른 커플과 여가를 함께
보내는 등 배타적인 행동을 별로 하지 않는 경향이 있다.

쌍둥이는 성적 접촉이 금지된 숙명의 짝이다. 쌍둥이 커플이 배타적인
'성의 공유'를 최소화해서—현재는 기존의 '성의 해방'이 아니라 '성의
부재' 쪽으로 나아가고 있다— '가족'을 해체 혹은 개방하려는 시도인지,
그 반대인지는 성급히 판단하기 어렵다. 왜냐하면 원래 가족이 아닌 비혈
연자 부부관계에 '어머니–아들' '오빠–동생' 같은 친족관계 용어를 끌어
들이는 것은, 그것이 유사한 안정된 기반을 제공하는 전형적 수단이기 때

문이다. 가족의 기반이 약해진 시대에는 '부부'의 환상보다는 '쌍둥이'의 환상 쪽이 심리적으로 훨씬 더 안정감을 줄 수도 있다. 어쨌든 부부는 남이지만 쌍둥이는 가족이기 때문이다. 가족 정체성이 인간 이외의 존재, 가령 애완동물이나 태아, 죽은 사람 등에게 향하는 경우도 있다.

---

**∷ P씨(여·45세·회사원)의 사례**

남편과는 별거상태. 열여덟 살 아들과 열일곱 살 딸이 있지만 둘 다 이미 자신과는 독립된 존재가 되었다고 생각한다. 이제 곧 아들딸 모두 집을 떠날 것이다. 외로운 기분은 들지만 누군가에게 위안을 받고 싶은 생각은 없다. 남자는 남편만으로 충분하다. 부모는 모두 돌아가시고 오빠가 생존해 있으나 관계가 소원하다. 요즘은 스물일곱 젊은 나이에 죽은 남동생이 가슴 저리게 그립다. 진정한 가족은 돌아가신 부모님과 죽은 남동생뿐이라는 생각이다.

---

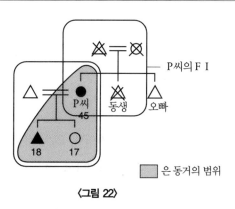

〈그림 22〉

P씨의 가족 정체성(《그림 22》)이 생식가족(자신이 만든 가족)보다 정위가족(family of orientation, 자신이 태어난 가족)에게 향해 있는 것은 심리적 퇴행의 표출일 수도 있다. 그러나 자신이 낳은 아이라 하더라도 크면서 점점 자기 생각처럼 되지 않는 자식과 달리 죽은 사람은 변하지 않기 때문에 그만큼 미화할 수 있다.

다음은 확고한 싱글 게이의 사례이다.

---

**∷ Q씨(남 · 35세 · 고교교사)의 사례**

현재 동거가족은 고양이뿐이다. 대학졸업 후 같은 게이 남성과 함께 살기도 했지만 혼자 사는 것이 가장 자연스럽다고 생각하고 헤어졌다. 그 뒤로는 줄곧 혼자 산다. 현재도 연애중인 애인은 있지만 함께 살고 싶은 생각은 전혀 없다. 부모님은 언젠가 정상으로 돌아올 거라 여기시는 듯하다. 장남이지만 부모님이 돌아가신다 해도 장례식에 가고 싶지 않고 여동생의 결혼식에도 참석하지 않았다. 제사도 지내지 않겠다고 이야기해 뒀다. 물론 유산 같은 것도 관심 없고 나이 들어 혼자 외롭게 죽을 것도 각오하고 있다. 최근 몇 년간은 설, 추석에도 부모님 집에 가지 않았다.

---

Q씨의 경우는 확고한 반가족주의자이나, 그의 경우도 고양이와 함께 살고 있으며 애완동물에게는 책임을 느낀다고 한다(《그림 23》).

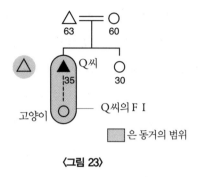

고양이

Q씨

Q씨의 F I

은 동거의 범위

〈그림 23〉

## 7) 새로운 가족환상

실질적인 동거가 수반되지 않더라도 죽은 사람이나 동지, 인간 이외의 존재에게서 가족 정체성(family identity)을 느낄 수 있다면, 반대로 겉보기에는 평범하게 혈연인과 함께 생활을 영위하지만 가족 정체성을 상상의 가족에게서 느끼는 경우도 생긴다. 가족이 실제보다 많은 환상적 요소를 지닌다면 처음부터 환상 속의 가족(가공의 가족)도 있을 수 있다. 종교적인 공동성이 종종 혈연이라는 용어를 사용해서 허구의 가족에 근거한다는 것은 익히 알려진 사실이다.

여기서는 대중문화 무대에 새로 등장하는 가족환상의 내용을 검토함으로써 가족의 향방을 예측해 보기로 하겠다.

순정만화의 영향을 받은 문체와 감성으로 동세대의 여성 독자들로부터 폭발적인 인기를 얻은 요시모토 바나나(吉本バナナ)[23]의 작품에는 '고아'라는 키워드가 자주 나온다(吉本 1988). 주인공이 이야기의 첫머리부터 이렇

다 할 설명도 없이 고아로 등장하는 것은 부자연스러운 설정이지만, 소녀소설에서는 오랜 전통이기도 한 설정방식이다. 고아로 설정된 주인공과 자신을 동일시함으로써 독자는 현실의 부모자식관계를 부정하고 마음껏 공상의 세계에서 즐길 수 있기 때문이다. 부모가 단괴세대인 열두 살 소녀는 자신이 실은 '업둥이'인 양 상정하고 가공의 '진짜부모'에게 열심히 편지를 쓴다. 이 소녀는 허구로 이상적인 부모를 설정함으로써 실재의 친자관계를 부인하는 것이다.

이런 소녀들의 세계에서 유통되고 있는 미디어, 순정만화나 오컬트(occult) 잡지에서는 몇 년 전의 '환마대전'[24] 붐처럼 전생의 가족을 테마로 한 것들을 자주 찾아볼 수 있다. 1989년 8월에는 도쿠시마(德島)에서 여자중학생 세 명이 전생을 보기 위해 시나리오를 쓰고 자살한 사건이 발생했다. 불교적 세계관과 거리가 먼 이 여중생들에게 '전생'이라는 키워드는 도대체 어떤 작용을 하는 것일까.

첫째로, '전생'은 '현생'과 대비된다. 고아라는 환상과 마찬가지로 전생의 인연은 절대적이며 현생의 인연은 덧없다는 현실부정과 공상으로 빠져들게 한다. 둘째, 전생은 반드시 특정한 관계, 즉 인연과 결부되어 있다. 이것 또한 고아 환상과 마찬가지로, 고아라는 존재 자체는 독립이나 단절을 의미하기보다 그로부터 자유롭게 관계를 발생시키기 위한 원점인 것이다. 셋째, 제3자로부터 전생의 인연은 흔히 자신의 기억에는 없지만 결코 벗어날 수 없는 숙명으로 선고받는다. 따라서 절대적이며 선택의 여지가 없는 것이다. 무의식계에 있는 (있다고 타자가 말해 주는) 것은 따르는 길밖에 없다. 아이는 현실의 친자관계를 선택의 여지가 없는 절대적인 관계로 경험하게 마련일 텐데도, 이를 부정하고 더욱더 절대적이고 선택의 여지가 없는 관계를 찾는 것은 무엇 때문일까?

아마 그 배경에 깔려 있는 전전(戰前)의 '고아' 환상과 오늘날의 '전생 가족' 환상의 차이점을 언급해야 할 것이다. 기존의 현실 가족은 그것을 강하게 부정하고 도망치게 만드는 실체적인 힘을 지녔다면, 현대의 10대들이 경험하는 가족은 부모의 마음에 따라 언제 해체될지 모르는 불안정한 것으로 변하고 있다. 쓰무기 다쿠(紡木たく)[25]의 만화 『핫 로드』(ホット・ロード, 紡木 1986~87)에서 이혼한 편모가정의 소녀가 환상 속의 어머니에게 "좀 엄마답게 행동해 봐"라고 말하는 것도 이 가족의 불안정한 상태를 상징적으로 드러낸 것이다. 그렇다 해도 그 원인을 현대의 신신세대, 단괴세대 부모들의 인격적 한계나 결함에서 찾을 수는 없다. 지금까지 논한 바와 같이 가족이 가산 · 가업 · 가명 같은 실체적 기반을 잃고 '공동의 주거' '공동의 식사'도 흔들리고 나아가 '성의 공유' '혈연의 공유'마저 위태로워진 지금, 가족 정체성은 그 뿌리를 찾아 헤매고 있다. 그러다가 안착한 곳 하나가 '전생'이라는 절대적이고 무의식적이고 비선택적인 관계를 표상하는 키워드였다는, 아귀가 딱 들어맞는 결합은 참으로 흥미롭다. 가족이 점점 자유로워지는(따라서 불안정해지는) 시대에 아이들은 진짜가족보다 훨씬 절대적인 관계를 찾고 있는 것 같다.

이 사실은 가족(따라서 가족환상)이란 무엇인가라는 물음에 한 가지 힌트를 준다. 형태와 의식 모든 면에서 가족 정체성이 전통형에서 비전통형으로 바뀌어나감에 따라 (이상화되어 있다 해도) 현실의 가족 이상으로 절대적이고 숙명적인 관계를 상상하는 패러독스는, 인간이 '가족'이라는 언어로써 표현하는 본질 하나를 드러내 보인다. 사람들은 자발적이고 선택적인 관계—따라서 결합은 물론 해체도 가능한 관계—를 '가족'이라고 부르지 않는다는 것, 따라서 어떤 선택적 관계가 '가족 같은'이라는 표현으로 비유될 때는 그 관계의 기반을 선택적인 것에서 절대적인 것으로 바꾸려는 동기가 작용한다는 것이다.

가족 정체성은 비선택적 관계에서 선택적 관계로 이행했지만 동시에 그에 대한 반동으로 가공의 세계 속에서 훨씬 강한 비선택성을 만드는 방향으로도 전개됐다. 바로 이러한 때 종교나 오컬트가 힘을 발휘한다. 쌍둥이 환상 역시 그 한 가지 버전이다. "우리는 서로 사랑하는 사이예요"라고 말하는 것보다 "우리는 (숙명적으로) 닮은 사람들이에요"라는 자타인식 쪽이 그 커플에게 안정감을 더해 준다. "서로 닮아서 만나다 보니 어느덧 이성관계로 발전했다"라는 가족 정체성의 연원에서는 성차나 섹슈얼리티도 쓸데없는 잡음일 뿐이다. 이와 마찬가지로 아이들이 '전생의 인연'이라는 복고적인 수사(rhetoric)를 통해 찾고 있는 것도, 현생에 자신이 태어난 것은 전생의 숙명일 뿐 부모의 불확실한 사랑의 결실이 아니라는 자신의 존재근거이다.

전전(戰前)의 이에 관념도 그 물질적 근거를 잃어버리면 한갓 환상에 지나지 않는다는 것이 밝혀졌다. 이를 대신할 새로운 가족환상을 찾아, 가족 정체성은 '전생' 혹은 '쌍둥이' 등과 같은 어휘 사이를 표류하고 있다. 이에를 대신할 강력한 대안은 아직 나타나지 않았지만, 가족 정체성을 초개인적인 환상, 즉 자신을 이 세상에 태어나게 한 어떤 필연성의 근거와 연결시키는 것은 분명하다. 이때 가족은 영원한 심리적 '보험상품'(security goods)이 되는 것이다.

번듯한 겉모습의 뒤란에서 현실의 가족은 위기로 해체되고 감당하기 벅찬 구성원을 유기한다. 그 한편으로 겉으로는 자발성과 선택성을 북돋워주는 듯한 방향으로 나아가지만 그 이면에서 절대성을 부여하는 환상 또한 강화된다. 가족은 반드시 해체의 방향으로 일방적 이행하는 것 같지는 않다.

* 이 글은 1990년 오다큐(小田急)학회조성연구의 「ファミリィ アイデンティティ」를 바탕으로 해서 썼다. 공동연구자는 무코다 사다코(向田貞子), 야마다 요시코(山田芳子), 오시마 미키코(大島美樹子), 야마모토 미네코(山本美稻子), 다카하시 모토코(高橋もと子), 모리 아야코(森綾子), 미야이 리카(宮井里佳), 이노모 가즈코(井面和子), 쓰지나카 도시키(辻中俊樹)이다. 오다큐학회와 공동연구자들에게는 감사의 말을 전하고 싶다. 덧붙여 2차 자료라고 출전을 밝힌 부분 이외에는 모두 이 연구 프로젝트를 통해 얻은 오리지널 데이터이다.

[ 주 ]

1) 인구와 세대 실태를 파악하고 각종 행정정책의 기본 자료를 얻기 위해 가정 단위로 이루어지는 조사. 조사는 대규모조사와 간이조사가 있는데, 대규모조사는 10년마다 실시되며 간이조사는 그 사이에 5년마다 실시된다.—옮긴이
2) 아시아 · 태평양전쟁 후 중국에 남겨진 일본인들의 후속세대 가운데 일본으로 돌아와 정착한 사람들을 지칭한다.—옮긴이

3) 1902. 6. 15~1994. 5. 12. 독일 출생의 미국 정신분석학자. 인간형성을 문화·사회와 관련지어 설명했다. 정체성 개념을 가지고 프로이트 이후의 정신분석학적 자아심리학을 비약적으로 발전시켰다.—옮긴이

4) 최근에는 CI라는 명칭으로 커뮤니티 아이덴티티(community identity)를 지칭하는 용법도 있지만 이것 역시 주민의 이동률이 높아지고 지역 커뮤니티의 가입 및 탈퇴가 자유로워짐에 따라 인위적인 집단화가 이루어진 현실을 반영하고 있다.

5) 근대일본의 민법인 메이지 민법이 채용한 가족제도. 호주와 가족으로 구성되며, 하나의 '이에'는 한 호적에 등록된다. 호주는 가족에 대해 절대적인 통솔권한을 가졌다. 가족의 혼인 및 양자결연에 대한 동의권, 가족의 입적 및 제적에 대한 동의권, 가족의 거주지정권 등이 대표적인 권한이다.—옮긴이

6) 메이지 민법과 동일. 1898(메이지 31)년에 제정되어 1947년에 새로운 민법이 제정될 때까지 시행되었던 일본의 민법—옮긴이

7) 예를 들어 헤이안(平安) 시대의 쓰마도이콘(妻問い婚, 남편과 아내가 따로 거주하면서 밤에 아내 집을 왕래하는 결혼형태—옮긴이)은 부계모방거주(父系母方居住, 다른 말로 男系妻方居住라고도 한다. 혼인 후 여자 집에서 거주하는 것을 말함—옮긴이)이며 자식은 아버지와 공동거주를 하지는 않지만 부계출자원리(父系出自原理, 성과 재산을 아들에게 물려주는 부계사회를 말함—옮긴이)에 따르면 동거하는 어머니와는 다른 가족이다. 문화인류학의 친족연구에서는 모계부방거주(母系父方居住)는 이론적으로는 존재하나 현실에서는 관찰되지 않는 것으로 알려져 있다(Levi-Strauss 1947; 1968. レヴィ ストース 1977~78).

8) 필리핀 비사얀 제도 서부에 있는 섬—옮긴이

9) 1945년 아시아·태평양전쟁 패전 직후 태어난 제1차 베이비붐 세대를 지칭하는 용어. 좁게는 1947~49년에 태어난 세대를 지칭하며, 넓게는 1947~55년에 태어난 세대를 지칭하기도 한다. '단괴'는 덩어리라는 뜻으로 인구그래프에서 두드러지는 것을 이미지화한 것—옮긴이

10) 가족분류 개념의 하나. 인간의 선택에 의해 구성된 가족. 선택대상은 배우자나 자녀 숫자—옮긴이

11) 가족분류 개념의 하나. 자녀를 사회에 배출하는 측면에 주목한 가족 개념—옮긴이

12) 원래 도즈카 히로시(戸塚宏)가 요트인력 양성을 위해 설립한 학교인데, 비행 및 등교거부 청소년의 생활개선을 위해서도 힘쓰고 있다.

13) 「アルツハイマ―病離婚理由に」, 『讀賣新聞』 석간, 1990. 9. 17.

14) 장애아를 둔 가정이 이혼이 많고, 장애아에 대한 대응에서 아버지와 어머니가 큰 차이를 보인다고 조사에서 밝혀졌다(要田 1986).

15) 모계동거의 증가는 저출산으로 딸만 둔 세대가 증가했다는 이유도 고려할 수 있다. 한편 결혼 후 여성의 성씨변경 동향을 살펴보면 95% 이상이 남편 성을 따르기 때문에 이 데이터에 나타난 처가에서의 동거는 종래형 양자결연이 아님을 알 수 있다.

16) 우리가 실시한 다른 조사에 의하면 40세 이상의 부부 가운데 침실을 따로 쓰는 부부가 늘어 그 경우 성생활의 빈도도 낮아지는 경향이 있다.

17) 노인 장기요양에 필요한 여러 가지 물건들을 세심히 챙기는 현물비용을 말한다.

18) 남편에게 미혼인 남동생이 있으면 그 사람과 결혼한다는 레비레토(형제역연)혼의 관습도 패전 후까지 뿌리 깊게 계속되어 왔다. 며느리도 남동생도 '집안의 존속'을 위한 희생자였다. 전사 통지를 받은 장남이 실은 생존해 있고 이미 남동생과 결혼한 처에게 돌아가는 웃지 못할 일도 패전 직후 각지에서 볼 수 있었다.

19) 일본의 법제도에서는 재혼에 의한 상대 아이와의 친자관계는 자동적으로 발생되지 않는다. 혼인관계와는 별도로 수양부모 관계를 맺을 필요가 있다.

20) 1970년대 초 미국과 일본 등지에서 일어난 여성해방운동—옮긴이

21) '환경보전형 농업추진협정'에 조인한 유기농업추진단체—옮긴이

22) 다케미야 게이코(竹宮惠子) 『바람과 나무의 시』(風と木の詩)의 지르벨과 세르쥬(竹宮 1977~84), 기하라 도시에(木原敏江) 『마리와 신고』(摩利と新吾)의 다카토 마리와 인나미 신고(木原 1979~84), 요시노 사쿠미(吉野朔美) 『병아리 줄리엣』(ジュリエットの卵)의 미나토와 호타루(吉野 1988~89)처럼 순정만화에서는 숙명적인 쌍이 거듭 그려지고 있다. 그 상대가 비혈연자인 경우에는 동성이라는 장치로 성을 금지하고 이성의 경우에는 혈연으로 성을 금지하여 유사와 접근 사이의 균형을 잡고 있다(上野 1989b).

23) 1964년 도쿄출생. 본명은 요시모토 마호코(吉本眞秀子). 일본대학 문예학과 졸업. 1988년 『키친』(キッチン)으로 이즈미 교카(泉鏡花) 문학상 수상—옮긴이

24) 린 타로 감독의 애니메이션. 린 타로는 〈은하철도 999〉의 극장판 감독으로 유명하다.—옮긴이

25) 1964년 가나가와(神奈川) 현 출생. 1982년 『기다리는 사람』(待ち人)으로 데뷔. 소년소녀의 모습을 그린 내용이 호평을 받아 인기를 얻었다.—옮긴이

# 2. 여성의 변모와 가족

## 1) 산업구조 전환기의 여성의 변모

**'여성의 직장진출' 실태**

고도 성장기 이후 여성의 변화는 한마디로 '여성의 직장진출'이라 할 수
있다. 「1982년도 취업구조 기본조사」를 보면, 여성 취업률의 50.8%가 기
혼여성으로 전체의 절반을 넘는다. '일하는 주부'가 '전업주부'를 웃돌고
'결혼 후 전업주부'로 지내겠다는 사람은 소수로 바뀌었다.

지난 20년 동안 일본 여성에게 어떤 변화가 있었을까?

여성노동경제학의 시바야마 에미코(柴山惠美子)는 1973년 오일쇼크 이
후 여성노동의 변화양상을 다음과 같이 여덟 가지로 정리했다(『國民の經濟白
書』 1987).

① 중장년층 여성노동력 비율이 50%를 넘어섰다.

② 총노동인구에서 여성이 차지하는 비율이 40%로 높아졌다.

③ 여성취업자 중 고용인의 비율이 약 70%가 되었다.

④ 전체 고용인에서 여성의 비율이 약 40%로 높아졌다.

⑤ 여성고용인의 평균연령이 30대 중반으로 높아졌고 기혼자(결혼·사별·이혼) 비율이 70%로 상승했다.

⑥ 여성고용인의 약 70%가 3차산업에 집중되어 있다.

⑦ 여성고용인 중 파트타임 노동 비율이 20%대 후반으로 높아졌고 여성노동의 고용형태는 파견노동, 임시·일용직 등으로 다양해지고 불안정해졌다.

⑧ 취업분야가 하이테크화되었다.


이상에서 여성의 직장진출이 겉보기와 다르다는 것을 알 수 있다. 그 속사정을 들여다보면, 한때 트렌드였던 '앞서가는 여성' '캐리어우먼'의 수가 늘어났다기보다 중장년층 여성노동자의 불안정한 고용이 확대되었을 따름이다. 그 실상을 한마디로 표현하면 '여성노동의 주변화'(margin-alization of women's labor)이다.

라이프 코스·패턴으로 본다면, 이렇게 직장진출에 성공한 '중장년 여성'은 결혼이나 출산 때문에 일시적으로 직장을 떠났던 '중단-재취업'형이다. 이에 비해 출산 및 육아 시기에도 직장을 떠나지 않은 '취업유지'형은 예상과 달리 늘어나지 않았다.

1987년에 모리오카 기요미(森岡淸美) 등이 경제기획청 국민생활국의 위촉을 받아 작성한 『새로운 여성의 삶을 찾아서』(新しい女性の生き方を

求めて, 經濟企劃廳國民生活局 編 1987)에서는 여성의 취업과 가정 관계를 라이프코스에 따라 다음 여섯 가지 패턴으로 분류한다. 패턴1 미혼취업, 패턴2 무자녀 취업, 패턴3 출산/취업유지, 패턴4 결혼·출산 후 전업주부, 패턴5 출산 후 재취업, 패턴6 직업경험 없음이다. 이 가운데 패턴3의 출산/취업 유지형은 전체 사례 중 21.7%에 불과하다. 연령별로 보면 패턴3의 경우 30대가 27.8%, 40대 25.2%, 50대 27.9%이며, 그중에서 고용인 비율은 30대 14.3%, 40대 14.4%, 50대 12.1%로 거의 늘지 않았다. 자영업자 비율이 감소하는 추세를 고려하면 취업자 중 육아기에도 직장을 그만두지 않은 여성이 조금씩 늘어난 것은 사실이지만, 이를 "결혼이나 출산을 하더라도 일을 그만두지 않는 캐리어우먼의 증가"로 판단할 만큼 주요한 변화라고 볼 수는 없다. 30대 여성의 경우 대다수가 결혼·출산기가 되면 일시적으로 직장을 떠난다(패턴4 결혼·출산 후 전업주부와 패턴5 출산 후 재취업을 합해 57.2%). 결국 최근 20년 동안 여성 라이프코스에서 가장 큰 변화를 나타낸 것은 고도 성장기 초반에도 볼 수 없었던 중단–재취업형이다.

그러나 재취업기 중장년 여성의 고용조건은 매우 열악하며 비숙련부문의 저임금과 불안정한 고용이 대부분이다. 시바야마는 "여성노동의 고용형태가 다양화"되었다고 하지만 '다양화'의 내용이 동시에 '불안정화'인 점도 간과해서는 안 된다. "여성고용인 중 파트타임 노동의 비율이 20%대 후반"이라는 데이터도 주목할 필요가 있다. 35세 이상만 보면 파트타임 노동이 3명에 한 명 꼴로 비율이 높아진다. 게다가 정부는 '파트타임 노동'을 '주35시간 이하의 노동'으로 정의하지만, 현실적으로 풀타임 노동자와 똑같이 장시간 근무에다 잔업까지 하면서도 시급제·일급제 등 파트타임 대우를 받는 노동자까지 포함하면 이 '불안정한 고용'의 범위는 훨씬 넓어진다. 따라서 여성의 직장진출은 주로 중장년층 여성의 변화라는 점 그리고 여성노동의 주변화인 점, 두 가지로 요약할 수 있다.

### 산업구조의 전환

'여성의 직장진출'이 하나의 사회적 현상이 되기 위해서는 노동시장의 수요자(demand side)와 공급자(supply side)의 조건이 맞아야 한다. 우선 공급 면에서 여성을 가정으로부터 끌어내는 요인은 출산율 저하나 가사자동화 등으로 1950년대부터 계속 커지고 있는 데 비해(上野 1982a), 수요 측면의 여성고용을 받아들이는 조건은 여전히 안정적이지 못하다. 시바야마도 지적하고 있듯이, 이처럼 중장년 여성의 고용기회 증대라는 공급 측면의 변화를 가져온 것은 1973년 오일쇼크 이후의 산업구조 전환, 이른바 경제구조조정(restructuring) 과정이다.

일본 경제는 산업구조의 전환으로 3차산업이 차지하는 비중이 크게 높아졌다. 경제의 소프트화—정보화·서비스화—이다. 철강·조선 같은 60년대 경제성장을 떠받쳐주었던 대규모 중장비산업이 난관에 봉착하면서 금융·유통 같은 소규모 경(輕)산업이 주된 성장산업이 되었다. 바야흐로 일본 경제는 공업시대에서 탈공업시대로 들어선 것이다.

1973년 올림픽 이후 일본이나 유럽처럼 자원소국이면서 선진 공업국가들에서 여성고용이 대규모로 창출된 것을 베로니카 비치(Veronica Beechy)는 OECD국가들의 사례를 가지고 설명한다(Beechy 1987). 비치는 구조적 불황기, 따라서 "높은 실업률 아래서 여성고용의 증대라는 역설"을 지적한다. '높은 실업률'은 성인남성 풀타임 노동자의 실업률이고 '여성고용의 증대'는 중장년 여성들의 불안정한 고용이 증대된 것을 가리킨다. 흔히들 말하는 것처럼 "여성이 남성의 직장을 빼앗은" 것이 아니다. 우선 여성들이 취업한 곳은 이전에는 존재하지 않던 성장 산업부문의 새로운 직종이며, 그리고 근무조건이 몹시 열악하여 일반 남성은 일하려 들지 않는 직종이기 때문이다.

산업구조의 전환으로 숙련부문의 중장년 남성노동자들은 직접적으로 타격을 받았다. 여느 OECD국가들의 실업률은 높아졌지만, 일본은 상승하지 않았다. 일본에서는 산업구조의 전환—쇠퇴 산업부문과 성장 산업부문의 교체—이 큰 시차 없이 빠른 속도로 진행되었고 그에 따른 인적자원의 배치전환이 과거 국철의 인재활용센터와 같은 희생을 동반하지 않고 비교적 순조롭게 이루어졌기 때문이다. 거듭 말하지만 일본에서는 산업구조 전환의 희생자가 중장년 남성노동자들에게 집중됐지만, 여느 OECD국가들의 실업률은 아직 노동시장에 참여하지 않은 젊은 남성들에게 집중되어 중장년 남성노동자들은 기득권을 유지할 수 있었다. 이것은 노동조합의 영향력과 관계가 있다.

산업구조 전환기에 여성고용이 증가한 데는 다음과 같은 이유가 있다.

① 경제의 소프트화로 노동의 성별차이가 상대적으로 문제가 되지 않

는 점

②　서비스부문의 경우 계절적 · 시간적 변동이 큰 비정기적 · 임시적 업무가 증가한 점

③　이런 유의 '여성에게 적합한 업무'는 '파트타임 노동'으로 구성되었다. 왜냐하면 "그것은 여성의 일이기 때문이다"(같은 책, 163쪽.) 따라서 여성에게 열린 새로운 취업기회는, 성인남성들이 좀처럼 선택하지 않는 저임금 · 불안정 고용의 '용돈벌이 노동'(job for pin money)이었다.

이 부분에서 OECD국가들과 다른 일본의 특수한 사정을 설명하자면, 이민노동자가 없다는 점이다. 60년대 이후 성장경제 아래서 일본 노동시장은 줄곧 노동력 부족으로 어려움을 겪어왔지만, 다른 선진 공업국가라면 당연히 있을 법한 옵션, 즉 이민노동자 도입이라는 선택사항이 차단되어 있었다. 엄격한 출입국관리법에서 허가되는 외국인 노동자는 '대체가 어려운' 숙련부문 노동자인데, 성장경제하에서 노동력 부족에 시달린 것은 오히려 비숙련부문의 노동력이었다. 기업들은 이 노동력 부족을 공장자동화(factory automation)나 로봇 등으로 일부 극복하긴 했지만, 그래도 부족한 노동력은 기혼여성 내 잠재적 실업자군에 의지할 수밖에 없었다. 따라서 기혼 · 중장년 여성노동자는 주로 ① 기계화로 대체할 수 없는 비숙련부문의 노동인 동시에 ② 다른 선진 공업국이라면 이민노동자가 투입되었을 직종에 취업이 되었던 것이다. 미리 밝혀두자면, 이민노동자의 도입추세와 여성고용은 밀접한 관계가 있다.

이런 여성노동의 주변화를 클라우디아 폰 베르호프는 역설적으로 '노

동의 주부화'(housewifezation of labor)라 부른다(ドゥーデン&ヴェールホーフ 1986). 그리고 이 '주부화'의 프로세스에 여성뿐 아니라 남성들까지 빨려 들어간다는 것이다. 여성의 '주변 노동시장에 참여'는 공식부문(formal sector) 임금노동(paid labor)과 비공식부문(informal sector) 무임금노동 (unpaid labor)의 경계가 낮아져 여성이 양쪽을 쉽게 넘나드는 상태를 가리키고 또 '주부'는 비공식부문의 요청에 항상 대기해 있어야 하는 존재를 말하지만(그렇기 때문에 주부는 '차선의 노동자'밖에 안 된다), 남성 역시 주변 노동시장에 편입됨으로써 '주부의 존재'가 된다. "남성은 노동시장에서 떨어져 나감으로써(실업), 여성은 노동시장에 참여함으로써" 양자 모두 주변노동력이라는 '노동력 예비군'(reserve army of labor)을 형성한다.

## 2) 다양해진 여성의 라이프코스 유형

### 중단-재취업형 증가

이로써 '여성의 직장진출' 실태가 반드시 여성들이 환영할 만한 변화가 아니었다는 사실이 분명해진다. 여기서, 고용경험이 있는 기혼여성과 유자녀 여성으로 국한시켜서 보면 일과 가정을 둘러싼 라이프코스 유형은 다음 세 가지로 정리할 수 있다.

첫째, 취업유지형

둘째, 중단-재취업형

셋째, 전업주부형

앞서 말했듯이 이 가운데 취업유지형은 30대 인구집단의 약 14%로, 별로 증가하지 않았다. 고용인만을 모집단으로 한 데이터가 없기 때문에 확실한 것은 말할 수 없지만, '여자사원의 퇴직이유'에 관한 조사결과를 보면, '결혼 혹은 출산'으로 '퇴직'하는 여자사원이 거의 80%나 되는데 그 나머지 20%는 이 유형이라고 할 수 있다. 이것은 여성취업자 중 고용인의 비율인 70%의 20%와도 일치하는 수치(14%)이다.

이에 반해 세번째 유형인 전업주부형은 감소 경향을 보인다. 80년대 중반 들어와서 일본 노동자세대의 맞벌이(double income) 비율은 60%를 넘어섰다. 40대의 노동력 비율도 똑같이 60%를 웃도는 것을 보더라도, 35세 이후 라이프스테이지 제3기에 '무직아내'인 여성은 이제 30%대에 불과하다.

최근 20년 사이에 거의 드러나지 않던 존재에서 최대 다수파로 부상한 것은 두번째 유형 중단-재취업형이다. 현재 40대, 50대에 속하는 여성들은 고도 성장기에 성인이 되어서 결혼·출산연령에 접어들어 직장을 그만두었을 때만 해도 나중에 직장으로 돌아가게 될 거라고는 전혀 예상하지 못했던 사람들이다. 그만큼 당시 여성들 사이에서 중단-재취업형의 라이프코스는 낯설었던 유형이다. 그후 20년 사이에 경제 구조조정 과정을 거치면서 여성고용이 크게 늘어난 것이다. 따라서 이 여성들은 직장복귀에 대한 준비도 없었거니와 중장년기에 접어든 자신들을 기다리는 노동시장이 어떤 곳인지 전혀 정보가 없었다. 지난 20년간 일본 경제의 구조적 변화로 말미암아, 이 여성들은 일찍이 그 예가 없는 역사적 경험을 하게 되었던 것이다.

## 라이프코스의 선택과 경제요인

이렇듯 여성 라이프코스의 옵션은 다양해졌다. 그렇다면 다음과 같은 사회학적 질문을 던질 수 있다. 여성의 라이프코스 선택에서 결정적인 변수는 무엇일까?

앞의 세 가지 유형의 라이프코스를 선택할 때 여성은 라이프스테이지에서 두 차례 의사결정을 하게 된다. 첫번째는 라이프스테이지 1기와 2기에 직장을 그만둘 것인지 계속 다닐 것인지의 선택, 두번째는 라이프스테이지 3기에 직장에 복귀할지 아니면 그대로 가정에 머물지의 선택이다. 여성의 의사결정에 작용하는 변수로는 당사자의 학력과 자립의식, 가족구성 등 여러 가지 요소가 있겠지만 최종적인 결정변수로는 '부부수입'이라는 경제적 요인이 많다.

1987년 취업구조 기본조사에 따르면, 세대주 소득의 5분위 층위별 부인의 취업률이 제1분위에서 제4분위까지는 거의 50% 안팎으로 큰 차이가 없다가 제5분위에서 약 10% 낮아져서 38.1%가 된다. 제4분위와 제5분위가 나뉘는 지점은 연소득 700만 엔대이다. 즉 전업주부로 지낼 수 있으려면 그 조건이 연소득 700만 엔 이상의 여유 있는 계층은 되어야 한다는 것이다. 이는 파트타임으로 일하는 여성의 취업동기 1위가 '생계보조를 위해'라는 사실에서도 알 수 있다.

아울러 여성의 높은 학력이 반드시 취업률과 비례하는 것은 아니다. 자신보다 학력이 높은 남자와 결혼하는, 즉 학력상승혼(hyper·gamy) 경향이 강한 일본에서 대졸 여성은 대부분 대졸 남성과 결혼한다. 그리고 고학력 남성은 대개 경제적으로 여유 있는 계층에 속하는 편이므로 결과적으로 고학력 여성들 중에는 '무직아내'가 많은 경향이 있다.

취업유지형 여성의 경우 전문직이 많다. 전문직이기 때문에 계속 일을 할 수 있는 것인지 원래 직업을 유지할 의지가 강했기 때문에 전문직에 취업했는지는 정확하지 않다. 전문직이라고 해도, 일본의 여성 3대전문직은 보모 · 교사 · 간호사로 반(半)전문직이다. 여기에다 공무원을 포함시키면 '여성이 계속 일하기 쉬운 직종' 리스트가 완성된다.

여성이 전문직에 취업하기 위한 조건은 우선 고학력이어야 하는데, 이 여성들 대부분이 같은 전문직 남성과 사내결혼을 하는 경향이 강하다. 그런데 여성이 계속 일하기 쉬운 직장, '남녀 동일노동 동일임금' 직종은, 남성 입장에서 보면 남성 임금이 여성의 임금수준에 묶여 있는 직종이다. 공무원이나 교사들 가운데 결혼 · 출산 퇴직자가 적은 이유가 단순히 육아휴업제도처럼 계속 직장을 다니기 용이한 조건이 구비되어 있기 때문만은 아니다. 부부가 풀타임 취업의 맞벌이로 유지해 온 살림살이 규모를 줄일 수 없는 사정도 있다.

하쿠호도(博報堂)[1]가 조사한 『90년대 가족』을 보면, 이 세 가지 라이프코스 패턴의 선택에서는 '남편소득'이라는 플로(flow)[2]만이 아니라 '부모자산'이라는 스톡(stock)[3] 요인도 영향을 끼친다는 것을 알 수 있다(博報堂生

活總合硏究所編 1989). 이 조사에 따르면, 세번째 유형인 전업주부형이 되기 위한 조건으로 '시가의 자산'이 들어간다. 예를 들어 남편의 연간소득이 700만 엔에 못 미쳐도 시부모가 경제적으로 지원해 준다면 그 세대의 가처분소득은 늘어난다. 한편 첫번째 유형의 취업유지형을 지탱해 주는 것도 '처가의 자산'이다. 우선, 딸이 전문직에 취업할 수 있을 정도의 학력을 갖추려면 그 가정이 이미 상당한 고학력이든가 그렇지 않으면 경제적으로 유복해야만 가능하다. 지금도 일본 부모의 80% 이상이 "아들은 4년제 대학, 딸은 전문대학까지" 공부시키는 것을 이상적이라고 여기는 현실을 고려할 때, 여성이 4년제 대학졸업 학력을 취득할 수 있는 조건은 부모가 그것을 당연하게 여기든가 아니면 지원할 만한 가정배경이 되어야 한다. 둘째로, 처가가 경제적으로 여유가 있으면 딸이 결혼한 후에도 음으로 양으로 딸의 가정을 지원하는 것이 가능하다. 처가로부터 현물이나 현금으로 지원을 받는 가정을 지칭하는 '트리플 소득'이라는 용어도 생겨났다(上野 1989d).

하쿠호도의 조사에 의하면, 시가나 처가로부터 지원을 받지 않아 플로(flow)나 스톡(stock) 면에서 아내나 남편 모두 불리한 처지에 있는 유형은 두번째 중단-재취업형이다. 아내가 재취업을 하는 대부분의 원인은 남편의 수입을 보충하려는 '생계보조'이지만, 한편 아내를 피부양가족으로 있게 하는 상한선인 '90만 엔의 벽'(1989년부터 100만 엔으로 올랐다) 때문에 이 '생계보조' 수입은 세대 연간소득의 25%에도 미치지 못한다.

따라서 세번째 전업주부형은 남편의 플로나 스톡으로 혜택받는 경제계층에 속하는 여성층이고, 첫번째 취업유지형은 아내가 스톡 면에서 혜택을 받은 경제계층의 출신이어서 남편과의 맞벌이로 여유 있는 플로를 획득한 계층이며 그리고 두번째 중단-재취업형은 스톡이나 플로 면에서 전혀 혜택을 받지 못하는 계층이다. 여성의 취업을 경제적 요인으로만 논하면, 돈을 벌지 않으면 안 되는 사람은 계속 일을 하고 있으며 굳이 돈을 벌지 않아도 되는 사람은 일하지 않는 현실이 노골적으로 드러난다.

## 중단-재취업형의 성규범과 부부관

문제는 이 '일하는 여성'에는 첫번째 취업유지형과 두번째 중단-재취업형이 다 포함된다는 사실이다. 이 두 유형은 취업형태와 직종, 업무상의 위치, 임금 등이 크게 다르다.

첫번째와 두번째 유형을 '취업주부'로 한데 묶어서 세번째 유형의 '무직주부'와 비교하는 방식은 사실상 유효하지 않다. 두번째 중단-재취업형에는 "취업의사가 없었으나 어쩔 수 없이 취업한 사람"과 "계속 취업할 의사가 있었지만 여러 가지 사정으로 그만둘 수밖에 없었던 사람"이 포함되는데, 양측 다 라이프 스테이지 2기에 직장보다는 육아를 우선적으로 생각했던 사람들이다.

각종 데이터를 살펴보면, 부부간의 분업의식이나 성규범 면에서 두번째 유형은 첫번째 유형보다 세번째 유형에 훨씬 더 가깝다(豊中市女性問題推進本部編 1989). 두번째 유형의 일하는 방식은 부부간의 성별 역할분담을 뒤흔들어서 가정 내에서 남편의 행동을 바꾸어놓지 못해 부부간의 세력관계

도 전통형이다. 결과적으로 두번째 유형의 여성은 가사를 전적으로 책임진 채 임금노동까지 부담하는 이른바 '이중역할=이중부담'(dual role=dual burden)이지만(上野 1985d), '주부이자 임금노동자'라는 이중역할이 '이중갈등'(role conflict)을 불러일으킨다는 종래의 사회학적 가설은 이 유형에서 부정되고 있다. 우선 이 유형의 여성들이 직장에 복귀한 것은 상대적으로 자녀에게 손이 덜 가는 제3기 이후라는 점과, 둘째로 이들 수입의 주된 사용처가 내 집 마련을 위해 받은 대출금 상환이라든가 자녀의 (학교 외) 교육비라는 점, 셋째 제2차 사회화 과정을 돈을 주고 전문가에게 맡길 수 있게 되고부터 자녀들에게 '보다 좋은 교육'을 제공하기 위한 비용을 마련하는 것 또한 '좋은 엄마'의 한 가지 조건이 되어버린 사실에서 비롯된다. 나탈리 소콜로프가 지적하는 것처럼(sokoloff 1980. ソコロフ 1987), 여성은 '좋은 엄마'의 '역할수행'을 위해 일을 하러 나가는데 이 경우 '좋은 엄마'라는 것과 반드시 역할갈등을 일으키지는 않는다.

두번째 유형의 성규범이나 부부관의 준거집단은 세번째 전업주부형이다. 그 점에서 보면 두번째 유형은 "불행하게도 전업주부는 되지 못했으나 전업주부를 지향하는 여성들"이라 할 수 있다. 두번째와 세번째 유형을 나누는 기준이 남편의 경제계층이라고 한다면, 최근 20년 동안 '직장에 복귀한 여성'과 '가정에 머무른 여성'을 분화시키는 배경에는 일본 사회의 계층분해가 있다.

## 3) 여성층의 분해와 동향

### 높아지는 전업주부 지향

지난 20년 동안 여성의 라이프코스 다양화와 계층분해는 일본 여성들에게 전례 없는 경험이었지만 동시에 그로부터 배울 만한 역사적 경험을 얻기도 했다. 오늘날 90년대에 일어나고 있는 변화는 이런 여성들의 경험이 내린 일종의 역사적 판단이라고도 할 수 있다. 그 동향을 직업을 가진 여성과 무직여성으로 나누어서 살펴보기로 하겠다.

1989년 레이디 포럼이 후지츠(FUJITSU), NTT 등 민간기업 114개사에 근무하는 여성 2990명을 조사한 결과[4]에 따르면, 취업유지형을 희망하는 사람은 전체의 25%이다. 그러나 젊은 연령층일수록 그 비율이 낮아져 20대 전반은 16%, 20세 이하는 6%이다. "어느 연령층이든 반 이상이 언젠가는 가정으로 돌아가기를 희망한다." 20세 이하의 경우에는 55%가 전업주부를 지향한다.

이 조사결과는 여학생들을 대상으로 한 다른 조사결과와도 일치한다. 내가 여자전문대에서 실시한 조사를 보더라도, 1988년에는 전업주부 지향이 60%를 넘었는데 80년대 초에는 중단-재취업형 지향이 다수를 차지했던 상황을 비교해 보면 젊은 여성들 사이에서 중단-재취업형이 매력을 잃고 오히려 전업주부 지향이 높아지고 있다는 것을 알 수 있다. 취업유지 지향은 20%대에서 조금씩 높아지긴 하지만 다수파가 되기에는 한참 못 미친다.

현실에서는 전업주부가 소수파로 전락한 가운데, 전업주부를 지향하는 여성이 많아지는 것은 도대체 무엇을 의미하는 것일까?

그 이유로 몇 가지를 생각할 수 있다.

첫째로, 전업주부가 소수파가 됨에 따라 등장한 중단-재취업형의 '일하는 주부'의 실상이 선명하게 드러나면서 이 모델에 대한 매력이 사라진 점이다. 70년대는 중단-재취업형 여성이 급속도로 증가한 시기로, "직장과 가정"이라는 라이프코스 모델은 당시 정부의 권장사항이기도 했다. '전업주부'라는 거창한 용어가 등장한 것은 70년대 전반기이다. 직장을 가진 주부가 늘어나면서 그와 함께 라이프스테이지를 위협받는 여성들 사이에서 '단순주부'(just a housewife)라는 표현도 등장했다.

그럼에도 불구하고 중단-재취업형 여성이 다수를 차지하게 되자 이들의 현실은 분명해졌다. 줄어들지 않는 가사부담, 열악한 노동조건, '이중역할'로 부담이 늘어난 생활 등 여유를 잃은 대가로 손에 쥐는 것은 '푼돈'(pin money)이라는 현실을 맞닥뜨리자 눈앞에 취업기회가 열려 있어도 '일부러 직장에 나가지 않는' 쪽을 선택하는 여성들이 나오기 시작했다. 일찍이 "직장과 가정"이라는 여성의 욕구를 동시에 충족시킬 수 있을 것이라 여겼던 라이프코스는 현실 앞에서 퇴색해 버린 것이다.

둘째로, 그 사이 계층분해가 진행되어 '직장에 복귀한 여성'과 '가정에 머무는 여성'을 나누는 기준은 다름아니라 경제계층이라는 현실이 숨길 수 없을 정도로 명확해졌다. 전업주부라는 것은 지금의 '여유로움을 증명하는 것'이 되었다. 이 점은 여학생들에게 '전업주부'에서 연상되는 이미지를 조사해 보면 분명해진다. 70년대의 전업주부는 '살림에 찌든' '몰개성'이라는 레테르가 붙었으나, 10년 후인 80년대 후반에 전업주부는 '멋쟁이' '여유 있다'로 표현되었다. 70년대부터 80년대까지 10년 동안 전업주부의 이미지는 부정적인 것에서 긍정적인 것으로 180도 바뀌었다.

동시에 전업주부의 실체는 '가정에 머무는 여성'이 아니었다. 이 여성들은 직장만 나가지 않을 뿐 지역이나 네트워크 활동으로 집에 머물러 있지 않았다. 가나이 요시코(金井淑子)는 이런 여성들을 '활동전업 주부'라고 부른다. 전업주부이지만, 가사가 전업이 아니라 활동이 전업이라는 의미이다.

내가 교토(京都)·오사카(大阪)·고베(神戸) 주부들의 풀뿌리 네트워크를 조사한 바(上野·電通ネットワーク研究會 1988)에 따르면, 주부가 바깥활동을 할 수 있는 조건은 시간자원과 화폐자원이 충족되어야 한다. 사실 이 여성들은 평균보다 높은 학력과 경제계층에 속한다.

한나 개블런이 말하듯이, 이미 전업주부는 '갇혀 있는 여자'가 아니다(ギャブロン 1970). 이들은 "자기가 하고 싶은 일을 하기 위해" 직장에 나가지 않기로 선택한 특권계층으로 자리 잡아가고 있다. 따라서 젊은 여성의 전업주부 지향은 결혼을 통해 계층상승을 하려는 욕구('시집 잘 가는' 소원)와 무관하지 않다. 유일한 문제는 지향과 현실의 갭이다. 거의 60% 가까운 여성들이 전업주부형을 희망함에도 불구하고 현실적으로 이들을 전업주부로 살아갈 수 있게 할 정도의 경제계층에 속하는 남성은 지금의 40대에서도 30%대이며, 지금의 20대가 40대가 되는 20년 후에는 더욱 줄어들

어 20%대 가까이로 떨어질 것으로 예측된다. 전업주부가 되기를 희망하지만 현실적으로 불가능한 이들 대부분은 육아기 이후 어쩔 수 없이 '생계보조'를 위해 밖으로 나가는 중단-재취업형이 되는 것이다. 아무런 준비도 없이 열악한 주변 노동시장에 내던져진 중장년 여성들을 기다리고 있는 것은, 중단-재취업형의 여성들 대부분이 고통받고 있는 바로 그 현실이다. 이리하여 전업주부형을 준거집단으로 삼음으로써 현실에서는 이룰수 없는 욕구불만이 가득한 아내가 재생산된다.

## 고용기회균등법의 영향

여기서 지적해 두고 싶은 것은 1985년에 제정된 고용기회균등법의 영향이다. 여성노동경제학의 전문가 치모토 아키코(千本曉子)는 젊은 여성의 전업주부 지향은 '균등법에도 불구하고'라기보다는 '균등법 때문에' 오히려 강해졌다고 설명한다. 실상 균등법은 보호 없는 평등, 벌칙 없는 노력의무 규정이라고 할 만큼 엉성한 법이지만 이런 실상에도 불구하고 균등법이 노동시장에 아직 참여하지 않은 여학생들에게 주는 이미지는 설령 명목주의(tokenism)라 하더라도 남성들과 동등하게 일을 한다는 경쟁 이미지이다.

균등법에 대응하여 각 기업은 즉각 종합직과 일반직이라는 코스별 인사관리를 도입해 성차별을 '개인선택'으로 바꾸어놓았으나, 종합직에 채용되는 여성은 신규 채용자의 1%도 안 된다. 게다가 '기회균등'은 동일 학력에 대해서만 적용되기 때문에 전문대졸 여성에게는 공공연하게 '학력

차별'이 통한다. 균등법의 조악한 실태에도 불구하고, 통용되고 있는 이미지는 "여자도 능력만 있으면 종합직도 가능하다"는 '기회균등'에 대한 환상이지만, 이 환상은 여학생들에게 그 정도로 매력적이지는 않다. 왜냐하면 여성이 '기회균등'의 경쟁에서 남자와 동일한 입장에 서야 하는 것을 의미하기 때문이다. 이 경쟁을 환영하는 것은 편차치(standard score) 경쟁에서 발군의 성적을 거둔 실력과 자신감을 겸비한 일부 최상위 엘리트뿐이다. 더구나 이 경쟁게임에서 성공하기 위해서는 엄청난 노력과 부담을 감수하지 않고는 도저히 이룰 수 없다는 것을 여성들 스스로 알고 있다. 과거 20년 동안 취업유지형 여성이 별로 많이 늘지 않은 배경으로는 첫째 일하는 여성을 둘러싼, 육아와 일을 양립할 수 있기 위한 객관적 조건이 전혀 개선되지 않았다는 사실, 둘째로 '육아와 일'의 양립이 주로 자기 개인의 부담과 희생으로 실현된다는 것을 지켜본 젊은 여성에게 이 라이프코스가 매력적으로 다가오지 않았던 사정을 들 수 있을 것이다.

고용기회균등법은 그 제정과정에서, 고용평등법에서 크게 후퇴했지만 여성문제간담회나 '남녀고용평등법을 만드는 여자들의 모임' 등 페미니즘 계열의 여성단체들이 그 내용에 강하게 반발, 반대한 사실은 그다지 알려져 있지 않다. 이들은 노동기준법의 여자보호 규정과 아울러 균등법의 '보호 없는 평등'이 여성노동자들끼리 경쟁하도록 함으로써 노동조건을 악화시킬 것이라 예상해, 이 법안에 반대했다. 균등법의 제정과 동시에 입안된 파견사업법을 비롯하여 노동기준법의 변형 노동시간제 도입 등, 그후 추이를 보면 반대한 쪽의 예상은 거의 적중했다고 할 수 있다.

균등법이 도입되면서 여성노동자들은 급속도로 엘리트와 비엘리트로 분리되었다. 일부 엘리트 여성노동자들은 종합직을 얻어 남자와 동등하게 일할 기회를 얻었지만, 대다수 비엘리트 여성노동자들을 기다리는 것은 주변 노동시장이다. 균등법 실시 이후 여성의 고용형태는 파트타임 근무 뿐 아니라 계약사원, 파견사원, 재택근무, 재고용제도 등으로 다양해졌다. 이세탄(伊勢丹)처럼 "당신의 사정에 맞추겠습니다"라며 섬타임(sometime) 제를 도입한 곳이 있는가 하면, 자스코(JUSCO)는 퇴직사원을 등록해 두고 우선적으로 채용하는 재입사(reentry) 제도를 일찍부터 실시하고 있다. 단 풀타임 사원이 되기까지의 과정은 몇 단계로 나누어져 있어 원직복귀 라고는 말하기 어렵다. '여성의 능력화'를 요구하는 목소리는 크지만, 그 것은 어디까지나 여성을 주변노동력 부문에 편입시킨다는 의미에서의 다양화이다.

이런 가운데 균등법 실시 이전에 입사한 여자사원들 사이에서 조용한 변화가 일어나고 있다. 노동성의 임금구조 기본조사를 보면 여성고용인 (파트타임 제외)의 근무연수는 1976년 5.3년에서 1986년에는 7.0년으로, 10년 사이에 1.7년이 늘어났다. 근속 10년 이상의 여성도 25.4%로, 4명당 1명꼴로 증가했다. 1986년 현재 7년 근속한 여성은 물론 균등법 실시 이전에 입사한 경우다.

이들은 종합직이라는 옵션 없이 기업으로부터 '여성에게 맞는 일'을 배정받아 부서이전이나 승진의 기회도 박탈당한 채 베테랑 OL이 된 여성들이다. 여성들의 근속연수가 늘어난 데는 만혼(晚婚) 경향도 한몫했지만,

그외에도 중단-재취업형 여성들의 실상을 지켜보면서 재취업에 대한 불안감 때문에 안정된 고용을 포기하지 않으려는 자기방어 의식도 작용했다고 봐야 한다. 이들은 회사에 대한 기여도가 반드시 높은 것도 아니고 회사의 기대치도 높지 않다. 즉 기대한도를 넘어서 회사에 눌러앉아 있으나, 딱히 취업동기가 높아서라기보다 하찮고 보람도 없는 업무이지만 안정적인 고용을 확보하려는 이유에서이다.

최근 기업들의 사원연수에서는 근속 5년 이상의 여자사원들을 대상으로 재활성화 세미나가 활발하게 열리고 있다. 그러나 그 속사정을 들여다보면, 균등법의 영향으로 여자사원을 대하는 경영자의 태도가 변했다기보다는 장기간 눌러앉아 있는 여자사원들의 업무수행 능력을 심각하게 고민하기 시작했다는 편이 옳을 것이다. 기업 인사담당자에게는 균등법 이전에 입사한 여자사원과 이후에 입사한 여자사원의 처우라든가 변화된 윤리관이 새로운 과제가 되고 있다.

## 여성의 네트워크 활동

한편 무직주부들 사이에서도 새로운 움직임이 일어나고 있다. 40대 이상의 현재 전업주부인 여성층에는 첫째 중장년 여성에게 고용기회가 확대된 뒤에도 재취업을 굳이 선택하지 않았던 여성과 둘째로 노동시장의 변화를 따라가지 못해 재취업을 희망했을 때는 이미 연령상한을 넘어버린 여성, 두 종류가 있다. 모집·채용에서 성차별은 균등법으로 금지되었지만, 연령제한은 여전히 높아서 40세가 넘은 여성은 고용기회가 좀처럼 주어지지 않는 것이 현실이다.

여성 네트워크 활동의 중심은 40대 후반에서 50대이다. 첫째 조건은 라이프스테이지 5기에 접어들어서 육아부담이나 교육비 부담에서 완전히 해방되었다는 점이다. 파트타임 취업을 한 경우라도 이들의 수입이 100% 가처분소득이 되려면 자녀독립기가 지나야 한다. 이 연령층은 육아부담이 전혀 없으면서 동시에 남편이 아직 정년퇴직을 하기 전이라 시간자원과 화폐자원 (그리고 체력) 면에서 가장 혜택받은 연배이다.

여성의 직장진출과 똑같은 시기에 이 여성들은 지역 활동이나 네트워킹 경험을 쌓아왔는데, 이런 경력 속에서 자라난 것이 주부의 신(新)자영업이다. 유상 자원봉사 활동, 서클의 사업수입, 생활협동조합의 노동자공동체 등 노동의 질과 내용을 스스로 결정해 자기관리를 하는 도시형 신자영업(self-employment)[5]이다. 가업경영형의 구 자영업과 달리 이들의 남편은 고용인이 많다.

주부의 신자영업은 여성이 고용노동에서 소외된 결과이기도 하고, 그들이 고용노동을 택하지 않은 선택의 산물이기도 하다. 노동경제학에서는 자영업을 노동시장에서 조직적으로 차별받는 사회적 마이너리티에서 많다고 설명하는데, 이런 의미에서는 여성 역시 사회적 마이너리티이기 때문에 고용 외의 노동형태를 스스로 창출한다고 볼 수 있을 것이다. 고용인화라는 거역하기 힘든 추세에서, 노동의 질을 따지는 노동방식이 역설적으로 고용에서 낙오된 중장년 여성들 사이에서 시도되고 있으며 개중에는 성공한 사례도 나오고 있다. 다만 시급(時給)으로 환산하면 파트타임 임금을 밑도는 수준인 '또 하나의 노동방식'은 '여유의 산물'이라 할 수 있을 것이다.

### 4) 가족의 분화와 다양해진 생활문화

지난 20년 동안 일본 사회의 구조적 변동이 여성의 분화를 가져왔다는 것을 살펴보았다. 이런 여성의 변모는 필연적으로 가족 하위문화의 분화를 불러일으켰을 것이다. '결혼하면 가정주부'라는 라이프코스가 유일한 옵션이 아닌 현재, 여성의 선택에 따라 생활현실은 크게 달라진다.

여성의 라이프코스가 다양해졌다고 하지만 앞으로도 당분간은 첫째 취업유지형, 둘째 중단-재취업형, 셋째 전업주부형이라는 세 가지 기본 패턴과 그 변형체의 범위 내에서 이동할 것이다. 그 분화를 결정하는 결정변수는, 앞에서 말한 대로 주로 경제적 요인—여성의 계층귀속이다. 단 여성의 계층귀속을 결정하는 요인에 기존의 '남편수입' 외에 '아내수입'이 추가되고 있을 뿐 아니라 '남편이나 아내의 부모, 혹은 양가 부모의 자산'도 영향을 끼친다.

경제 환원주의라는 비난을 피할 수 없을지 모르지만, 남편과 아내의 경제력이 부부의 세력관계나 상호의존 관계에서 가장 중요한 요인으로 작용하는 것은 안타깝게도 사실이다. 아내의 플로와 스톡이 커질수록, 원래 쌍계가족이었던 일본의 가족구조는 모계 지향 쪽으로 더욱 강화될지도 모른다. 딸과 함께 사는 경향이 많아진다거나 도시형 모계동거가 증가하는 것

등이 이런 경향을 잘 보여준다. 게다가 아내에게 독립된 수입이 있다는 사실이 반드시 부부간의 상호의존 관계를 약화시키지는 않는다. 아내의 수입을 전제로 세워놓은 가계규모를 유지하기 위해 가족의 응집력이 훨씬 더 강해질 수도 있다. 또 남편이나 아내 부모의 자산가치 상승과 더불어 재산보전을 위한 공동체로서 가족의 응집력은 약해지기는커녕 오히려 강화된다. 하쿠호도(博報堂)생활종합연구소는 이런 응집력 강한 가족을 혈연으로 이어진 직계가족이 아닌 이익으로 맺어진 '이계가족'(利系家族)이라고 이름 붙였다.

구체적으로는 아내가 첫번째~세번째 유형 중 어떤 타입인가에 따라 부부·가족 생활문화는 크게 달라진다. 생활구조나 생활시간은, 바야흐로 주부의 직업 유무에 따라 생태계가 달라진다고 해도 좋을 정도로 차이가 난다. 활동 시간대나 공간이 달라질 뿐 아니라 PTA(학부모회의)나 쓰레기 처리를 둘러싼 요구와 이해관계가 대립하는 경우까지 있다. 가계지출 또한 직업을 가진 여성은 교제비나 통신·교통비의 비중이 높아지는 등, 소비행동에서도 차이가 난다. 가사 합리화에 대한 의식이나 그 우선순위를 정하는 방식도 다르다.

무엇보다 배우자에 대한 기대나 선택조건이 크게 다른 점을 들 수 있다. 앤 이마무라(アン今村)의 '일본 주부'에 관한 조사에 따르면, 주부는 기대와 역할이 일치했을 때 '행복감'을 느낀다(國際女性學會編 1978). 이런 의미에서 취업 지향이 강한 아내와 전업주부를 기대하는 남편, 역으로 전업주부 지향이 강한 아내와 경제력 없는 남편 같은 잘못된 결합(mismatch)은 '불

행'의 근원이 된다. 문제는 여성의 다양화에 맞게 남성의 다양화가 진행되는가 하는 것이다.

다시 말해 아내가 세 가지 중 어떤 타입이냐에 따라 가족의 생활문화—취미, 여가활용, 부부단위의 행동 유무, 자녀 중심인가 여부, 소비행동 등—는 크게 달라질 것이다. 전업 가사담당자인 주부와 바깥일을 전업으로 하는 남편으로 구성된 성별 역할분담형의 '근대가족' 생활문화는 다양해진 가족문화 가운데 하위유형이 될 것이다. 현재 우리는 '부부란' '가족이란' 이러이러하다는 식의 일반화가 성립하지 않는 역사적 단계에 들어서 있다.

[ 주 ]

1) 일본을 대표하는 광고회사—옮긴이
2) 일정 기간 동안 경제조직에 흐르는 재화의 양—옮긴이
3) 일정 시점에 경제조직에 존재하는 재화의 비축량—옮긴이
4) 「若い女性ほど '妻は家に' 派: レディス・フォラム調査・多い專業主婦希望」, 『朝日新聞』 夕刊, 1989. 5. 23.
5) 생협의 노동자공동체에 관해서는 아마노 마사코(天野正子)가 상세하게 조사했다. 노동자공동체의 담당자 역시 평균 이상의 고학력과 높은 경제계층에 속한 여성들이다(天野 1988).

# 제2부 근대와 여성

1. 일본형 근대가족의 성립
[보론] 가부장제 개념에 관해

2. 가족의 근대

3. 여성사와 근대

# 1. 일본형 근대가족의 성립

## 1) 이에(家)의 발명

'이에' 제도는 오랫동안 '봉건제도'라 생각해 왔으나, 최근의 가족사 연구에서는 이에가 메이지(明治) 민법의 제정으로 탄생한 메이지 정부의 발명품이라는 것을 명확히 했다. 사실 메이지 이전에는 엄밀하게 배타적인 부계 직계가족을, 무사계급 사이에서는 볼 수 있었지만 서민들은 잘 알지도 못했다. 에도(江戶) 시대에 무사는 인구의 3%, 가족을 포함해도 기껏해야 10% 정도로 보며, 그 나머지 90% 인구는 다양한 세대를 구성해서 생활했다. 홉스봄이 『전통의 발명』(Hobsbaum & Ranger 1983. ホブズボウム&レンジャー 1992)에서 말하듯이, '이에'는 근대의 발명이었던 것이다.

메이지 민법이 배타적인 부계상속제를 채택하기까지는 약 20년에 걸친 이른바 '민법전논쟁'(民法典論爭)이 있었다. 이 사실은 민법에 부계상속제 이외의 옵션이 있을 수 있었음을 역으로 증명해 준다.

메이지 정부가 민법제정을 처음으로 구상한 것은 1870년이다. 이듬해

1871년에 정부는 법안 만들기에 착수하여 1873년에 잠정적인 민법초안이 완성된다. 그 사이에 정부는 각지에서 상속이나 가족과 관련된 관습법을 조사했으며, 이런 조사결과를 바탕으로 1878년에 최초의 정부안이 입안되었다.

각지의 관습법 가운데는 모계상속이라든가 막내상속도 존재했다. '아네카도쿠'(姉家督)라 불리는 모계상속은 부유한 농민이나 상인들 사이에서 광범위하게 지켜지고 있었다. 농사를 짓거나 장사를 하는 집안에서는 될성부른 재목을 고를 수 없는 아들들 대신 폭넓은 인재들 중에서 데릴사위를 물색하는 쪽이 가족전략에 들어맞는다. 이와 달리 배타적인 부계상속은 무가(武家), 즉 무사로서 주인집에 봉사하는 이에 고유의 관습이다. 무가계층에서는 딸밖에 없으면 양자를 들여서라도 남자를 가독(家督)상속자로 세워야 했다. 농민이나 상인 집안에서는 가독상속인이 반드시 남자일 필요는 없다. 그러나 민법제정 과정에서 모계상속은 '서민의 야만적인 풍습'이라 하여 결국 퇴출당한다.

최초의 민법초안이 완성되고 나서 1890년에 민법이 제정되기까지 10년이 걸린다. 민법은 제정하고 3년이 경과하면 시행될 예정이었으나, 그 사이에 유명한 '민법전논쟁'이 일어난다. 호즈미 야쓰카(穂積八束)가 "민법이 생겨나 충효가 사라진다"며 격렬하게 비난했던 '민법전논쟁'은 커다란 정치문제가 되어, 결국 정부는 민법의 시행을 단념하고 다시 법안수정에 들어갔다. 그후 1898년이 되어서야 비로소 민법 최종안이 시행되었다. 민법이 제정되는 데 이 정도 시간이 걸린 것 자체가, 민법이 정하는 가족제도가 복수의 옵션 속에서 우여곡절을 거쳐 정치적으로 만들어졌다는 것을 증명한다.

이에 제도는 근대 국민국가에 적합하게 만들어진 가족모델이며, 역으로 국민국가 또한 가족모델에 적합하게 형성되었다. 이토 미키하루는『가족국가관의 인류학』(家族國家觀の人類學, 伊藤幹治 1982)에서 '이에' 개념이 어떻게 해서 메이지 정부의 관료들에 의해 발명되었는지를 자세히 논한다. 메이지 민법이 제정되기 전인 1890년에 교육칙어(教育勅語)가 공포되었다. 그리고 이듬해 정부의 어용학자 이노우에 데쓰지로는『칙어연의』(勅語衍義)에서 국가와 국민의 관계를 다음과 같이 논한다.

국민의 신민(臣民)이라는 것은 마치 부모의 자손이라는 것과 같다. 즉 하나의 국가는 하나의 이에를 확충시킨 것으로, 한 나라의 군주가 신민에게 지휘·명령하는 것은 한 이에의 부모가 사랑하는 마음으로 자손에게 분부(吩咐)하는 것과 다름없다. 더욱이 지금 우리 천황폐하는 온 나라를 향해 신민이라 불러주시니, 신민 또한 모두 자손으로서 엄격한 아버지와 자애로운 어머니에게 갖는 공손한 마음으로 삼가 경청하고 마음 깊이 새겨야 한다. (井上哲次郎 1891, 10~11쪽)

1908년에 간행된『윤리와 교육』(倫理と教育)에서도 이노우에는 같은 주장을 되풀이한다.

한 가족 안에서 가장에게 효를 다하는 정신은, 하나의 국가로 미루어 확장해 보면 그 역시 천황에 대한 충이 되는 것입니다. 다만 충이라는 것은 또 효라고도 말할 수 있습니다. 왜냐하면 천황은 일본 민족의 가장의 지위에 서 계시므로 한 가족에서 가장에 대한 본분과 같은 형태로 천황에 대해 충을 다하는 것이듯이 이 충은 즉 효와 같은 것입니다. 그래서 충효일체라는 민족적 도덕의 가르침이 예부터 전해 내려오는 것입니다. 충효일체와 같은 민족적 도덕은 이처럼 사회조직이 아니면 생기는 것이 아닙니다. 이와 같은 사회조직 속에서 필연적으로 발달하게 되는 것이 으뜸 도덕입니다. 이처럼 으뜸 도덕이 없으면 이 사회조직은 존속할 수 없는 것입니다. (井上哲次郎 1908, 474~75쪽)

이토는 이노우에의 설을 이렇게 해설한다.

여기서는 국가 차원의 천황과 국민의 관계를 가족 차원의 부모와 그 자손의 관계로 추론하여 파악하고 또 천황을 부모로, 국민을 그 자식에 견주고 있다. 그리고 "하나의 국가는 하나의 이에를 확충시킨 것"이라 서술하고 있는 것처럼 '이에'를 기반으로 한 국가상이 구상되어 있다. (伊藤幹治 1982, 8~9쪽)

이토는 이 '가족국가관'의 비밀을 '충효일체' 이데올로기에서 찾는다. 메이지 정부는 '교육칙어'의 공식 이데올로기로 유교를 채택했지만, 유교의 덕목은 '수신제가치국평천하'에서 보듯이 자기를 중심으로 동심원적으로 윤리를 확대해 가는 것이었다. 여기서는 부모에 대한 '효'가 군주에 대한 '충'에 선행하며 또 양자는 종종 대립의 가능성을 안고 있었다. 1872년(메이지5년)에 징병령이 공포되었을 때도 그에 반발해서 각지에서 혈세봉기가 일어났고, 1904년(메이지37년)의 러일전쟁 때는 화가(和歌)의 작가 요사노 아키코(与謝野晶子)가 유명한 반전시 "아, 동생이여, 너를 목 놓아 부르니 부디 죽지 말아다오"를 쓴다. 국가에 대한 봉공과 부모에 대한 효행은 반드시 일치하지 않는다. 따라서 이노우에가 언급한 "충은 즉 효입니다"가 되기 위해서는 논리적인 재주를 부려야만 했다.

어디 그뿐인가, 교육칙어를 제정하는 과정에서 '효충'이라는 유교덕목의 자연스러운 순서가 '충효'로 순서가 뒤바뀌는 트릭이 구사된다. 메이지 정부에 출사했던 유학자 모토다 나가자네(元田永孚)는 1879년에『교학대강』(教學大綱)을 저술한다. 여기서 그는 천황에 대한 충은 부모에 대한 효에 해당한다는 유교의 가르침을 강조한다. 아직 이때는 '효'가 '충'에 우선하는 덕목이었다. 그러나 1882년 같은 저자의『유학강요』(幼學綱要)를 보면, '충'과 '효'의 순서가 바뀌어 있다. 모토다의 사고를 바탕으로 해서 이듬해 최초의 수신(修身) 교과서가 만들어지는데, 거기서는 "부모를 섬기듯이 주군을 섬긴다"는 것이 강조된다. 메이지 정부가 받아들인 유교는 에도시대까지의 유교와는 명확히 다른 해석을 시도하고 있었다.

독학한 영화비평가 사토 다다오(佐藤忠男)는 은막 위의 홈드라마를 통해 혼자 힘으로 이토와 같은 발견에 도달한다.『홈드라마론: 가정의 재생을 위해』(ホームドラマ論: 家庭の甦りのために, 佐藤 1978)에서 그는 유럽

영화에 나오는 가장과 일본 영화 속의 가장이 상호 대조적인 행동을 취한
다는 것을 포착한다. 가족 중 한 사람이 죄를 짓고 도망쳤을 때, 프랑스나
이탈리아의 가장은 범인을 경찰에 인도하기를 거부하고 오히려 자기 손으
로 사적인 제재를 가하려고 한다. 그에 반해 일본의 가장은 범인을 두둔하
기는커녕 관헌에 넘기는가 하면 그에 더해 해가 미칠까 봐 두려워 의절하
고 인연을 끊기까지 한다. 유럽에서는 이에의 윤리와 사회의 윤리 사이에
대립이 존재한다는 것을 알 수 있는 데 반해, 일본의 가장은 자못 외부의
권력대행자처럼 행동한다는 것을 사토는 깨닫는다. 그는 이 수수께끼를
풀기 위해 가족제도의 기원으로 거슬러 올라간다. 그리고 마침내 '교육칙
어'에서부터 출발해 그 입안자인 모토다 나가자네에게까지 이른다. "메이
지15년[1882]의 『유학강요』에서 메이지23년[1890]의 교육칙어까지, 그
사이에 충과 효의 덕목위계는 역전되었다"(같은 책, 50쪽)는 것을 발견한 것
이다. 이리하여 "'충효'라고 한 단어로 말함으로써 효를 봉건적 충성과 떼
려야 뗄 수 없는 관념처럼 이미지화하는 것 자체가 메이지 국가의 창작에
불과하다"(같은 책, 262쪽)고 단정한다.

충과 효라는, 유교에서 전혀 별개로 다루는 도덕사상이 일본에서는 억지로
끌어다 붙여 '충효'라고 불리게 되고 부즉불리(不卽不離), 즉 서로 붙지도 않
고 떨어지지도 않는 하나의 개념처럼 되어버린 결과, 자식이 부모를 위해 최
선을 다하는 것과 인민이 국가를 위해 희생하는 것은 똑같다는 식으로 우리
는 생각하게 되어버렸다.

…이런 식으로 전혀 이질적인가 하면 오히려 반대이기도 한 개념을 문자 그
대로 갖다 붙여 나라[國]를 국가(國家)라고 부르고 국가주의와 가족주의를
결합시켜서 이를 개인주의와 대결하는 것이라는 이미지를 누가 만들어냈는
지는 모르겠으나, 실로 천재라는 생각이 든다. (같은 책, 176~78쪽)

이렇게 해서 메이지 정부는 이에의 윤리를 나라의 윤리에 종속시키기
위해 인위적으로 이에 제도를 만들어내었다는 것을 밝혀낸다. 만일 가족
주의라는 것이 가족의 윤리가 다른 어떤 윤리보다 우선한다는 입장을 나
타내는 것이라면, 일본의 이에는 유럽적인 의미에서의 가족주의가 아니라
고 사토는 결론짓는다.[1]
아오키 야요이(青木やよひ)도 같은 과정을 여성의 시각에서 추인하고
있다. 아오키는 일본적인 '여자다움'이 전통의 산물이 아니라 근대화 과정
에서 유교의 영향을 받아 형성된 것임을 논증한다(青木 1983; 1986). 『여대
학』(女大學) 같은 여훈서는 문자를 읽고 쓸 수 있는 계층들 속에서만 유통
되었으며, 정조나 처녀성 관념도 서민들과는 무관했다. 메이지 중반까지
이혼율이나 재혼율이 높았다는 기록을 보더라도, "정조 있는 여인은 두 지
아비를 섬기지 않는다"는 등의 덕목은 서민들에게는 비현실적이었다.

## 2) 이에와 가부장제

지금까지 살펴보았듯이 가족과 국가, 다시 말해 사적 영역과 공적 영역은

상호 강한 의존과 간섭의 관계를 맺고 있다. 그것은 가족사의 내용에서 명확하게 드러나는 것처럼 공적 영역과 사적 영역의 분리야말로 근대의 산물이기 때문이다. 근대사회는 자율적인 공동의 생존영역을 상호 의존적인 영역으로 분리시켰다. 게다가 그 사이에 비대칭적인 관계가 끼여 들어감으로써 사적 영역은 공적 영역의 '그림자'로서 보이지 않는 존재가 되어버렸다. 따라서 이 과정에서 만들어진 이에 제도는 전혀 '전통적'인 '봉건제도'가 아니라 근대화에 의해 재편성된 가족, 즉 근대가족의 일본식 버전이라고 할 수 있다.

그렇지만 이에를 근대가족의 한 종류로 받아들이고 "전전(戰前)가족과 전후(戰後)가족의 연속성"을 강조하는 입장은 지금까지의 가족논의에서 생소한 것이었다. 종래의 가족론에서 이에는 '봉건적 잔재'이며, 이런 봉건적 잔해를 깨끗이 치워없앤 것이 전후 신민법이며, 그와 더불어 가부장제는 역사의 무대에서 모습을 감췄다고 보았다. 구민법과 신민법 사이에 커다란 단절이 있었고 전후(戰後) 개혁으로 '가족의 민주화'가 달성되어 이에 제도와 함께 가부장제는 과거지사가 되었다는 것이다.[2]

70년대의 래디컬 페미니즘이 가부장제 개념을 들고 나와 근대가족을 비판했을 때, 대부분의 논자들은 왜 느닷없이 과거의 망령을 논하는가 하며 어리둥절해하는 반응을 보이면서 "가부장제는 이미 존재하지 않는다"고 대응했다. 그러나 가부장제는 근대가족 고유의 성적 지배를 설명하는 개념으로, 페미니즘에 의해 재정의되어 사용되어 왔다. 리사 터틀 편『페미니즘사전』(Tuttle 1986. タトル 1991)을 보면, '가부장제'는 "남성이 여성을

지배하고 연장자인 남성이 연소자를 지배하는" 사회구조를 가리킨다. 확대가족에서 '아버지의 지배'나 부부가족에서 '남편의 지배' 모두 가부장제의 변종이다. '양성의 합의'라는 겉모습을 하고 전후 민주적인 '우애가족'이 성립된 것처럼 보였으나, 법적 평등의 배후에 성별 역할분담에 의한 사회·경제적 불평등이 존재한다는 점에서 전후가족에서도 '남편의 지배'는 계속되었다.

따라서 여기서의 과제는 이중성을 지닌다. 먼저 '이에' 역시 근대가족의 변종이라는 점, 그리고 둘째로 전전·전후를 통해 근대가족 고유의 억압성이 일관되게 이어지고 있는 점을 지적할 수 있다.

### 3) 가족의 서술모델과 규범모델

'이에'를 일본판 근대가족으로 보는 견해가 방해를 받아온 것은 크게 두 가지 이유 때문이다. 하나는 이데올로기적인 이유이며 또 하나는 이론적인 이유이다.

우선 이데올로기적인 이유에서 말한다면, 대부분의 역사가들은 이에의 역사적 기원을 묻지 않고 이에를 '봉건적 잔재'로 간주해 왔다. 결국 그들 스스로가 이에 이데올로기의 올가미에 걸려 있었다고 볼 수 있다. 즉 이데올로기의 기능은 그 기원을 은폐하고 존재를 자연스러운 것으로 만드는 데 있기 때문이다. 그들은 자신이 살고 있는 시대의 이데올로기를 허물어뜨리기는커녕 그것을 '전통'으로 받아들임으로써 그 이데올로기를 강화시키는 데 일조한 것이다. 사실 이에를 '전통'으로 받아들이는 것에는 절반의 진리가 있다. 이에는 확실히 무가의 전통을 모델로 해서 형성된 것이기 때문이다. 문헌자료를 근거로 하는 실증사학은 그 연구범위를 식자계급의 역사에 국한시켜 왔다. 민중사나 사회사의 영향에 힘입어 문자를 가지지 못한 사람들의 다양한 역사와 문화가 알려지기까지, 역사가들은 지배층의 역사를 나머지 민중들의 역사보다 우위에 두는 입장을 취해 왔다. 하지만 오히려 전통에는 지역이나 계층마다 다양성이 존재하는데, 역사는 그 맥락이 바뀔 때마다 다양한 문화의 매트릭스(모태) 가운데서 그 시대에 적합한 문화항목을 '전통'으로 재정의하는 방식을 취해 왔다고 보아야 할 것이다. 따라서 전통으로서 계속 살아남은 것은 시대에 부응해서 변화를 경험한다. '시대를 초월한 전통'이라는 것은 존재하지 않는다. 다만 존재하는 것을 '전통'이라고 이름붙인 이데올로기만이 그 전통의 기원을 은폐시키는 것이다.

이데올로기적 요인 중에는 또 한 가지, 젠더 편견(bias)이 있다. 사적 영역이 공적 영역이 되어야 하는, 그렇지만 눈에 보이지 않는 반쪽으로 만들어지기 시작했을 때 그것은 경쟁과 효율의 스트레스가 많은 공적 영역의 피난처, 사랑과 위로의 성역이 되었다. 그 같은 사적 영역으로서의 가정은 시간과 공간을 초월해서 보편적으로 존재하는 것으로 간주되어, 그 존재 이유를 의심해 보는 것조차 허용되지 않았다. 그러나 사적 영역이, 남성에게 지니는 의미와 여성에게 지니는 의미는 전혀 다르다. 남성에게는 피난처일지라도, 그곳에서 사랑과 위로를 제공할 것으로 기대되고 있는 여성

에게 가정은 일종의 직장에 지나지 않는다. 페미니스트들이 사적 영역에서 여성의 '그림자노동'(Illich 1981, イリイチ 1982; 1990)을 문제 삼으면서 가족의 역사적·이데올로기적 구성에 의문을 던지며 이 '성역'을 침범했을 때, 역사가나 가족사회학자들―그 대부분이 남성이지만―은 곤혹스러워하며 노여움을 드러냈다. 그것은 이들이 남자로서 이 성지배적인 가족시스템을 현상 그대로 유지하는 데 이해관계를 공유하고 있었기 때문이다.

두번째 요인은 이론적인 문제이다. 서구를 모델로 한 '근대가족'은 핵가족이 그 한 가지 조건으로 간주되면서, 일본의 '이에'에는 들어맞지 않는다고 보았다.

오치아이 에미코(落合惠美子)는 『근대가족과 페미니즘』(近代家族とフェミニズム, 落合 1989)에서 근대가족의 특징을 다음 여덟 가지로 정리한다.


① 가내영역과 공공영역의 분리

② 가족구성원들 사이의 강한 정서적 관계

③ 자녀 중심주의

④ 남성은 공공영역, 여성은 가내영역이라는 성별분업

⑤ 가족의 집단성 강화

⑥ 사교의 쇠퇴

⑦ 비친족의 배제

⑧ 핵가족

니시카와 유코(西川祐子)는 「근대국가와 가족모델」에서 '핵가족' 규정과 관련하여 오치아이의 흔들림을 지적한다.

이와 같은 여덟 가지 사항이 『여성학연보』(女性學年報) 제10호의 「근대가족과 일본문화: 일본적 모자관계의 실마리」(近代家族と日本文化: 日本的母子的係の解き口に)에서 〈표 1. 근대가족의 특징〉으로 실렸을 때 제8항은 괄호 처리가 되어 있었다(⑧ 핵가족 형태를 취한다). 특히 일본의 경우를 고려할 때는 제8항을 괄호에 넣지 않으면 전전(戰前)가족을 근대가족으로 취급할 수 없기 때문일 것이다. (西川 1991)

나아가 니시카와는 "근대가족을 고려할 때는 나 역시 제8항은 괄호 안에 넣고 싶다"고 하면서 다음 두 항목을 첨가한다.

⑨ 이 가족을 통괄하는 것은 남편이다.
⑩ 이 가족은 근대국가의 기초단위를 이룬다.

"이렇게 하면 일본의 전전(戰前)가족과 전후(戰後)가족을 모두 근대가족으로 다루는 것이 가능하다. 제8항이 괄호 안에 들어간다는 점에 일본 근대가족의 특징이 있는 것은 아닐까" 하고 니시카와는 계속한다.

'핵가족' 규정을 '괄호 안에 넣는다'는 것에는 두 가지 이론적 함의가 있다. 니시카와가 지적하듯이 '전전가족과 전후가족의 연속성'을 강조함으로써 첫째로 전전가족의 근대적 성격과, 둘째로 전후가족의 가부장적 성격을 동시에 논할 수 있게 된 것이다. 니시카와는 제10항에서 '전전가족의 근대적 성격'을, 제9항에서는 '전후가족의 가부장적 성격'을 지적하고 있다. 핵가족 속에서도 가부장제는 '부권(父權)지배'에서 '부권(夫權)지배'로 이행했을 뿐이기 때문이다.

오치아이의 여덟 항목은 근대가족론의 성과를 정리해 놓았을 뿐, 출처가 분명치 않다. 왜 여덟 항목인지 혹은 여덟 항목이면 다되는지도 밝히지 않는다. 니시카와처럼 항목을 추가해 가면 최종적으로 몇 개가 될지도 확실하지 않다. 예를 들어 "① 가내영역과 공공영역의 분리"와 "④ 남성은 공공영역, 여성은 가내영역이라는 성별분업"은 거의 겹치며 "② 가족구성원들 사이의 강한 정서적 관계" "③ 자녀 중심주의" "⑤ 가족의 집단성 강화" "⑥ 사교의 쇠퇴" "⑦ 비친족의 배제"는 '가족의 자율성과 배타성'이라는 하나의 항목으로 묶을 수 있다.

오치아이는 유럽가족사 연구의 여러 성과들에 근거하고 있는데, 그중에서도 대표적인 영국 가족사 연구자 에드워드 쇼터의 『근대가족의 형성』(近代家族の形成 Shorter 1975. ショ一ター 1987)에서는 근대가족의 요건으로 다음 세 가지를 든다.

① 로맨스혁명

② 모자의 정서적 유대

③ 세대의 자율성

쇼터 자신은 근대가족의 조건으로 핵가족을 거론하고 있지 않다. 다만 '로맨스혁명'에서 강조되는 남편과 아내의 관계로부터 부부가족제가, 따라서 핵가족세대로의 귀결이 추론되는 정도이다.

가족의 근대화와 핵가족화는 상호 연결된다는 주장은 래슬렛 등(Laslett & Wall 1972)의 핵가족 보편설에 의해 이미 반박되고 있다. 핵가족 보편설에서는, 근대와 전근대를 불문하고 어느 사회에서나 핵가족세대는 우위에 있다고 본다. 덧붙여서 일본에서도 이 점을 쉽게 검증해 볼 수 있다. 일본 최초의 국세조사(國勢調査)인 1920년 데이터에 따르면,[3] 이 시기에 이미 전체 세대의 54.0%가 핵가족세대이다. 직계가족세대는 전체의 약 31%에 지나지 않는다. 최근의 인구지학에서는 종가족보의 별지(別紙) 등을 통해 파악되는 세대 구성원 숫자가 에도시대에도 50명대에 불과하다고 한다(坪內 1992).

1920년부터 5년마다 실시된 국세조사의 데이터를 추적해 보면 1920~75년의 약 반세기 동안 핵가족의 비율은 54.0%에서 64.0%로, 겨우 10% 증가하는 데 그쳤다. 전쟁과 고도성장을 사이에 둔 이 '단절'이 핵가족 비율을 불과 10% 증가시킨 것을 일컬어 '핵가족화'라고 불러도 될지는 의문이다.

전전(戰前)의 핵가족 비율이 높은 것은 유자와 야스히코(湯澤雍彦)가 1935년대 나가노(長野) 현 스와(諏訪) 지방에서 측정한 전전가족의 가족주기로 설명이 가능하다(湯澤 1987, 9쪽). 이 가족주기에 의하면, 결혼으로 직계가족이 된 세대에서 시아버지의 사망까지 평균기간은 6년, 시어머니 사망까지가 10년이다. 평균 가족주기가 26년이니까 만일 모든 혼인이 동거를 전제로 한 혼인이었다고 해도 특정 시점에서 그 세대가 핵가족일 확률은 26년 중 16년, 약 2/3에 해당한다. 이것은 통계상의 수치와 거의 일치한다(盛山 1993). 게다가 출생아수를 고려하면 메이지 시기 여성의 평균 출생아수는 5~6명, 그리고 성비가 반반이라고 한다면 남자는 3명, 그중에서 장남이 부인을 맞아들여 직계가족세대를 이루어도 직계가족의 출현빈도는 1/3이 된다. 전전(戰前)의 핵가족세대 비율이 높은 이유는 평균수명이 짧은 것과 자녀가 많은 것으로 설명되지만, 이런 측면에서 본다면 반세기 동안 핵가족이 10% 증가한 것은 역으로 상당히 큰 변화라고 할 수 있다. 한편으로 평균수명이 50대에서 80대로 비약적으로 길어지고 또 한편으로 자녀수가 두 명으로까지 줄어든 것을 고려하면, 이런 상황에서도 핵가족세대 비율이 상승하는 것은 직계가족 이데올로기 아래서는 당연히 동거할 것으로 기대되는 장남조차 부모와 세대분리를 하고 있기 때문이라고 추론할 수 있다.

사실 통계상으로는 전전가족과 전후가족 사이에 큰 단절은 없다. 세대의 규모와 구성 면에서는 역사인구학에서 말하는 '핵가족의 보편성'이 일본에서도 타당성을 가진다. 하지만 사회역사가들은 역사의 변동에 '심성의 변화'라는 개념을 도입한다. 같은 핵가족세대를 이루고 살아도 당사자가 '근대 가족적' 심성을 가지지 않았다면, 그것을 근대가족이라고 부를 수 없다는 입장이다.

어떤 것이 '근대 가족적' 심성인가는 차치하고도, 일본의 핵가족세대

구성원들의 행동양식을 보면 직계가족이려 해도 직계가족일 수 없는 '결손형태', 다시 말해 정위가족(family of orientation)인 직계가족에서 자기 생식가족의 직계가족으로 이행기라고 스스로 받아들이고 있음을 알 수 있다. 애당초 부모와 세대분리를 하게 되어 있는 둘째나 셋째 아들조차 성인이 된 아들과 직계가족세대를 이루어 '창설(創設)분가 1세대'로 행동한다는 것은 이들이 묘지나 불단(佛壇)을 구매하는 데서 확인된다. 물론 근대화가 둘째·셋째 아들에게 부모재산의 상속대상에 해당되지 않는 세대의 독립을 가능하게 했지만, 핵가족세대로 생활하는 이들은 스스로 형의 세대 일원이라고 생각하기보다 창설분가의 당주로서 '가부장적'으로 행동한다. 따라서 이들에게 죽어서 형의 가묘에 묻힌다는 것은 분가의 창설에 실패한 '헛고생'의 증거가 된다.

이런 의미에서 만약 심성을 문제 삼는다면 다시금 전전가족과 전후가족의 단절은 작다고 말하지 않을 수 없다. 왜냐하면 장자단독상속에서 바뀌어 자식들간의 균분상속을 규정한 신민법에도 불구하고, 관습법 차원에서는 가산을 장자에게만 물려주기 위해 그외 자식들에게 상속권 포기를 요구하는 관행은 현재까지도 볼 수 있기 때문이다.[4] 경우에 따라서는 다른 형제들이 부모의 부양책임은 온전히 장자에게 넘기면서 재산은 균분상속을 요구하는 과도기의 불리함을 장자가 떠안고 있는 면도 있다. 전후(戰後)에 출생한 40대부모의 60% 이상이 장래 "아들과 함께 살기를 희망"하는 현 상태를 보건대, 전후민법이 사람들의 심성까지 바꾸어놓지는 못했음에 틀림없다. 묘지의 수요가 폭발적으로 늘어난 것은 사실 고도 성장기 이후이다. 도시화에 의해 대규모 세대분리가 이루어진 후 이어서 핵가족 세대의 세대주들은 'OO가의 묘'를 장만하기 시작했던 것이다. 그리고 이를 자신을 위해서라기보다 "자식들에게 폐를 끼치지 않기 위해서"라는 그럴 듯한 명분을 내세움으로써 이른바 전후(戰後) '이에의 영속성'에 관한 새로운 담론을 획득했다. 여기서는 민속학자 다카토리 마사오(高取正男)가 말하는 '자손숭배'가 엿보인다(高取·橋本 1968; 森 1987).[5]

'심성'이라는 신기한 용어를 들고 나올 것까지도 없다. 일찍부터 사회학이나 인류학에서는 '규범적 모델'과 '서술적 모델'을 구별했다.[6] '핵가족의 보편적 우위' 속에서는 특정 사회의 가족유형을 나타내기가 어렵지만, 그 사회에 살고 있는 사람들이 규범적으로 보여주는 유형이 있으면 통계상으로 30%가 안 되더라도 그 사회의 '규범적 모델'로 간주해도 무방하다는 견해가 일반적이다. 이런 의미에서 우리는 규범 속에서 직계가족으로 살고 있는 사람들이 현실에서는 핵가족세대를 이룬 상황을 마주하고 있는 것이다. 여기서 직계가족은 이상화된 모델이며 현실의 자기 가족은 그것으로부터의 거리로 측정된다. 이 점에서도 가족은 훨씬 더 규범적인 개념이라는 것을 알 수 있다.

### 4) 로맨스의 신화

핵가족의 '규범'에서는 계보성보다 성적 양자관계(dyad)가 상대적으로 우위에 놓인다. 이는 하나의 세대에 복수의 커플을 두지 않는다는 세대분리

규칙(rule)으로 표현된다. 다시 말해 "가족은 혼인으로써 성립한다"는 부부가족(conjugal family)제이다. 오늘날 누구도 의심치 않는 부부가족제 아래서는 "가족은 혼인으로써 성립하고 이혼으로써 해소된다"는 것을 당연하게 여기지만, 계보성을 중시하는 직계가족이나 확대가족 혹은 복혼(複婚)가족에서는 특정한 성적 양자관계는 가족을 구성하는 한 요소에 지나지 않는다. 그 성적 양자관계가 해소되어도 가족은 계속 이어지는가 하면, 계보성이 우선되어 다른 성적 양자관계가 보충된다.

여기서는 쇼터가 말하는 '로맨스혁명'—부부애를 강조함으로써 '제도가족에서 우애가족으로' 이행하는 계기가 되었다—을 그 정서적·규범적 부담으로부터 벗어나서 '가족에서 부부관계의 우위'라고 기술적으로 정의하겠다. 이런 의미의 '부부가족제'는 16세기에 수립될 때부터 일본의 이에 제도 속에 존재했다. 와키타 하루코(脇田晴子)는 가장권의 성립과 동시에 주부권이 성립된 점, 복혼상황에서도 본처의 우위는 확립되어 있었던 점을 지적한다. 주부의 지위는 높았으며 종종 가장 대신 이에를 대표하기도 했다. 이것은 계보성을 중시하는 중국이나 한국의 '가족주의'에서는 이해할 수 없는 현상이다. 동성불혼을 원칙으로 하는 중국이나 한국과 같은 사회에서는 다른 집안에서 시집오는 아내는 성이 다름으로 해서 평생 이족(異族)으로 지낸다. 여기서 아내의 타성(他姓)은 '이에의 외부인'이라는 표시이며 '자궁을 빌려 쓰는 물건'이라는 사상의 표현이다. 그에 비하면 시집오는 다른 씨족의 여성을 이에의 정식 구성원으로 간주한다는 것은, 잦은 양자결연에서 드러나듯이 반드시 혈연원리에 기초하는 것은 아닌 일본 이에의 이익사회(Geselshaft)적 성격을 잘 보여준다. 혼인의례도 이를 상징하고 있다. 산산쿠도(三三九度)[7]의 '맹세의 잔'은 우선 시부모와의 사이에서 친자 맹세를 하기 위해 교환되며 그런 다음 이에에 들어오는 딸로서 남편과의 사이에 부부 맹세의 잔이 교환된다.

미망인이 종종 가업의 후계자가 되는 것도 동아시아 유교권에서는 이례적인 일이다. 현재도 중소기업 경영자 가운데는 다른 나라들에 비해 이례적으로 여성 경영자가 많은데, 이는 일본 여성들의 '직장진출'의 결과라기보다 가업경영형 동족회사에서는 남편이 먼저 간 부인이 경영권을 대표하는 사례가 많은 이에 제도의 영향이다(小松 1987). 그 증거로, 여성 경영자는 중소·영세 규모의 기업에 집중되어 있고 종업원수 500인 이상 규모의 회사에서는 전무에 가깝다. 하지만 사망한 국회의원의 부인이 '망자의 영혼을 위로하기 위한 복수전'에 출마하듯이 원래 계보상으로는 외부인인 시집온 여성이 이에를 대표하는 관행은 일본의 이에와 아시아적 가족주의를 구별시켜 주고(동아시아의 혈연 우위 계보주의를 '가족주의'라고 부른다면 일본의 이에 제도는 '가족주의'로 부를 수 없다), 부부관계의 우위를 시사한다.

그러나 쇼터라면 여기에는 '로맨스'가 빠져 있다고 말할까? 경영체로서 이에의 가장과 그 아내 사이에 '동지애'가 형성된다는 것은 쉽게 알 수 있다. 그렇다면 이것을 '우애가족'이라고 부를 수는 없을까? 하지만 이 '우애'에는 역사적인 제한조건이 있다. 근대가족론에서는 가족이 더 이상 생산단위가 아닌 단순한 재생산단위가 되었을 때 성적 애착만 남은 감정을 우애라고 불러왔기 때문이다.

그런데 로맨스라는 것은 대체 무엇인가. 쇼터는 로맨스를 배우자를 선택할 때의 '비공리주의적 선택'이라 정의한다. 딸이 부모의 말을 거역하고 가난한 젊은이를 남편으로 택하면, 로맨스가 있는 게 된다. 쇼터에게는 19세기 중반 '혼외출산의 물결' 역시 '젊은이들 사이에서 고조된 에로티시즘'을 의미한다. 즉 젊은 남녀가 '실리적인 동기'보다 자신의 '감정'이나 '성적 충동'에 충실하게 행동하기 시작했다는 것이다. 그리고 이 같은 사람들의 '심성' 변화를 쇼터는 로맨스혁명이라고 부른다. 하지만 심성을 강조하는 가족사가인 쇼터 자신에게 '로맨스의 로맨스화'(romanticization of the romance)로 보이는 건 아닐까?

역사의 변동기는 동시에 계급 교체기이기도 하다. 부모가 정해 준 같은 계층의 결혼상대를 마다하고 낮은 계층의 젊은이를 선택하는 딸은 몰락해 가는 계급 대신 떠오르는 신흥계급의 남자를 선물매입(先物買入)하는 것일 수도 있다. 사실 이 시대의 로맨스소설(실은 로맨스 자체가 '소설'의 대명사이다)에 등장하는 젊은이는 『적과 흑』(Le Rouge et le Noir)의 줄리앙 소렐처럼 '야심적'이라는 형용사로 불리는 낮은 계급의 남성으로서, 자신의 책략과 기지로 신분 높은 여성의 사랑을 얻었다. 쇼터가 말하듯이, 높은 혼외출생율도 기대와 달리 (남성의 무책임 때문에) '실현될 수 없었던 결혼'의 부산물이다.

가족사연구자들 사이에서는 19세기 후반에 높아진 혼외출생의 물결을 어떻게 해석할 것인가를 두고 논쟁이 벌어지는데, 시골에서 온 하녀가 그 집 주인이나 주인의 아들들에게 성적으로 '착취'당한 결과라고 보는 '피해자사관'의 견해와 원래 성규범이 느슨한 농촌공동체 출신의 여성들이 '성에 대해 이중적 잣대'를 가진 위선적인 '빅토리아 시대의 모럴'과 런던의 '다른 문화'를 접촉한 결과라고 보는 견해가 대립한다. 물론 도시 상층계급 남자들이 지방 출신의 여자들을 농락했을 수도 있지만, 여자들도 자신의 성적 코드에 충실히 따랐을 뿐일 수도 있다. 거기에는 『파멜라』(Pamela)처럼 자신의 성적 매력을 무기로 도시의 상류계급에 파고들려고 한 하녀도 있었을 것이다. 서로 다른 문화에 속하는 두 사회집단이 각각 자신의 코드에 따라 행동한 결과, 다른 '두 개의 현실'이 '혼외출생'이라는 하나의 사회현상을 불러일으켰다고 볼 수 있다.

사회이동이 심한 근대화 시대에는 학력을 무기로 '출세'할 수 있는 남자와의 결혼은 여성이 귀속계층을 바꾸어 선택할 수 있는 일생에 단 한번의 기회였다. 지금은 가난하지만 '장래성 있는' 남성을 만나는 것은 여성에게 충분히 '공리적'인 선택이 아닐까.

테리 이글턴은 『클라리사의 능욕』(Eagleton 1982. イーグルトン 1987)에서, 19세기의 로맨스 소설을 페미니즘 비평대상으로 해서 '로맨틱 러브'가 근대 가부장제의 성립에 어떻게 기여했는지 논한다. 19세기의 대중소설 『클라리사』에서 주인공 클라리사는 아버지를 거역하고 선택한 남자에게 배신당하자 실의와 절망에 빠져 자살한다. 클라리사에게 '연애'는 '아버지의 지배'로부터 도망쳐 아무런 후원자도 없이 '남편의 지배' 아래 몸을 맡기는 것을 의미했다. 가부장제하의 딸이 아버지의 지배에서 벗어나려면 엄청난

원심력이 필요하다. 로맨틱 러브의 열정은 딸에게 맹목적인 에너지를 불어넣지만, 그로 인해 딸은 '아버지의 비호' 또한 잃는다. 부권(父權)과 부권(夫權)은 상호경쟁 상태에 있는데, 부권(父權)이 개입하지 못하고 딸은 퇴로를 차단당해 버린 것만큼 부권(夫權)을 행사하기 좋은 조건은 없다. 근대 가부장제는 '남편의 지배'를 가능하게 하기 위해 여성을 친정으로부터 떼어내는 언설로 가득 차 있다. 이런 의미에서 '연애'는 여성이 아버지의 지배로부터 남편의 지배로 자발적으로 이행하기 위한 폭발적인 에너지라고 할 수도 있지 않을까. 여성의 연애관념 내면화는 근대 가부장제 성립의 필요조건이었던 것이다.

20세기 프랑스에서도 피에르 부르디외는 결혼을 "사회적 자원의 최대화를 위한 가족전략"이라 보고, 경험적 조사를 통해 로맨스혁명 이후 시대에도 이것이 타당성을 가진다는 것을 증명했다(Bourdieu 1979. ブルデュー 1990). 전후(戰後) 개혁 이후의 일본 가족도 마찬가지라고 할 수 있다. 배우자 선택행동에서 '봉건적'인 중매결혼 —사실 중매결혼이야말로 근대의 발명임에 틀림없지만(上野 1990b) — 을 제치고 '연애결혼'이 우세해지는 것은 1960년대부터이다. 그러나 학력, 출신지, 부모직업 등의 범주를 살펴보면 연애결혼에는 깜짝 놀랄 만큼 '동류혼(同類婚)의 법칙'이 작용하고 있음을 알 수 있다.[8]

통혼권의 근접성 면에서는 오히려 연애결혼 쪽이 중매결혼보다 좁다(湯澤 1987). 중매결혼은 중매쟁이를 통한 원거리 결혼이 가능하지만, 연애결혼에서는 대개 거주지나 직장 같은 근접성에 의해 연애감정이 싹튼다. 학력격차로 대표되는 '신분을 뛰어넘는 사랑'도 의외로 드문 사례이다. 오히려 부부의 학력이나 나이가 뒤바뀌는 사례는 양자결연(養子結緣)의 경우 등에 많다. 근대 이전에도 '신분을 뛰어넘는 사랑'은 예외적이었기 때문에 사건이 될 수 있었다.

연애결혼에서 볼 수 있는 것은, 중매결혼 이상으로 '계층내혼'(class endogamy) 경향이 강하다는 점이다. 마치 연애감정이 싹트는 데는 '유유상종' 의식이 필수불가결한 것처럼 말이다. 연애라는, 겉으로는 혼인의 '자유시장'처럼 보이는 구조 속에서 결과적으로 중매보다 훨씬 더 심하게 계층내혼이 이루어지는 사실을 어떻게 해석하면 좋을까. 결국 결혼의 '가족전략' 기준(criteria)을, 과거에는 부모가 당사자를 대신해서 판단한 데 반해 지금은 '자유로운 선택'이라는 이름으로 당사자가 내면화하고 있다는 것이다. 부모가 택하면 '강제'로 비치는 것도 당사자가 선택하면 '자유의지'가 된다.

그래서 중매든 연애든 그 선택결과는 크게 다르지 않다. '사내결혼'이나 '필링커플'(feeling couple)의 연애는 적격심사(screening)를 통해 이미 동일 계층임이 증명된 게임 참가자들끼리 누구를 선택하든 큰 차이가 없는 쟁탈전(scramble game)을 벌이는 것에 불과하다. '자유방임'(laissez-faire) 시장에서 '자유로운 행위자'로서 '주체화'는 곧 이 게임규칙을 내면화하는 것과 다름없다. 이것이야말로 푸코가 말하는 '주체화'를 통한 '노예'로서 근대적 '주체'(subject)의 형성이었다.

## 5) 이에의 자율성

쇼터가 제시한 근대가족의 세 가지 조건 중 '세대의 자율성'은 다소 양면
적인(ambivalent) 개념이다. 처음부터 이에는 경영체로서의 자율성을 갖
추었다고 할 수도 있으며, 원래 공동체로부터 이에의 적출(摘出) 자체가
전근대적인 공동체 규제에서 이에를 해방시키기 위한 것이었다. 다만 이
에는 공동체로부터 '고립'되면서 오히려 국가적인 통제에 대해 무방비상
태가 되어버렸다고도 볼 수 있다. '가족국가주의'는 이에를 국가의 직접적
인 통제 아래 두는 데 장애가 되는 중간집단을 해체하는 것을 의미했다.

'공'(公)에 대해 무방비할 뿐 아니라, 앞에서도 말했지만 일찍이 사토 다
다오(佐藤忠男)는 '공'의 대변자로서 작동하는 일본 가족주의의 허약성을
지적했다. 이런 측면에서도 공법(公法)에 대응하는 사법(私法)의 영역으로
서 가족의 자율성이 결여된 이에는 (국가주의와 대비되는) 가족주의라고
는 부를 수 없다. 메이지 국가가 천황제의 대리기관으로서 '발명'한 이에
는 오히려 국가주의의 한 요소였다.

고지타 야스마사(小路田泰正)는 최근의 가족사연구 성과로 일컬어지는
『일본여성생활사』(女性史總合研究會 編 1990) 제4권 「근대」를 논평하면서, 이
책에 실린 니시카와 유우코(西川祐子) 등의 문제제기를 받아들여 다음과
같이 평가하면서도 '이에의 자율성'을 과소평가하고 있다고 불만을 나타
낸다. "일본 근대=이에 사회라는 것은 이에를 봉건적 유제(遺制)로 보는
견해에 종지부를 찍고, 어디까지나 일본 사회의 자본주의화와 대응하는

것으로 받아들이는 시각에 길을 열어주었다."(小路田 1993, 134쪽) 그는 무라카미 준이치(村上淳一)의 『독일시민법사』(村上淳一 1985)를 인용해서 "근대 중앙집권국가에서 '이에'야말로 시민의 윤리적 자율성을 지키는 보루가 될 가능성"(小路田 1993, 135쪽)을 본다. 근대 이전에 존재했던 "왕권에 대한 '중간단의'의 자율성"을 근대 국민국가에서는 '가장의 자율성'이 이어받음으로 해서 "근대사회에서 이에와 국가는 상호 의존적이면서도 긴장관계에 있다"(같은 곳)는 것을 니시카와가 간과하고 있다고 비판한다. 니시카와는 이를 격렬하게 논박하면서, 이에와 국가의 긴장관계라면 독일이나 일본 모두 "국민국가의 기초단위인 근대가족을 가지고 비교해야" 하는데, "오히려 국민국가는 그와 같은 중간집단의 자율성을 박탈해서 형성된다"(西川 1993, 27쪽)고 지적한다. 그러면서 이렇게 덧붙인다.

'이에' '가정'의 부정적인 측면만 보아서는 안 된다고 말문을 여는 고지타는 탁월한 역사가의 분석에서 느닷없이 가정생활의 당사자, 그 옹호자의 발언으로 바뀌고 있지는 않은가. 새삼 가정이라는 단어의 강력한 이데올로기성을 절감한다. (같은 곳)

이에의 자율성은 공동체와 국가 모두에 작용하는 양면성을 지닌다. 고지타는 이에를 이상화하고 가부장권의 절대적인 우위를 외치는 이데올로기적 언설을 액면 그대로 믿었다고 할 수 있다. 그리고 니시카와가 예리하게 지적한 대로 여기에는 가부장권을 지키고 싶은 남성의 기득권이랄까

노스탤지어가 있을 것으로 보이지만, 고지타의 이런 '신념'과 달리 공동체로부터 자율성을 획득한 근대가족이 국가의 통제에 대항할 저항력이 매우 약하다는 것은 유럽에서도 동즐로(Jacque Donzelot)의 『가족에 개입하는 사회』(ドンズロ 1991) 등에 의해 입증되고 있다. 니시카와의 말대로, 근대 국민국가는 다소 '가족국가주의'적이다. 사토가 유럽 영화에서 본 것 역시 이상화된 가장, 따라서 스러져 가는 시대에 속한 가부장의 모습이었다.[9]

세대구성이 핵가족이건 직계가족이건, 쇼터가 말하는 가족의 자율성, 다시 말해 고립과 배타성은 일본의 전전(戰前)가족에서 현실화되고 있었다. 쇼터에게서도 가족의 자율성을 이상화하는 면이 보이는데, 공동체적 규제라는 제3자 개입이 결여된 근대가족 속에서 부권(父權)=부권(夫權)지배의 횡포가 어떻게 이루어지는지는 여성학 연구가 밝힌 대로이다.[10]

## 6) 이념으로서의 이에

지금까지 살펴보았듯이, 일본의 이에는 쇼터가 말하는 근대가족의 조건을 모두 갖추고 있다. 이것이 핵가족이 아닌 직계가족의 형태를 취한 것은 일본의 원시적 공업화(proto-industrialization)가 주로 가내공업을 중심으로 이루어진 점, 1차와 2차 산업혁명 후에도 이중적 산업구조 아래서 상당 부분 중소영세 가족경영에 의존해 온 점과 무관하지 않다. 공업화가 진행됨에 따라 구(舊)중간층은 해체되고 고용인 비율이 증가한다는 단순한 추세가 일본에는 들어맞지 않는다. 미국처럼 고용인 비율이 90%가 넘는 사회와 달리, 일본은 고용인 비율이 80%대를 넘지 않으며 지금도 불황기마다 자영업자 비율이 미미하게나마 증가한다. 고용인에서 자영업자로 나서는 사람들도 끊이지 않는다. 이런 측면에서도 이에는 경영체의 이념으로 이어지고 있음을 엿볼 수 있다.

가노 마사나오(鹿野政直)의 『전전(戰前) '이에'의 사상』(鹿野 1983)을 보면 "강화되는 이념과 해체되는 현실"이라는 장(章)이 있다. 무사계급의 이에는 이를 모델로 한 이에 제도가 국가적으로 확립되는 바로 그 시기에 급속도로 붕괴되었다. 그런 한편 가혹한 자본의 원시적 축적이나 1880년대 초의 마쓰카타(松方) 디플레이션 아래서 도시 하층민들도 가족해체를 겪었다. 바야흐로 이에 제도가 이념으로 자리 잡아나가는 한편으로 현실에서는 급속하게 해체되고 있었던 것이다. 하지만 바로 이런 이유로 해서 이념이 강조되었다.

구몬 · 무라카미 · 사토의 『문명으로서 이에 사회』(公文 · 村上 · 佐藤 1979)도 이데올로기적 배경은 가노와 전혀 다르지만 그의 관찰을 공유하고 있다. 이 책은 이에를 봉건적 억압장치가 아닌 근대화 추진의 매개체로서 긍정적으로 평가하여 일본문화론에 새로운 물결(new wave)을 만들어냈지만, 저자들은 이에를 실체라기보다 조직원리로 파악한다.[11] "이에는 전전(戰前)에 이미 해체, 소멸의 길로 접어들기 시작했다. 산업화가 진전됨에 따라 소기업의 준(準)이에적 동족경영의 해체가 촉진되고 도시 급여생활자가 크게 늘어났지만, 그 결과 가족규모는 축소되며 이에 원칙을 거의 완전히 잃어버려 매우 취약한 패밀리 시스템인 핵가족이 더한층 광범위하게 생겨났다. 신헌법이나 신민법의 규정은 이 같은 현실의 제도적 추인이었다"(같은 책, 476쪽)고 진단하면서 다음과 같이 논한다.

> …국가나 이에가 더 이상 귀속 내지 일체화의 대상이 아니게 되자, 이제 남아 있는 것 중에서 그나마 만족할 만한 관계는 기업 등과 같은 직장이 거의 유일했다. 그 때문에 이에형 기업체의 사회적 필요는 점점 커졌으며, 많은 사람들이 오로지 기업 및(혹은) 기업 내 조합과의 일체화를 추구하면서 기업이나 조합운동에 헌신하는 '맹렬사원' 혹은 '활동가'로 변해 갔다. (같은 책, 477쪽)

저자들은 경영체로서 이에 원리는 그 의도와 달리, 국민국가나 가족보다 기업체 속에서 살아남았다고 한다. 그 이유로는 첫째 이에는 성립할 때부터 혈연원리를 넘어선 경영체였으며, 둘째로 국민국가나 가족 모두 기업체에 비해 이에 원리를 현실화할 물질적 기반이 없었다는 점을 든다. 이렇게 해서 '이에' 이데올로기는 경영가족주의로 근대에 살아남았다.

### 7) 맺음말

많은 측면에서 '이에'는 근대 형성기의 역사=사회적 구축물임을 증명할 수 있다. 이런 점에서 이에는 일본판 근대가족에 다름 아니며 부부가족제의 모습을 한 근대 가부장제를 확립했다.

이처럼 이에는 '전통'도, '봉건제도'도 아니라고 한다면, 가족 시스템을 가지고 일본의 정체성을 논하기란 어렵지 않다. 설령 이에의 원형(prototype)이 전근대에 있었다 해도, 역사 속에서 그 모습은 바뀌어나간다. 메이지 정부가 새로 도입한 이에는 다양한 문화적 모태(matrix)에서 시대에 맞게 다시 선택한 것이었다. 일단 선택되면 그 기원은 '전통' 속에서 정당화되어 그 밖에 있을지도 모르는 여러 선택지는 잊혀버린다. 그리고 이에가 일본판 근대가족이라면 일본의 문화적 특수성이라는 맥락에서 이에를 이야기하는 것도 이상해진다. 이에는 물론 근대 일본이라는 시간과 공간에 고유한 것이지만, 그렇다고 결코 '특수'하지도 않으며 비역사적이고 초월적인 '문화전통'도 아니다.

여기서 문제로 삼아야 할 것은 일본사회론을 가족모델을 가지고 설명하는 것이 과연 타당한가이다. 다시 말해 과도하게 가치부여가 된 '이에'에 관한 사회이론이 어떻게 형성되었는지, 그 모델 형성과정을 거슬러 올라가서 물어야 한다. 나카네 지에(中根千枝)의 『종적 사회의 인간관계』(中根 1967)에서는 가족을 사회의 기본 단위로 설정하고서 그외 모든 차원의 사회구조는 가족이라는 기본 구조의 동심원적 확대라고 설명한다.[12] 하지만 이런 전제가 가능한 것은, 단지 가족이 다른 모든 사회조직에서 분리되어서 사회의 모형인 자율적 단위로 구성되었기 때문은 아닐까. 그리고 지금까지 논했듯이 이런 가족의 '자율성'은 그 외양과 달리 오직 상층사회의 침투를 허용하기 위해서 성립된 것이다. 여기에는 원인과 결과의 잘못된 해석만 있는 게 아니다. 나카네뿐 아니라 사회구조의 설명원리로 가족모델을 제시하는 논자들은 근대의 구성물을 그 형성 이후만 추적할 뿐, 그것이 역사적으로 어떻게 형성되었는지 묻는 것을 잊고 있다. 결국 이들은 자신들의 이론구성 속에서 가족의 사회적 구성만 반복하는 것은 아니다. 이로써 이들의 이론은 그 자체가 가족모델을 공고히 하는 데 일조한다.

사회가 가족모델을 형성하고 다시 가족모델이 사회를 설명한다—가족국가주의가 그와 같다—는 것은 단순한 동어반복이다. 우리는 가족모델이 이 정도로 지배력을 갖는 근대라는 시대 자체를 '가족의 시대'로 의심해야 할 것이다. 사회과학자들 역시 근대가 만들어낸 가족 이데올로기에 사로잡혀 있다. 그들은 가족을 피설명항(被說明項)이 아닌 설명변수로 취급함으로써 오히려 그 이데올로그로서 기능한다. 반대로 가족의 역사=사회적 구성이야말로 반드시 문제제기 되어야 할 대상이다.

이렇게 보면, 왜 20세기에 프로이트 이론이 그렇게까지 방약무인할 수 있었는지 그 수수께끼가 풀린다. 프로이트 이론은 근대가족의 설명이론으로 안성맞춤이었지만, 뒤집어 말하면 프로이트 이론 자체가 근대가족의 산물이었다. 근대가족이 만들어낸 이론이 근대가족을 제대로 설명할 수 있다는 것은 공허한 말장난에 불과하다. 마찬가지로 가족모델이 국민국가를 그럴듯하게 설명하는 것도 장황한 궤변일 뿐이다. 왜냐하면 국민국가는 가족모델에 의해 만들어졌기 때문이다.

이데올로기로서 가족모델은 오직 한 가지 목적에 봉사한다—가족의 자연성은 불가침 영역이라고 보고 그 기원을 묻는 것을 금기시하는 것이다. 근대가족 형성의 이면에는 공적 영역과 사적 영역의 분리라는 비밀이 숨겨져 있었다. 국가라는 공적 영역은 사적 영역에 대한 의존을, 좀더 분명하게 표현하면 가족의 착취를 스스로 은폐할 필요가 있었다. 가족을 신성불가침의 성역으로 구성하는 것은 근대 가부장제의 '음모'였다. 이런 점에서 일본의 이에도 예외가 아닐 뿐이다. 나중에 여성학이 이 성역을 침범할 때까지 이 '근대가족의 신화'는 계속된다.

**[보론]**

## 가부장제 개념에 관해

일본 사회과학은 전통적으로 '가부장제' 개념을 베버와 연결시켜 이해한다. 1958년의 『사회학사전』(有斐閣版)을 보면, '가부장제'(patriarchalism)는 "가장인 남자가 가부장권으로 가족 구성원을 지배·통솔하는 가족형태"라고 되어 있으며 그 예로 '고대·중세의 가족'을 들고 있다. 참고문헌에 나와 있는 것으로는 베버의 『가산제와 봉건제』(Weber 1921~22. ウェーバー 1957) 한 권뿐이다. 역시 같은 출판사의 1993년판 『신사회학사전』에는 '가부장제'는 빠지고 '가부장가족'(patriarchal family)이 항목에 올라 있는데, 르 플레이(Le Play 1855)를 인용해, "가족 내 권력이 아버지에게 집중된 가족형태"로서 "동양의 유목민, 러시아 농민 및 중부유럽의 슬라브 민족에게서 볼 수 있다"고 예시하면서 의도적으로 '근대가족'과 대비시키고 있다. 1988년에 미타 무네스케(見田宗介) 등이 편집한, 사회학의 새로운 사조를 망라했다고 볼 수 있는 『사회학사전』(弘文堂版)도 1958년의 유비각판과 다름없이 가부장제(patriarchy)를 "가장권을 가진 남자가 가족 구성원을 통제·지배하는 가족형태"라고 정의한다. 주로 베버에 근거해서 가부장제는 "고대와 중세 유럽, 일본에서 볼 수 있다"고 씌어 있다. 일본에서는 "메이지 민법에 나오는 가부장적 이에 제도가 봉건사회의 가족질서를 규정한 것"이라면서 "다만 제2차 세계대전 후 근대가족의 전개 및 이에 제도의 해

체와 더불어 가부장제는 점차 자취를 감추고 있다"는 인식이다.

일본에서 쌍벽을 이루는 주류 사회학사전들에 기술된 '가부장제'와 리사 터틀이 편집한 『페미니즘 사전』(Tuttle 1986. タトル 1991)의 '가부장제' (patriarchy) 기술을 비교해 보면, 그 차이에 놀라지 않을 수 없다. 후자에서는 "자구 그대로 해석하면 '아버지의 지배'를 뜻하며, 원래는 인류학자가 사용한 용어로 고령의 남성 한 사람(가부장)이 다른 가족 구성원들에게 절대적인 권력을 행사하는 사회구조를 가리킨다"고 설명하고는, 이어서 페미니스트들이 이 용어를 재정의해서 사용하고 있다고 밝힌다. "페미니스트들에게 가부장제 개념은 매우 중요하다"면서 케이트 밀레트(Millett 1970. ミレット 1977; 1985)와 줄리엣 미첼(Mitchell 1975. ミッチェル 1977)을 인용한다. 가부장제는 "남성이 여성을 지배하고, 연장자 남성이 연소자를 지배하는" 사회구조이며, 지금까지 역사에 등장한 '모든 사회'가 가부장적이라는 것이다. 1986년 영국에서 출판되고 1991년에 일본에서도 번역, 출판된 『페미니즘 사전』은 그 존재 자체만으로도, 페미니즘 분야의 연구가 한권의 사전을 엮을 만큼 축적되었음을 증명해 준다. 그럼에도 불구하고 이책이 일본 사회학계에 전혀 영향을 끼치지 못한 것 역시 부정할 수 없는 사실이다. '페미니즘 이후' 편집된 1988년의 홍문당판, 1993년의 유비각판에서조차 그러할진대, 70년대 이후 20년 동안 축적해 온 페미니즘 연구는 마치 존재하지도 않은 양 취급되고 있다.

물론 가부장제 개념이 여러 가지로 해석된다는 점은 『페미니즘 사전』에서도 인식하고 있다. "이 용어[가부장제]는 현대 페미니스트들이 자주 사용하지만, 그 의미가 반드시 일치하는 것은 아니다." 세치야마 가쿠(瀬地山角)는 가부장제 개념의 혼란을 지적하면서 이를 피하기 위해 별도의 용어가 필요했을 정도라고 주장한다(瀬地山 1990). 하세가와 고이치(長谷川公一)는 『젠더 사회학』에 실린 「'가부장제'란 무엇인가」라는 제하의 연구노트에서, patriarchalism과 patriarchy를 구별하여 전자를 '가부장제', 후자를 '부권제'로 번역해야 한다고 말한다. "제일 연장자인 남성이 모든 가족 구성원에게 절대적이고 배타적인 생사여탈의 권리와 권위를 가지는, 고대 로마 등에서 볼 수 있는 전형적인 남성지배 방식에 국한시켜서 '가부장제'라고 번역해야 한다."(長谷川公一 1989) 이와 동시에 페미니스트들이 '가부장제' 개념을 '재발견'해서 사용하고 있다는 지적도 잊지 않는다.

하지만 문제는 '가부장제'인가 '부권제'인가 하는 번역용어가 아니다. 영어권의 페미니스트들은 처음부터 patriarchy라는 역사적 용어를 사용했다. patriarchy에 담긴, 역사를 관통하는 편재성을 나타내기 위해 이전부터 특정 어휘 중에서 의도적으로 채용한 것이다. 그전까지는 페미니스트들이 '남성 우위'(male dominance)나 '성차별'(sexism)이라 일컬어지는 모든 현상을 그 근원으로 거슬러 올라가 전체적인 구조로 표현하기 위해, 가부장제(patriarchy)를 재정의해서 사용했다. 하세가와는 "페미니스트의 용어법과 지금까지 용어법의 차이"가 '혼란과 오해'의 원인이었다고 하지만, 혼란과 오해는 페미니즘 외부에서 일어날 뿐이다. '젠더' 용어가 정착되고부터 이를 '문법상 어휘의 성차(性差)'라는 의미로 한정해서 쓰는 사람은 아무도 없는 것처럼 또는 '페미니스트'를 더 이상 "여성을 존중하는 신사적인 남성"을 가리킨다고 생각지 않듯이, 개념은 역사 속에서 재정의되면서 사용된다. 페미니즘이 '가부장제'를 '재정의'해서 사용한 지 20년이 지나 세치야마와 하세가와 같은 젊은 사회학자들이 가부장제 개념을 주제로 한 논문을 써낼 때, 90년대에 간행된 사회학사전에 그 변화의 편린조차 보이지 않는 것은 확실히 이상한 일이다.

똑같은 몰이해는 1992년 비교가족사학회에서 간행한 『이에와 가부장제』(永原 他編 1992)에서도 볼 수 있다. 집필자 12명 모두 남성인 이 책에서 여성사 연구자의 업적은 다카무레 이쓰에(高群逸枝) 단 한 사람 외에는 언급되지 않으며, 페미니즘 이후의 여성학 업적에 관해서도 전혀 관심을 보이지 않는다. 편집자의 한 사람으로 '머리말'을 쓴 나가하라 게이지(永原 慶二)는 자본주의 경제발전의 측면에서 볼 때 가부장제는 "숙명적인 모순체였다"(永原 1992, 9쪽)고 변함없이 그 '후진적 성격'을 강조한다. 뿐더러 메이지 정부의 의도적인 '가부장제 정착화 정책'을 논하는 가마다 히로시(鎌田浩)도 이를 "일본 사회의 구조적 특수성"(鎌田 1992, 27쪽)으로 보는 종래의 입장을 받아들인다. 다만 스미야 가즈히코(住谷一彦)의 「'가부장제'론의 전망」에, 가부장제를 '봉건적 유제'로 논한 단계로부터 '근대 시민사회의 가부장제'라는 '새로운 문제' 영역으로 들어섰다─"현재 가부장제 문제는 완전히 새로운 국면으로 접어들었다고 볼 수 있다"(住谷 1992, 298쪽)─는 언급이 있다. 그렇지만 그 이유를 고도성장의 결과 서구와의 비교에서 '선진/후진'이라는 "발전단계론 시각이 퇴색해 버렸고" 서구사회사 연구를 통해 유럽의 '근대'도 '가부장제'를 빼놓고 논할 수 없음이 밝혀졌기 때문이라고 지적할 뿐, 여성사나 페미니즘 연구자들의 참여로 근대가족 형성 사에 새로운 지평이 열렸다는 것은 기술하지 않았다. 오히려 "비판대상이 된 앙시앵 레짐의 '봉건유제'는 오늘날 '정반대로' 일본 문화의 가치 있는 전통유산으로서 일본 경제 약진의 중요한 전제조건으로 평가받게 되었 다"(같은 책, 297쪽)는 상황인식 아래, 가부장제를 단계론적이 아닌 '보편사 적' 유형론으로 다룰 것을 제안한다. '근대가족 고유의 가부장제'를 문제 로 삼은 페미니즘의 역사인식보다 후퇴한 것이 아닐 수 없다. 에모리 이쓰 오(江守五夫)는 "현실에 성립한 근대 시민사회의 토대를 이루는 것은 개인 이 아니라 바로 가족이었다"(江守 1992, 280쪽)는 인식에 근거해서 '시민사회 의 가부장제'라는 개념을 제창하고, 가부장권을 프로이센의 란트법전이나 프랑스의 나폴레옹법전 등의 시민법 속에서 확인한다. 하지만 "근대 시민 가족의 이 같은 가부장제적 구조가 동요하기 시작한 것은 기계제대공업 아래서 아내들이 노동시장으로 복귀하면서부터였다"(井上淸 1948)는 신화에 대항하여 노동자계급에게도 근대 가부장제는 엄연히 존재한다는 점, 가부 장제적 자본주의 아래서 '여성들의 공적 노동으로 복귀'는 노동시장의 성 별격리에 따라 결과적으로 사적 영역과 공적 영역 모두에 억압을 가져왔 을 뿐 가부장제를 흔들지는 못했다는 점 등 80년대까지 쌓아올린 여성학 의 성과는 에모리의 주장에 조금도 반영되어 있지 않다. '이에와 가부장 제'를 논하는 90년대의 가장 선진적인 성과라 할 수 있는 이 책에서 여성 학 20년의 축적은 마치 존재하지 않는 것과 진배없다.

[ 주 ]

1) 사토(佐藤)는 개인주의는 공권력에 대한 가족의 권리 주장 안에서만 자란다고 주장한다. 이 의미에서 뒤에 서술하는 고지타(小路田)의 주장과 일치한다. 그러나 사토는 국가주의가 가족을 일단 해체하고 개인을 개별화한 뒤에 새로 '이에'를 재편성했다는 역사적 과정에 주의를 환기시킨다. 일본의 가족주의는 전근대적인 것과의 단절을 경험했다.

2) 이토 미키하루도 '가족국가관이라는 이데올로기'의 수명을 '메이지 말기부터 패전까지' 반세기 동안이라고 보고 있다(伊藤幹治 1982, 42쪽). "근세 이후 일본 사회에 뿌리내린 이에 제도는 이 같은 전후(戰後) 일련의 변화에 따른 변혁을 강요받았다. 그 결과 가족국가관 또한 이에 제도라는 버팀목을 잃고 붕괴할 수밖에 없었다. 이런 점에서 패전의 역사적 사실은 메이지 말기부터 거의 반세기 동안 주도적인 역할을 해온 가족국가관을 와해시키는 계기가 되었다…"(같은 책, 207쪽)

3) 제1차 국세조사가 실시된 것은 1920년, 다이쇼9년이다. 그전까지는 신뢰할 만한 인구통계학 자료가 없었다. 국민 전수조사(全數調査)인 국세조사는 그 자체가 인구이동이 심해진 탓에 호적기재를 믿을 수 없게 된 시대적 상황을 반영하고 있다.

4) 오키나와의 '도토메'(본토의 불단이나 신위에 해당한다) 계승에서는 배타적인 남계상속이 이루어지며 여자는 직계라도 친족들로부터 (도토메 제사 유지비용으로 사용된다는 이유로) 재산상속 포기를 강요받는다. 다만 직계여자보다도 방계남자가 우위라는 이 배타적 남계주의는 중국과 비슷하다. 전후(戰後)민법이 보증하는 성별에 관계없이 균분상속은 관습법 차원에서는 거의 의미가 없다. 전후에 법률을 내세운 재산상속권 분쟁사례는 불과 2건이다. 모두 원고측 여성의 승소로 끝났지만, 한 건은 재판에 이겼으나 사회적인 제재가 심해 소송을 제기한 여성은 본토로 이사를 가야 했다(掘場 1990; 琉球新報社 1980).

5) '조상숭배'를 대신한 '자손숭배' 역시 초개인적인 '이에 영속성'의 근거가 될 수 있다. '여성과 묘'를 조사·연구한 모리 아야코(森綾子)는 생전에 납부하는 '영대공양료'(절에 일정한 돈을 맡겨 고인의 기일이나 법회 같은 날 경을 읽게 하는 공양—옮긴이)도 자손숭배의 발로라고 지적한다. 영대공양료를 납부한다고 해도 그들의 묘를 개인 묘로 하지는 않는다. '이에의 묘'로서 자식세대가 들어올 것을 (그리고 그것을 부모세대가 준비했다는 것을 감사해 주기를) 기대한다.

6) 레비스트로스는 전자를 '기계적 모델', 후자를 '통계적 모델'이라 불렀다(Lévi-Strauss 1958,

レウヴィ=ストロース 1972).

7) 잔 하나로 술을 세 번씩 마시고 잔 세 개로 모두 아홉 번 마시는 결혼식 헌배—옮긴이

8) 현대 신분제라고도 할 수 있는 '부부의 학력별 동류혼·이류혼(異類婚) 지수'(井上·江原 1991, 22쪽)에 따르면, 동류혼 지수는 대졸끼리 하는 경우가 가장 많고, 중졸끼리가 그 뒤를 잇는다. 동시에 일반적으로 상승혼 경향이 강하며, 부부의 학력이 서로 바뀌는 경우는 예외이다. 연애결혼이 우위를 이루는 1987년의 데이터(厚生省 人口問題研究所, 『第九次出産力調査』 참조)도 계층내혼의 경향이 강하다고 말할 수 있다.

9) 이 점에서 영화나 문학 같은 문화표상을 민속지 자료로 취급하는 것은 문제의 여지가 있다. 예술적인 표현은 다소 규범적인 표현이기 때문이다. 또 사토가 실례로 들고 있는 자율적인 가부장의 모습이 남프랑스나 이탈리아 등 중세적인 확대가족 전통이 짙게 배어 있는 지역을 무대로 한 것이라는 부합도 흥미롭다. 여기서 그려진 것은 스러져 가는 가부장의 이상적인 모습이라고 생각된다.

10) 메이지 시기에 급증한 부모자식 동반자살도 가족 공동체로부터 고립된 결과라고 볼 수 있다. 직계친족이 아닌 구성원에 대해서는 배타성이 심한 다른 가족에게 아이를 맡기고 차마 죽을 수는 없다고 생각한 부모가 자식을 데리고 간 것이 부모자식 동반자살이었다.

11) 그들이 '이에'(家)를 가타카나(イエ)로 표기하는 것도 실체가 아닌 이념을 가리킨다는 입장에서 나온 것이다. 더불어 이처럼 가타카나로 표기하는 것은 민속어휘로서의 '이에'를 비교문명사적인 시야에 둔다는 의도도 있다.

12) 나카네(中根)의 논의는 원래 F. L. K. 슈의 『비교문명사회론: 클랜·카스트·클럽·이에모토(家元)』(Hsu 1963. シュー 1971)에 나오는 모델에 기초하고 있다. 슈의 논의는 가족을 사회구조의 최소 단위로 보고 그중에서 '종적' 인간관계와 '횡적' 인간관계 어느 쪽을 우위에 놓는가에 따라 다른 사회구조를 모두 그 동심원적 확대로서 모델화하는 것이다. 그러나 슈의 모델을 '보편적'이라고 보기에는 문제가 있다. 첫째로 가족·촌락·기업·국가 등 집단의 차원이 다르면, 반드시 동일원리의 '동심원적 확대'라고 볼 수 없다(이에나 기업이 헤르샤프트(herrschaft)적이어도 촌락이나 조합은 게젤샤프트(Gesellschaft)적일 수 있다). 둘째로, 슈의 '가족모델' 자체가 프로이트의 영향을 받았다는 점에서 '근대'적인 것이기 때문이다.

# 2. 가족의 근대

## 1) 가정의 행복

자연과 본능에 가장 가깝다고 생각되는 성과 가족조차 역사와 사회에 의해 변화한다. 메이지 시기에 일본의 부부 · 결혼 · 가족 · 남녀 · 성애 · 신체관 등은 급격하게 변화했다. 아니 오히려 메이지 이후 1세기가 지난 오늘날에도 굳건히 당연시되고 있는 통념 대부분이 얼마나 역사적 깊이를 지녔는지는 그 형성기를 살펴보면 알 수 있다.

사회사나 여성사의 영향에 힘입어 유럽 근세 · 근대사에서는 사회변동에 따라서 가정영역 역시 재편된다는 사실이 잇따라 밝혀졌다. 뿐만 아니라 '사적인 가족영역' 자체가 근대화 과정에서 공적 영역과 함께 추출된 것이었다. '세상으로부터의 피난처'라는 가정의 보편적 신념 자체가 근대의 산물이었다.[1]

일본에서 '가족의 근대' 형성과정 역시 추적해 볼 수 있다. 메이지 유신 이후 급격한 근대화로 치달았던 일본에서 가족의 근대는 수입사상과 재래

사상의 대립, 서구화주의와 그에 대한 반동의 형태를 띠면서 형성되었다.

가족의 근대에서는 우선 '가정' 개념의 성립을 거론해야 한다.

1892년(메이지25년)에 '가정'이라는 제목을 그대로 달고 나온 『가정잡지』(家庭雜誌)는 가정찬미 이데올로기의 강력한 담당자였다.

가정은 하나의 신성한 장소이다. 꽃이 만발하고, 새가 노래하며, 하늘은 청명하며 영원하다. 한 겹 울타리로 안팎을 가르고, 도화풍수 묘연하여 세상에 먼 것이 점점 그러하다. …여기 하나의 가정이 있다. 한가롭고 아취가 있으며 아름답고 우아하며 자녀의 기쁨으로써 그 화목을 유지하고, 그 청결을 유지하고, 그 건강을 유지하고, 그 특수한 가풍을 유지하는 것은 내외의 구획이 있어 특별히 하나의 작은 천지를 열기 위함 아니겠는가? (自助生, 「家庭と時事」, 『家庭雜誌』 24號)

자애로운 부모, 사이좋은 형제, 사이좋은 부부, 선량하고 충실하게 공부하고 또 소박하고 겸손한 일가, 이 시인들이 지붕그늘에서 몽상하는 인간세상의 행복 아니겠는가, 지상의 천국 아니겠는가, 이상적인 가정 아니겠는가. (自助生, 「家庭の福音」, 『家庭雜誌』 24號)

평화로운 가정은 곧 즐거운 가정이다. 이런 연유로 남편은 나가서도 집을 잊지 않고, 아내는 남편의 안전을 기원하며, 자제 또한 부형을 그리워한다. 때때로 단란함에 이르러서는 기쁘게 웃고, 즐겁게 이야기한다. 인생의 즐거운

것이 이 이상 있을쏘냐. (やぎ生, 「樂しき家庭」, 『家庭雜誌』 26號)

　'가정'이 영어 home의 번역어라는 것은 『가정잡지』 15호에 실린 히데카(秀香) 여사의 논설 "인간이 진정 생의 청결한 쾌락을 얻는 곳, 즉 가정(홈)"(「結婚後の幸福」)을 보아도 알 수 있다. 이 '가정'을 꾸미는 형용사는 '행복한' '쾌락한' '건전한' 등이다. 그런 '가정의 행복'을 상징하는 것이 '단란한 일가'이다. "무엇을 밤의 가정에서 천국이라 부르는가? 선량하고 청결 무구한 일가의 단란한 때를 가리키는 것이다."(蔵日生, 「夜の家庭」, 『家庭雜誌』 1號)

　이런 '가정의 행복' 내용을 구성하는 조건은 ① 서로 사랑하는 남녀로 이루어진 ② 일부일처와 ③ 미혼의 자녀를 포함한(타인은 포함되지 않은) 핵가족으로 ④ 남편은 고용인 ⑤ 부인은 무직주부로 성별 역할분담이 되어 있는 도시 근로자세대이다.

　'단란한 일가' '함께 모여 차를 마시며 이야기꽃을 피운다'는 개념이 처음 도입되어, 집안의 '담소'가 강조되었다(社說 「家庭の談話」, 『家庭雜誌』 6號). 『가정잡지』 창간호에서는 『국민신문』 790호의 기사를 소개하면서 "가정의 큰 기쁨은 늙은이 젊은이 어린이가 단란하게 함께 앉아 밥을 먹는 것 이상 없다"며 가족의 '함께 식사하기'도 강조한다. 전통적인 가족에서 식사는 성별과 연령에 따라 나뉘고 식사하면서 얘기하는 것은 예의 없는 행동이라고 피했던 것을 생각하면, 성별과 세대의 범주를 한데 섞은 '함께 식사하기', 식사중의 담소는 당치도 않은 가족도덕의 해체가 될 터인데[2]

오히려 여기서는 새로운 도덕으로 찬미된다. 그러나 뒤집어 생각하면, '담소'라는 가족 내 커뮤니케이션의 강조는 이미 공동의 생업이나 공동의 재산을 상실한 개인화된 도시가족 구성원들을 하나로 묶어줄 새로운 수단이 필요했기 때문이다. '가업'이라는 제도적 기반 위에 서 있는 전통가족은 굳이 가족 내 커뮤니케이션을 강조하지 않아도 유지되었다.

가정의 행복을 성립시키는 첫째 조건은 서로 사랑하는 일부일처이어야 한다. 고다 료죠(甲田良造)는 『기사묘구 색정철학』(奇思妙構 色情哲學, 1887)에서 "인생의 가장 큰 쾌락은 일부일처 속에 있다"고 주창한다.

무릇 인생 최대의 쾌락이라면, 그 중심을 되돌아볼 때 아픈 데 전혀 없고 서로 마음속에 녹아드는 남녀의 대화보다 큰 것이 없다.

일부일처의 도덕을 지키고 남녀간의 정 나눔에서 정숙과 성실을 다한다면, 비로소 꾸밈없는 인정과 도리의 가장 큰 쾌락을 누릴 터이다.

'색정철학'이라는 제목은 문자 그대로 '성애의 형이상학'을 뜻하지만, 에도시대 성애의 형이상학, 가령 후지모토 기잔(藤本箕山)의 『색도대감』(色道大鑑)[3]이 유녀(遊女)와 지녀(地女)[4]를 구별하여 오로지 '유녀님'을 찬미한 데 비하면 일부일처의 도덕은 180도 전환이다.

이 일부일처의 관념이 수입된 개화사상의 하나였음은 두말할 나위 없다. 이노우에 지로(井上次郎)는 1885년 『여학신지』(女學新誌)에서 「부부애」(夫婦の愛)라는 제목으로 '미국의 학사 쿡 씨' 이야기를 소개한다.

하나, 부부가 될 사람은 서로 가장 절실하게 사랑할 것.

둘, 가장 절실히 서로를 사랑함은 반드시 두 사람 사이에서 이루어져야 하며, 두 사람 이외의 사람과 일어나지 않도록 할 것.

셋, 가장 절실히 서로를 사랑하는 자들, 즉 부부가 되어야 하며, 그리하여 가장 절실히 서로를 사랑함은 오직 두 사람의 사이에서만 이루어져야 하므로 부부는 반드시 두 사람에 한정되어야 할 것(일부다처 또는 일부일처일첩 같은 것은 있을 수 없는 일이다).

넷, 가장 절실히 서로를 사랑함이 안 된다면 결코 부부가 아니며, 또 부부가 될 수 없다.

다섯, 가장 절실히 서로를 사랑함인가 아닌가는 다음 여러 항목으로 확인할 수 있다.

  1. 일단 맺어진 연이 어떤 연유로 깨졌을 때, 그것을 원래대로 되돌리고자 하는 마음이 있는가 없는가.

  2. 부부가 되자는 약속은 쌍방이 함께 기꺼이 한 것인가, 아니면 한쪽만 원해서 상대를 억지로 따르게 한 것인가.

  3. 부부가 되려는 자 그 한쪽을 위해 죽을 수도 있다는 각오가 있는가 없는가.

여섯, 이상과 같이 가장 절실히 서로를 사랑하는 두 사람이 부부라면, 혼인 후 즐겁지 않을 일 결코 없을 것이다.

일곱, 이와 같지 않은 혼인은 비단 자연의 법칙에 반할 뿐만 아니라, 사회의 법칙에도 어긋나는 것은 당연하다. (『女學新誌』 20·21號에서 요약발췌)

실로 청교도적인 엄격한 기준이라 할 만하며, 특히 제5조 3항 같은 것은 대부분의 사람들을 주눅 들게 할 것이다.

연애와 결혼의 일치라는 이 청교도적 도덕에서 '자유결혼'의 요청이 생겨난다. 미야가와 데쓰지로(宮川鐵次郎)는 『일본지여학』(日本之女學) 21호에 실린 「자유결혼과 간섭결혼」(自由結婚と干涉結婚)이라는 제하의 논설에서 주장한다. "천하의 누가 자유결혼을 바라지 않겠는가, 누가 부모의 간섭을 피하려 하지 않겠는가, 누가 부부화목의 행복을 바라지 않겠는가. 나는 하루라도 빨리 결혼의 자유를 절실히 바라는 바이다."[5]

이런 이상적인 가정의 행복을 기준으로 생각하면 여러 가지 문제점이 파생된다.

첫째로, 일본 가정은 '행복한 가정'의 이상과는 동떨어진 남성압제의 상황에 놓여 있다. 야기세이(九溟生)는 『가정잡지』 창간호 논설란의 글 「현재의 가정」(現今の家庭)에서 "가정이라는 하나의 소국(小國)은 아직도 전제군주국인가"라면서, 그 속에서 남편과 부인은 '주인과 가신'과 같은 관계인 현실을 탄식한다.

문란한 가정만큼 불쾌한 것은 없다. …이는 필경 한집안의 남편인 자가 고통만 나누고 즐거움을 함께하지 않기에 일어나는 것으로, 즐거움을 나누는지 아닌지는 우선 남편의 마음이 어떠한지에 달려 있으며, 또한 이에 따라 즐거운 가정이 되기도 하고 불쾌한 가정이 되기도 한다. …처자는 남편의 명령이라면, 조금 무리가 있더라도, 아니 설령 무리가 있을지라도 거스르지 않고

고분고분히 따른다. 그러면 남편은… 가정에서 짐짓 재상처럼 거드름피우고 유흥비는 거의 혼자서 다 쓰고, 가족을 자기 하인이라 여겨 억지로 일을 시켜 욕심을 채우고, 조금이라도 마음에 들지 않으면 눈을 부릅뜨고 질타한다. 가족은 또한 남편의 노여움을 사지 않으려 전전긍긍하며 하루하루 보내니 남편이 외출하면 액신이 나간 뒤인 양 집 안에 웃음소리가 가득 찬다. 이와 같은 상황에서 즐거운 가정을 바라기란 도저히 불가능하다. (やぎ生, 「樂しき家庭」, 『家庭雜誌』 26號)

'현재의 가정'을 걱정하는 기준은 '서양인'과의 비교였다. 『일본지여학』 12호에 실린 재야 논자의 글 「여성 여러분께 고한다」(貴女諸君に告ぐ)에는 다음과 같은 구절이 나온다.

그들 서양 남자들은 부부가 하나가 되어 항상 아내와 함께 서로 도우며, 먼 곳을 갈 때도 하룻밤 연회에도 함께하여 서로 떨어지는 법 없다고 하는데, 일본 남자들은 깔보듯이 아내를 질책하고 아내의 뒷바라지를 받으면서도 더군다나 아내를 도와주는 법이 없고 때로는 이름 모를 꽃에서 잠들고, 버드나무 아래서 노닐며, 소실·첩 두기가 예사인 듯하다. 친절의 정에 관해 말하자면 냉담하기 그지없다 할 수 있다.

부덕(婦德)을 주장하는 『귀녀지우』에서조차 「일본 남자는 여자에게 친절한가」(日本の男子は女子に對して親切なりや)라는 제목으로 이렇게 말

한다. "부인 스스로가 '아, 여자만큼 보잘것없고 천박한 것이 없다'며 자포자기의 심정으로 살아가는 것은, 실로 슬픈 현실입니다. 남자는 집 밖에 나가 활발하게 일하며 재미난 쾌락을 맘껏 누리므로, 집에 돌아와서는 부인을 크고 정중하게 위로해야 합니다"(松操子,『貴女之友』41號). 그 가운데 "**일본의 남녀는 서로 대등하게 애정을 다할 것**"(강조는 인용자)이라는 대목은 명백하게 '서양 남자'를 의식하고 있다.

『연애의 방법』(色事の仕方, 戱花情子こと神根善雄 1883) 같은 통속적인 지침서도 "부부교접"이라는 장에서 다음과 같이 지적한다. "요코하마 · 고베에서 외국인이 밖을 다닐 때 보면, 대개 부인과 함께 걸어가는 경우가 많다. 부부가 함께한다는 것은 결코 부끄러운 일이 아니니, 부디 친밀하고 더욱 친밀해지기를 바란다."[6] 이것은 후쿠자와 유키치(福澤諭吉)가 『남녀교제론』(男女交際論, 1886)에서 쓴 것과 완전히 일치한다. "센류(川柳)의 구절에 두세 번째 길까지 나와서부터 부부가 함께 걸어도 된다고 말하는 대목이 있다. 원래 남녀의 타고난 부부의 정에서는 산책할 때도 대문을 함께 나서는 것이야말로 참다운 뜻이다…."

서양의 가정문화와 '서양 남자'의 이상화는 마침내 "일본 남자는 실로 어쩔 수 없는 동물이다"라는 자기비하로 이어지고, "나는 여성 여러분께 충고한다" "서양인에게 시집가라"(『貴女諸君に告ぐ』, 『日本之女學』12號)며 급기야 '국제결혼을 권장'하기까지 한다. 이러한 설에 대해서 서구화주의를 적대시하는 『귀녀지우』가 반론을 제기하는 등 예상치 못한 서구화 – 국수논쟁으로도 발전한다. 새로운 가정관도 그것이 수입사상인 한 '외국인 존봉

(尊奉)주의'라는 비난을 면치 못했던 것이다.

둘째로, 일부일처의 도덕을 파괴하는 남성의 축첩과 매음 행위가 있다.

> 남녀 양성의 관계는 지대지중(至大至重)한 것으로 부부합방의 약속을 맺는
> 것을 인륜지대사라 칭하고, 사회만복의 기초이자 또 모든 불행의 근원… 고
> 금을 막론하고 실제 세상에서 양성 어느 쪽이 이 관계를 등한시하고 대륜(大
> 倫)을 어기기를 많이 하는가 묻는다면, 항상 남성이라고 말하지 않을 수 없
> 다. (福澤諭吉 案, 手塚原太郎, 『日本男子論』 1888)

후쿠자와가 지적하는 '성의 이중기준'(sexual double standard)은 아내
의 간통은 처벌하지만 남편의 간통은 처벌하지 않는 메이지 형법 간통죄
의 성별 비대칭성에서도 드러난다.

우에키 에모리(植木枝盛)는 도쿠도미 소호(德富蘇峰)의 『국민지우』(國
民之友)를 무대로 해서, 그리고 나중에는 자신이 주관한 『토양신문』(土陽
新聞) 지상에서 폐창론, 일부일처론, 가정론 등과 같은 논지를 펼쳤다. 하
지만 『우에키 에모리 일기』(植木枝盛日記, 高知新聞社 1955)에 1880년 9월
17일 "밤, 센니치마에(千日前)에서 연설하다. 남녀동권론을 말함. 창기 기
쿠에를 부르다"라고, 낮에는 장사(壯士), 밤에는 난봉꾼이라는 두 개의 얼
굴을 거리낌 없이 밝히는 바로 그 자신이 '성의 이중기준'을 가지고 있었
다.[7]

남자가 방탕해지는 것은 '가정의 행복'이 충만하지 않기 때문이라는 견

해도 등장한다. 『연애의 방법』에서 서술하는 부부화합의 비결, "부부가 항상 함께한다는 것은 남편이 다른 곳에서 술에 취한 나머지 다른 여자를 희롱해서는 안 되며 또한 아내가 집을 지키고 있는데 도리에 어긋나는 꿈을 꾸어서도 안 된다"는 후쿠자와 유키치의 견해와 다름이 없다.

부귀한 남자는 안팎에 첩을 두고 집 안에 기생을 들여 쾌락을 즐기는 사람이며, 아래로 내려가 저 바닥에 이르러서는 유곽에 드나들고 화류계에 파묻혀 인생에서 도저히 상상할 수 없는 추행을 일삼으며 자신을 탕진하는 자이니라. …나는 통념에 비춰볼 때 약간 화가 나는 점이 없지 않다. 대개 인생에서 뛰어난 기력과 체력으로 이 무정한 일본 사회를 살면서 그 품행을 고상하고 우아한 미로써 능히 즐길 줄 아는 사람 없는 건 아닐까. 다만 즐길 수 없기 때문에 그 같은 행락의 길을 좇아 첩을 두고 기생을 불러들이는 추행만 있을 뿐이다. 이런 추행은 실로 추하다 할지라도 단순히 육욕을 위로하는 것만이 목적이 아니라 첩을 따로 두고 기생놀음을 하여 별천지로서 흡사 사회의 압제를 면할 수 있는 낙원이 되므로 비열하면서도 이를 이용하여 육체적 교섭을 충족하는 자라면 반드시 나쁘다 할 수 없고 오히려 가련한 것이다. (福澤諭吉 立案, 中上川彦次郞 筆記, 『男女交際論』 1886)

후쿠자와가 말하는 '사회의 압제'란 '부인과 남자의 교제'가 아니라 '양성의 관계가 거북'한 '우리 일본국의 일대 불행'을 가리킨다. '여성의 불쾌는 남성의 불쾌'라고 느끼는 후쿠자와의 남녀동권 감각은, 하지만 에도 시대의 성문화 체취가 농후하게 남아 있는 『연애의 방법』이 남편의 방탕함과 더불어 아내의 방탕 가능성도 언급하는 양성간의 대칭성에는 미치지 못한다.

셋째로, 부부사이에 정이 없는 것은 결혼방식에 그 원인이 있다고 한다.

> 종래 우리나라의 풍습에서 선을 볼 때의 모습을 듣자 하니, 남편 될 쪽에서 결혼을 원하면 그것이 가능하고 아내 될 쪽에다 뭔가 어려움을 나타내면 대체로 성사되지 못한다. 그래서 여자는 남자가 좋아하는 바를 따라 결혼을 하고 남자가 좋아하지 않게 되어도 남자가 죽을 때까지 따라야 한다. 실로 개탄을 금할 길이 없다. (「夫婦愛」, 『女學新誌』 21號)

이 역시 결혼이 일종의 경제행위가 되고 있기 때문이다.

> 오늘날 부부관계를 보면 남자는 생활의 여유가 생기면 오락을 위해 여자를 들인다. 여자는 혼기가 차면 생활의 지위를 얻기 위해 결혼을 한다. 그러므로 남자는 항상 여자가 미인인지 아닌지를 묻고, 여자는 항상 남자의 월급이 많은지를 묻고 결혼을 한다. 이에 부부사이에 결코 진정한 애정은 없고, 남자는 종종 이혼으로 여자를 위협하고 여자는 항상 마음에도 없는 애교를 남자에게 부린다. 만일 생활문제·사회문제가 없다면 지금의 부부 대부분은 당장 헤어져 버릴 것이다. (『平民新聞』 1904. 2. 21)

이 또한 "여자에게 스스로 생활할 힘이 없기 때문"(『世界婦人』 14號, 1907. 7. 15)이다. 이런 '애정 없는 결혼'은 "특히 귀족이나 부호의 결혼에서 가장 두드러진다"(『世界婦人』 5號, 1907. 3. 1).[8]

『색정위생철학』(色情衛生哲學, 黑木靜也·飯田千里 著 1906)에서는 "오늘날의 결혼은 대개 매음과 다를 바 없는 결혼 아닌가"라면서 "그들 대다수는 작위와 결혼하지 않는가, 지위와 결혼하지 않는가, 금력과 결혼하지 않는가… 결혼을 장사방법의 하나로 알고 인신매매를 하고 있다"고 극언한다.

야나기타 구니오(柳田國夫)의 『메이지 다이쇼 사 세태편』(明治大正史世相編)[9]에 따르면, 이 시대야말로(특히 1910년대) 결혼형태가 처녀총각의 거처를 엄격히 통제하는 촌내혼(村內婚)에서 '매파'를 사이에 넣은 원거리 결혼·맞선결혼으로 변화하는 과정이었다. 맞선을 '지금까지 우리나라의 풍습'이라 부르며 "자유결혼을 주장해선 안 된다"는 역전이 일어나는 것은 시대의 역설이라 말할 수밖에 없다. '부부사랑'과 '가정의 행복'이 설파되던 그 같은 시기에 결혼이 경제적 거래가 되는 추세가 일어나고 있었던 것이다.

넷째로, '가정의 행복'이라는 이상을 위해 핵가족 모델을 도입했다는 것이다. 우에키 에모리의 "며느리들은 교활한 시어머니와 따로 살아야 한다"는 주장이 여기에서 나온다. "순수한 가족, 이분자(異分子)가 섞이지 않은 가족, 만사 진실로 일관하는 가족, 무슨 일이든 서로 의논해서 실행하는 가족"을 만들려면 "만약 그 일가에 이분자가 들어온다면 없느니만 못하다. …일가는 가능하면 가족만으로 생활해야 하며, 특히 순수한 가족만

으로."(社說「美はしき家風」, 『家庭雜誌』 3號)

여기서 '이분자'는 식객, 더부살이, 고용인 등을 가리킨다. 게다가 경제적 사정이 허락하면 '시어머니와 따로 사는' 게 좋다고 권한다. 전통적인 직계가족에서는 '며느리는 타인'이었지만, 핵가족적인 '가정의 행복'이라는 이상에서는 급기야 시어머니가 '이분자' '더부살이' 취급을 받는다.

'가내 별거'는 다음 두 가지 이유에서 더욱 정당화된다.

> 부모내외, 즉 시어머니와 자식내외, 즉 며느리를 함께 살게 하면
> 첫째로, 시어머니가 구습으로 며느리를 지배하기 때문에 세상의 진보를 방해할 우려가 있다.
> 둘째로, 시어머니가 연로하면 젊은 며느리에게 의존하는 마음이 생기고, 며느리가 연소하면 노련한 시어머니에게 의존하는 마음이 생기는 경향이 있다. (「家內の別居」, 『貴女之友』 51號)

즉 '시대차이'와 '세대차이'라는 두 가지 이유에서 '별거의 권유'가 이루어지고 있다. 사회변동의 속도가 급격한 시대에는 세대간에 차이가 벌어지고 갈등이 일어나기 쉽다. 개화사상가들은 '가정의 개량'이라는 이름 아래 세대분리를 지지했다.

흔히 말하는 시어머니의 며느리 구박과 시집에서 며느리의 낮은 지위 문제는 조금 유보해 둘 필요가 있다. 모리 아리노리는 한 여자고등학교에서의 연설에서 "혼인을 하면 열여덟 내지 열아홉까지 시어머니와 함께 살

게 된다. 그리고 살림살이에 대한 권한은 시어머니가 쥐고 있다"(『女學雜誌』120號)고 했는데, 며느리에게 주부권이 전혀 없었다는 것을 엿볼 수 있는 대목이다. 후쿠자와 유키치도 "한편으로는 아들과 며느리 사이가 좋기를 바라면서도 또 한편으로는 소원하기를 바란다…"면서 '시어머니의 몰인정(inhumanity)'(『男女交際論』)을 꼬집는다.

한편 메이지 중기까지 농촌에서는 아직 혼례와 시집으로 들어가는 것이 분리되어 있었던 사례 그리고 시집가는 동시에 주부권이 양도된, 즉 며느리가 당당한 주부로서 시집에 들어간 사례가 있었다는 야나기타 구니오의 보고를 고려하면, 직계 동거세대 내에서 며느리의 낮은 지위는 다음과 같은 조건에서 비롯된다. 첫째 혼례와 동시에 시집으로 들어가는 혼인이 일반화되어 있었던 점, 둘째 혼인하면 다시는 이전으로 돌아갈 수 없다고 생각하여 여자는 친정이 있어도 갈 수 없었던 점, 셋째 상승혼이 일반화되면서 친정의 지위가 시집보다 낮았던 점, 넷째 며느리는 더 이상 노동력이 아니라 도시 고용인 가정에 경제력 없는 무직의 아내로서 들어갔던 점 등이다. 그렇다면 고부간의 주부권을 둘러싼 갈등 역시 '근대적'인 것에 다름 아니다. 격렬한 주도권 다툼의 해결방안으로 '별거가 권유'되었다고 볼 수도 있다. 아무튼 메이지 시기의 평균적인 가족주기에 따르면, 시집가서 시아버지가 죽을 때까지는 평균 6년, 시어머니가 죽을 때까지는 평균 10년 그리고 며느리는 30대 중반까지 주부의 자리에 있었다(湯澤 1987).

## 2) 남편과 아내

이렇게 결혼한 남녀는 한집안의 '남편'(주인)이 되고, '아내'(주부)가 된다. 남편과 아내가 하나의 쌍을 이루는 대응어로 등장한 것은 메이지20년 (1887)대이다. 특히 '가정'을 담당하는 주부의 책임은 막중했다. 가정의 주부로서 여성의 역할도 수입된 개화사상이었다. 이 같은 생각은 가타카나, 가로쓰기 문자 개념의 직수입 형태로 소개되었다.

> "The woman is the key of the home/부인은 한 집안의 열쇠이다." (「日本の婦人其の三」,『日本之女學』10號)
>
> 서양 속담에서 말하길 "현명한 주부는 가정을 만든다(The wise woman builds her house)"는데 실로 그렇다. 한집안에서 가장 세력이 큰 사람은 그 집안의 주부이다. (「小學經濟家政要旨後篇」,『家政學文獻集成』)[10]
>
> 홈이 홈다워지는 것은 제일로 그 집안의 아내, 즉 여왕에게 달렸다. (內村鑑三, 「クリスチヤン・ホーム」,『女學雜誌』125號)
>
> 가정은 하나의 나라이다. 이 나라의 여왕이 되어 만사를 조정하는 것이 주부의 중요한 임무가 아니겠는가. (「가정천하」,『女學雜誌』229號)

아내에 대한 남편 역시 '가정'을 만드는 공동 경영자로 간주되지만, 그 존재가 희미하다.『일본지여학』2·3호에 연재된 '아내 된 자의 책무' 남편 된 자의 책무'를 보면 "집안일은 아내가 다스리게 하고" 남편은 "아내의 소관인 가정에서는 가급적 간섭하지 않는 것이 좋다"며, 분업형 부부의 원형을 묘사하고 있다. "아내 소관의 일은 가정에서 그치지"만, 그 속에서 아내의 높은 자율성이 엿보인다. "특히 경제적인 면에서 논하면, 남편은 인민과 같고, 아내는 정부와 같다."(「小學經濟家政要旨後篇」, 「家政學文獻集成」)[11]

여기까지 거론하면 오해를 불러일으킬 수 있지만, 우치무라 간조의 "지금까지 일본의 여자는 사회 표면적으로야 아무런 힘이 없는 듯이 보였어도, 그 가정에서는 은연중 큰 세력을 지녔음을 알 수 있다"(「女學雜誌」 489號)는 지적은 맞다. 근대적 성별 역할분담 속에서도, 서구에 비해 일본의 주부들이 가정에서 높은 자율성을 지녔다는 것은 특별히 지적해 둘 만하다.[12]

1878년에 모치즈키 마코토(望月誠)는 「아내의 마음가짐」(女房の心得), 「남편의 마음가짐」(亭主の心得)이라는 가정경영에 관한 알기 쉬운 실용서를 간행하여 명성이 높았다. 「아내의 마음가짐」은 총 33조나 되는데 「남편의 마음가짐」은 19조로 적다. 제목 아래에 "지아비 부(夫) 자 대신 정주(亭主)라는 두 글자를 써서 아내의 마음가짐에 대해 일러주니, 가주(家主)의 의미가 아님을 알아두기 바란다"고 일부러 단서를 붙인 것도, 민속어휘에 주부를 가리키는 '가주'(家主)가 있음을 상기한다면 매우 흥미롭다. 주부는 문자 그대로 '집의 주인'이지만, 남편은 그렇지 않다. 「아내의 마음가짐」은 실용적인 노하우로 채워져 있다면, 「남편의 마음가짐」은 에도 시대 통속오락소설 같은 느낌을 풍긴다. 가정경영 담당자인 주부에게 요구되는 능력은 가사·육아·고용인 관리까지 다종다양하지만, 가장 중요한 것은

'경제'지식, 구체적으로는 '산술'능력이다. 이 점에서도 아내에게 '학식과 재능'이 없어서는 안 된다. 메이지 시기에 '경국제민'의 학문 '경제'가 가정으로 들어갔다는 것은, 원래 가정(家政)의 학문이었던 오이코노미아(oikonomia)가 국가와 시장의 경제원리(economy)로 변모한 유럽의 방향과 정반대이니 재미있다.

## 3) 아내의 직업

"건전한 사회는 건전한 가정에 의해 만들어지며, 건전한 가정은 건전한 주부에 의해 세워진다."(「新夫妻」, 『家庭雜誌』 4號) 이를 위해서는 '아내의 독립'이 급선무라고, 『귀녀지우』(2호) 같은 보수적인 잡지조차 말한다. "여자로서 그 독립을 얻지 못하는 한, 그 배우자인 남자의 독립도 결코 확고한 기반을 얻을 수 없다." 독립한 남녀가 '가장 합당한 관계'를 유지해 나가기 위해서는 "매일 정해진 일을 반드시 해야 하며… 사람은 일을 함으로써 만들어진다"(『家庭雜誌』 4號)고 주장한다. 그렇지만 "사회는 남자의 전장이요, 가정은 아내의 보국이다"면서, '아내의 일'은 가정에 국한된다. 기무라 구마지(木村熊二)도 「가내경영 대요」(家內經營の大要)라는 글에서 이렇게 조심스럽게 말한다. "함께 일하는 것은 아내가 남자와 같이 밖에 나가 노동한다는 것이 아니다. 집안을 다스리고 살림살이의 책임자가 되어 건강을 지키고, 여식의 가정교육에 충실하고, 아랫사람들 부림에 신경 쓰고, 항상 남자가 집안일로 근심하지 않도록 하는 것이다."(『女學雜誌』 131號)

그러나 핫토리 데츠루(服部徹)는 "이미 다른 집에 시집가서 그 가정을 다스리는 여자에게는 일상의 직분이 단지 집안정리, 자녀교육에 그치지 않고 따로 맡아서 해야 할 사업이 있다"고 주장한다. 숙녀(lady)에 대해서는 "오직 아침저녁으로 노비들을 꾸짖고 틈만 나면 뜨개질하기만 즐긴다. 바느질이나 베 짜는 기술 따위는 천시하여 하찮은 직업으로 여겨서 스스로 나서서 하는 법 없이 일일이 다른 사람의 손을 빌리니, 흡사 기녀가 그 정인에게 몸을 허락하고 새로 첩실로 들어앉아 안락을 탐하는 것과 무엇이 다르겠는가?"(「女子社會の殖産事業」, 『日本之女學』 25號) 하며 준엄하게 꾸짖는다. "아내 또한 직업에 종사하는 것이 의무이다"라는 입장에서 볼 때, 귀부인은 '기생나무'라 불리어도 도리 없는 존재이다.

바라건대 나는 이들 이른바 귀부인을 기생나무에 비유하고 싶다. …평생 그 일신(一身)을 타인의 보호 아래서 안락을 누린 지 오래되어 천생 고유의 지위에 오르기란 불가능한 이들을 일컬어 기생부인이라 하는 것도 가히 부당하지는 않을 터이다. (「婦人もまた職業に從事するの義務あり」, 『貴女之友』 23號)

계급에 따라 아내의 직업과 독립의 관계가 크게 다른 것은 잘 알려져 있었다. 아토미(跡見)학원을 설립한 아토미 가케이(跡見花蹊)는 『귀녀지우』 38호의 「부인직업론」에서 이렇게 쓴다.

상류 귀부인을 보라, 몸에는 고귀한 관작(官爵)을 걸치고 늘 마차를 타고 거리를 지나다니지만, 뒤집어 생각건대 그 행실을 유심히 보면 한결같이 집지기이다. …내려와 중류의 부인을 보라, 선량한 부형(父兄)은 밤낮없이 이런저런 일을 하느라 바빠도 부인은 온종일 아무 일 하지 않고 책 읽고 글자를 배우며 다수는 거문고며 비파며 가무에 흠뻑 빠져 있다. …또 내려와 하층 부녀자를 보라, 나는 오히려 그들에게 직업이 있다는 것에 놀라지 않을 수 없다. …하층 부녀자에게는 직업이 있어도, 상류와 중류에게는 직업이 없다. …세상의 논자들은 상류층 부인의 논의를 그대로 중류 이하에 적용하려 한다. 나는 하층 부녀자들의 직업을 헤아려서 그것들을 상류와 중류에도 확산시키려 한다.

…실로 직업 없이 허무하게 남편의 부양을 받으면 그 생활은 오래 가지 못한다. …이들 하층 부녀자들을 보면 직업을 가졌기 때문에 함부로 남편의 간섭을 받지 않고, 오히려 남편을 억누르는 이가 있다. 그 무학무식, 나아가 서로 욕설을 퍼붓고 반목(反目)하는 것이 본디부터 가르침이 될 수는 없겠지만, 가정의 결실을 원하는 자는 잘 봐둘 필요가 있다.

이런 의미에서 메이지는 분명한 계급사회였다.

그러나 부인들에게 알맞은 직업이 충분히 생겨났다고 말하기는 어려웠다. "우리나라 부인들은, 중류사회 이상은 직업이 없고 하층사회에는 왕왕 직업이 있어도 대개는 적절치 못해서 남녀의 구분을 혼란케 하고 문명의 체면을 손상시켜 나로서는 심히 불쾌한 점이 많다."(武田柳香, 「婦人の職業」, 「貴女之友」 29號) 다케다가 생각하는 '부인에게 적당한 일'이란 '수공'(手工) 이외에는 "여교사, 보모, 간호부, 산과의사, 회계책임자, 서기 등"이다. 「가정잡지」 31호에서는 '미쓰이은행 오사카 지점'에 최초의 '여자 은행원'이 탄생했다고 알리고 있는데, 때마침 도시형 신종 여성 직업이 잇따라 생겨날 무렵이었다.[13] 그렇지만 주로 민첩한 손놀림이라든가 강한 인내심, 양육 같은 '여자의 특성'을 살리고, 남성과 경합하지 않고 여성들만 일하는 직종, 이른바 핑크칼라(pinkcollar) 직종이었다.

중류사회 이상에서 가정생활에 저촉되지 않으면서 동시에 '아내에게 적합하다'고 생각되었던 직업으로는 어떤 것이 있는지, 「가정잡지」 15~32호에 연재되었던 '부녀자 직업 안내'를 보면 짐작할 수 있다. 여기서 '직업'이라 부르는 것은 결국 '집안에서 하는 수공', 즉 '내직'(內職)이다. "의식(衣食)을 위해 수공을 하여 돈을 벌 필요 없는 부유한 가정에서도 수공 일을 게을리 해서는 안 된다"(「家庭に於ける手工」, 「家庭雜誌」 2號)고 해도, 실제로 "고귀한 사람들은 내직이라 하면 하여튼 세상이목을 꺼리는 바가 있다"[14](같은 책 18호)는 데서 '모양새 좋고' '많이 벌고' '고급 내직'에 대한 반향이 높았음을 엿볼 수 있다. 그렇지만 이와 동시에 내직을 둘러싸고 사기나 과대광고도 끊이지 않았다.

한편 하층사회 여성들의 노동상황은 매우 비참했다. 여공의 장시간 노동과 열악한 노동조건, 그로 인한 노동재해라고도 할 수 있는 폐결핵, 남성 감독의 성적 학대 등에 관해서는 무라카미 노부히코(村上信彦)의 「메이지 여성사」(明治女性史)[15]에 상세히 나와 있다. 12시간, 14시간에 이르는 노동시간을 겨우 하루 10시간으로 제한하는 '10시간법'(伊藤鐵次郎 譯述, 「已

婚婦の實業に從事する害惡を論ず」, 『日本之女學』 14號은 복지입법인 동시에 여성을 노동시장에서 내쫓는 결과를 가져왔다.[16] 가케이 여사가 "나는 하층 부녀자들의 직업을 헤아려서 그것들을 상류와 중류에도 확산시키려 한다"고 뜻을 두었던 것과 달리, 서구에서도 일본에서도 '중류사회' 이상의 가정 모델이 노동자계급 속에도 침투했다.

[ 주 ]

1) Aries 1960; 1973; アリエス 1980; バダンテール 1981 등. 근대가족 정의에 관해서는 落合 1989 참조.
2) 부부가 따로 식사하는 전통이 있는 곳에서는 부부겸상은 범주의 혼동이라는 금기를 어기는 것이 된다.
3) 복각판으로 野間 編著 1961이 있다.
4) 유녀에 대응하는 어휘로, 지연·혈연의 그물코 속에 있으며 결혼대상이 되는 처녀.
5) 이렇게 말하면서 결론은, 자유결혼과 간섭결혼의 폐해를 각각 들며 "그런 이유로 나는 작금의 사회에서 시행되어야 할 결혼형태는 자유와 간섭을 절충하여 그 이점은 살리고 단점은 버린 것이길 바란다"는 매우 절충주의적인 것이다.
6) 『연애의 방법』에 관해서는 小木·熊倉·上野 校注 1990(「新撰 造化機論」) 참조.
7) 그 대부분이 外崎 編 1971에 수록되어 있다. 우에키(植木)는 자기 아내가 될 여성에게는 사랑과 존경을 다해야 한다고 말하지만, 그의 마음속에서는 아내에 대한 경애와 매일 밤의 방탕생활이 전혀 모순 없이 공존한다. 여성사 연구자 가운데는 이를 우에키의 '언행불일치'라 하여 비난하는 목소리도 있지만, 반드시 정확한 비판이라 생각되지는 않는다. 계급격차가 큰 당시 사회환경을 고려하면, 우에키에게는 아내가 될 계층의 여자와 유곽에서 관계 맺는 여자는 전혀 다른 범주에 속한다—따라서 각각에 대한 행동방식이 다른 것은 당연하다고 본다.

8) 中部家庭經營學研究會 編 1972, 第9章 女子敎育, 373~432쪽. 참고로 이 책의 구성은 다음과 같다. "서: 메이지기의 특질과 가정생활/ 제1장 가족관계/ 제2장 가정경제/ 제3장 의생활/ 제4장 식생활/ 제5장 주생활/ 제6장 건강생활/ 제7장 가정문화/ 제8장 가정교육/ 제9장 여자교육/ 제10장 부인문제/ 제11장 사회복지"

나는 '가정학'(家庭學)을 제창하는 이 도전적인 노작에 많은 신세를 지고 있지만, 몇 가지 점에서 나의 해석은 다르다. '가정경제'를 문자 그대로 household economy로 보기보다는 오히려 국민경제의 틀 속에서 파악하는 경향을 벗어나지 못하는 점, '가정문화'라는 매력적인 개념 속에 주로 물질문화만 함의되어 있는 점, '건강생활'의 성에 관한 항목을 보면 성병과 출산육아에 관한 언급은 있으나 『조화기론』(造化機論) 등의 새로운 성지식에 관한 언급은 없는 점, 나아가 전체적으로 제11장까지 '성'이 독립적인 항목으로 되어 있지 않은 점 등이 불만스럽다.

9) 야나기다가 1931년 56세 때 쓴 불후의 명저. 문고본으로는 고단샤(講談社)학술문고(1976)가 있다.

10) 中部家庭經營學研究會 編, 앞의 책, 416쪽.

11) 같은 책, 415쪽.

12) 가정책임, 특히 가정경제(household economy) 관리가 아내 수중에 있다는 것은 서구와 달리 특이하다. 서구에서 가정의 관리자는 아내가 아니라 남편이었다. 일본 주부들의 가계관리권과 그에 따른 상대적으로 높은 지위는 농가의 주부권에서 유래한 것으로 보인다(Ueno, Chizuko, "The Position of Japanese Women Reconsidered," Current Anthropology vol. 28/no. 4, 1987 참조).

13) 메이지 말기부터 다이쇼에 걸쳐서 그 이전에 존재하지 않았던 새로운 타입의 여성 고용노동(타이피스트, 비서, 전화교환수, 여자점원, 신문기자 등)이 잇따라 등장했다.

14) 상승혼 경향과 무사의 가치관이 결합되어서, 직업에 대한 천시와 금전멸시는 지금도 중산계급 이상의 여성들 사이에 뿌리 깊게 남아 있다.

15) 전4권의 대저작. 理論社, 1969~72.

16) 복지노동입법의 양가성에 관해서는 上野 1990a 참조.

# 3. 여성사와 근대

## 1) 해방사관과 억압사관

여성사의 입장에서 '근대'를 어떻게 평가할 것인가는 상당히 양면적인 (ambivalent) 질문이다. 한편에는 여성을 해방시켰다고 보는 입장이 있고, 또 한편에는 여성에게 억압적이라는 입장이 있다. 전자를 해방사관(解放史觀), 후자를 억압사관(抑壓史觀)이라 부르도록 하자. 전자의 대표로는 이노우에 기요시(井上清)의 『일본여성사』(1948)와 다카무레 이쓰에(高群逸枝)의 『여성의 역사』(1954~58)를 들 수 있다. 후자는 70년대 이후 여성해방 (women's liberation)과 여성학의 영향 아래서 등장했다.

　70년대 초에 무라카미 노부히코(村上信彦)가 불을 붙인 여성사 논쟁이 벌어진다. 총 4권으로 된 『메이지 여성사』(1969~72)를 펴낸 재야 여성사가 무라카미 노부히코는 이노우에의 여성사를 '해방운동사'라 비판하면서, 보다 실증적인 서민의 '생활사'를 제창했다. 무라카미의 저작에는 여공들의 비참한 역사라든가 공창제도 아래서 처녀들이 몸을 파는 참상이 그려져 있지만, 여성들은 이러한 '억압' 아래서도 꿋꿋하게 살아갔다고 강조하여 '갸륵함' 사관이라는 야유를 받기도 했다. 여성사학계에서는 이 해방사와 생활사의 대립을 둘러싸고 논쟁이 일어났다.

무라카미의 '생활사' 제창은 여성사의 방법론적 전환기와 일치했다. 첫째로, 프랑스 아날학파의 영향을 받아 일본 역사학 전체가 사회사에 대한 관심이 높아진 점. 둘째로, 역사학과 민속학의 상호교차가 이루어지고 직접 듣고 기록하는 구술역사(oral history)가 성행한 점. 셋째로, 60년대 대항문화운동의 영향을 받아 역사를 사회적 소수자나 피억압자 입장에서 재고찰하는 '민중사'(people's history)를 향한 열의가 높아지고 있었던 점. 그리고 마지막으로 60년대 말부터 70년대 초까지의 여성해방운동의 영향이 있다. 무라카미 자신은 학파를 만들지 않은 독자적인 연구자였지만, 그의 '생활사' 제창은 때마침 '해방사'에 불만을 품은 여성들의 마음을 파고들었다.

일본 최초의 여성해방대회가 열린 것은 1970년. 여성 연구그룹들은 여성억압의 뿌리를 찾기 위해 여성사로 눈을 돌렸지만, 그들 앞에 있는 텍스트는 이노우에의 여성사와 다카무레의 여성사뿐이었다고 해도 과언이 아니었다. 하지만 '봉건유제'의 여성억압과 '근대'의 여성해방을 강조하는 해방사는, 오늘날에도 겉으로는 평등해 보이는 원칙의 그늘에서 왜 억압이 사라지지 않는가 하는 그들의 '실감'을 충분히 설명해 주지 못했다.

이때 비로소 여성사는 여성에 대한 근대의 억압성에 눈을 돌리게 된다. '해방'과 '진보'라는 이름 아래 오랫동안 불가침 영역이었던 근대 자체를 문제 삼는 시각이 등장한다. 이런 점에서 여성사의 전환은 근대가 가져다 준 '발전'과 '생산'의 가치를 다시 묻는 60년대의 대항문화 흐름을 이어받고 있다. 또한 리브와 여성학의 영향에 힘입어 여성사는 그때까지 정사(正史)였던 남성사의 보완물 지위에서, 지금까지의 통사를 여성의 시각에서 완전히 다시 쓴다는 철저한 패러다임 전환을 시도하는 것이었다. 도전적인 여성사 연구자들은 자신들의 작업을 '역사 뒤집기' 혹은 '역사 뒤엎기'라고 불렀다.

여성학 분야에서 근대라는 금기에 맨 처음 도전한 것은 미즈타 다마에(水田珠枝)의 『여성해방사상의 발자취』(女性解放思想の歩み, 1973)이다. 유럽 사회사상사를 연구한 미즈타는 '인권' 사상의 창시자이자 '프랑스혁명의 아버지'라 일컫는 J. J. 루소의 작업을 세밀하게 분석하여, 그가 말하는 인권(human right)은 '남성의 권리'(men's rights)일 따름이며 그 그늘에서 '여성의 권리'(women's rights)는 조직적으로 박탈되고 있음을 밝혀냈다. 즉 근대는 남성의 해방과 여성의 억압이 하나의 짝을 이루게 했으며, '근대'라는 관념 속에 이미 여성억압은 배태되고 있었다는 것이다. 베벨(August Bebel)의 『부인론』(ベーベル 1958)이나 엥겔스의 『가족·사유재산·국가의 기원』(エンゲルス 1965)에서 출발하는 여성해방 사상사를 고전적 텍스트로 삼고서 '근대'를 여성해방의 역사로 해석했던 사람들에게는 충격적인 발언이었다. 그러나 미즈타 자신은 일관된 근대주의자인바, 문제는 인권의 이상(理想)이 여성의 현실에까지 미치지 않는 '근대'의 불철저함에 있다면서 논점이 바뀐다. 그러나 근대의 아이러니는 인권이나 평등

관념을 발명하여 그 적용을 확장해 나가면서 하위자들 사이에 원한 (ressentiment)과 분노를 불러일으키는 결과를 가져왔다는 데 있다. 그런 의미에서 '차별' 관념은 '평등'에 대한 요구의 부산물이었다.

이 같은 점을 지적하고, 페미니스트의 '근대주의 배후가설'이 지닌 맹점을 공격한 사람이 이반 일리치(『젠더』, 1982)이다. 일리치에 의하면, 여성 '차별'은 다름 아닌 근대의 산물이다. 따라서 차별을 고발하고 평등의 실현을 요구하는 페미니스트들은 딜레마에 빠질 뿐 아니라, 근대주의 이념 완성에 일조함으로써 스스로 근대의 억압성에 가담하는 게 된다. 일리치는 페미니스트를 '여-성차별주의자'(fem-sexist)라 불러, 미국의 급진적 페미니스트들로부터 분노를 샀다.

일리치는 그 이전의 저서 『탈학교 사회』(1971)와 『탈병원화 사회』(1976)로 70년대 대항문화운동의 담당자들 사이에서 폭넓은 지지를 얻었는데, 『젠더』에 이르러서는 성차별 역시 근대비판이라는 틀 내에서 발언하기 시작했다. 일리치의 말을 빌리면, 성차별의 원흉은 산업화이다. 그리고 일리치의 시각은 일본의 생태학자와 페미니스트들 속에서 일정한 영향력을 가지게 된다.

일리치로 대표되는 근대의 억압가설이 사회사에서 나온 것은 우연이 아니다. 일리치 자신은 중세사가라 자칭하지만, 인용문헌을 보더라도 아날학파의 영향을 강하게 받았다. 사회사는 '중세암흑'의 이미지를 뒤엎고 중세 민중들의 자율적인 소우주를 생생하게 그려냈다. 일리치는 산업사회가 그 생태학적 소우주를 파괴해 버렸다고 말한다.

일리치에게는 산업사회 이전의 사회를 조화와 질서의 세계로 이상화하는 경향이 있는데, 이런 경향은 엘레노어 리코크(Leacock 1981) 같은 페미니스트 인류학자들에게서도 공통적으로 나타난다. 리코크는 래브라도 지방의 북아메리카 인디언에 대한 현지조사를 바탕으로 해서 그들의 자율적 소우주에 '성차별'을 가지고 들어간 것은 근대화=식민지화였다고 말한다. 식민지화 이전의 인디언들에게는 성별분업이 있어도 양성관계는 대등하고 조화를 이루었으며, '여성억압'은 존재하지 않았다는 것이 리코크의 주장이다. 그러나 일리치의 강변에도 불구하고 '성차별'은 산업화 이전으로 거슬러 올라간다. 다만 산업사회에는 그 고유의 역사적 형태가 있다고 보아야 한다.

## 2) 이에의 발견

사회사의 관심이 근대의 형성기로 모아졌다. 그리고 가족사나 여성사에서는 잇따라 '가정성'(家庭性)의 숭배라든가 생산노동에서 여성의 소외, 자녀출산이나 모성 관념의 성립 등, '근대가족'을 특징짓는 여러 요소의 역사적 상대성을 밝혀냈다. 이 영향을 받아 일본에서도 '이에' 관념을 재검토하는 움직임이 일어났다. 이에 제도가 봉건적 유제라는 지금까지의 상식을 뒤엎고, 제도로서의 이에는 메이지 정부의 발명품이며 근대가족의 일본판 카운터파트라는 발견이 정착되어 간다. 독학한 영화평론가 사토 다다오(佐藤忠男)는 일찍이 영화 속에서 본 근대 일본을 대상으로 혼자 힘

으로 이에 제도의 역사적인 형성과정을 추적했다(『家庭の甦りのために: ホームド ラマ論』 1978). 메이지 초기에 교육칙어의 제정과 발맞추어 "부모에게 효도 하고 군주에게 충성하라"는 수신(修身)사상이 "군주에게 충성하고 부모에 게 효도하라"로 전도되어 나가는 과정을 파헤쳐, 마침내 일본형 가족주의 가 국가주의 틀 속에서 주조된 상황을 입증했다. 일본 가족주의는 전세계 어떤 가족주의와도 다르다고 사토는 말한다. 이탈리아와 중국의 가족주의 가 공적 영역에 대립하는 사적 영역의 거점으로서 기능한다면, 일본의 가 족주의는 공적 영역을 체현하는 사적 영역으로 기능한다. 이와 같은 가족 주의가 메이지 정부에 의해서 이에 제도라는 이름으로 발명되었다는 것이 다. 사토는 영화를 통해서 다른 문화들을 들여다보는 것만으로 이런 비교 문화의 시각을 습득했다.

후에 문화인류학자 이토 미키하루(伊藤幹治)는 『가족국가관의 인류학』 (家族國家觀の人類學, 1982)에서 사토의 견해를 추인한다. 메이지 민법제 정 전의 이른바 민법논쟁을 분석대상으로 한 이토는 그 과정에서 '장녀 가 독(家督)'을 인정하는 모계상속이 평민의 야만풍습이라는 이름 아래 배제 되고, '장남 단독'의 부계상속이 승리해 가는 경위를 추적한다. 따라서 이 에 제도는 무가의 이에를 모델로 해서 국가의 축소판으로 만들어졌다는 것이다. 부계단독상속의 이에는 만세일계(萬世一系)의 천황제에 대응하는 것으로서 관념화된다. 대대손손 한 혈통이 이어진다는 이른바 만세일계의 천황제 국가관 또한 메이지 정부의 발명품이듯이, '가족국가관'의 이데올 로기 아래서 국가는 가족의 비유로 설파되고 가족은 국가의 비유로 이야기된다. 메이지 이후, 이렇게 가족과 국가는 상호 침투한다.

여성의 입장에서 이에 제도의 형성을 논한 것으로는 아오키 야오이(靑木やおひ)의 「성차별의 근거를 찾다: 일본 근대화와 유교 이데올로기에 관한 각서」(性差別の根據をさぐる: 日本における近代化と儒敎イデオロギ—についての覺え書き, 1983)가 있다. 이토와 마찬가지로, 아오키는 이에 제도의 형성궤도를 따라가면서 '근대화' 과정에서 여성이 소외되고 억압되었다고 결론짓는다.

이에 제도가 무가의 제도이며 원래 서민들과는 아무런 관계가 없었다는 견해는, 민속학과 이를 도입한 민중사의 발견으로 강력한 지지를 받았다. 사회구조가 변동할 때, 새로운 시스템은 기존의 문화항목에서 적합한 항목들을 골라낸다. 이렇게 선택된 낡은 항목들은 새로운 맥락 속에 놓이게 된다. 이처럼 이에 제도는 전통적인 문화적 모태(matrix) 속에서 선택되었다. 이런 면에서 본다면 이에는 일본의 '문화전통' '봉건유제'라고 해도 무방하겠으나, 어디까지나 무가의 문화전통에 불과하다. 어떤 문화항목이 일단 채용되면 마치 그것이 만고불변의 전통인 것처럼 '역사적 정체성(identity)'이 나중에 부여되는데, 사실 이에 관념의 성립에서도 그 밖의 선택지들이 있었다는 것은 그 불안정한 형성과정을 보면 알 수 있다.

이에는 무가의 문화전통이지, 서민의 문화전통은 아니다. 에도 시대 무가계급에 속하는 사람들은 인구의 10%도 안 되었다. 계급사회란 생활문화들이 서로 격리되어 있는 일종의 문화적 다원사회이다. 국민의 대다수를 차지하는 서민은 유교적인 무가문화와 무관한 자율적인 공동체 사회에서 생활하고 있었다. 그 공동체의 내부에서는 수직적인 이에 질서보다 수평적인 연령서열 질서가 지배적이었다는 점, 혼전교섭을 비롯한 통혼이 자유롭게 이루어지고 처녀성 관념이 희박했다는 점, 이혼·재혼 빈도가 높았다는 점 등이 차례차례로 민중사에서 밝혀졌다.

사회사나 민중사에서는 여성억압의 모든 악의 근원을 근대화에서 찾는다. 다름 아닌 '근대'야말로 여성을 생산노동으로부터 배제했으며, 성적 자유를 빼앗고 이에 제도하의 아내=어머니로 유폐시켰다는 것이다. 이에 제도는 봉건적 잔재이기는커녕 오히려 '근대' 일본국가의 발명품임이 논증되고부터, 여성이 싸워야 할 적은 '전근대'에서 '근대'로 옮겨갔다.

예를 들어 페미니스트 문학그룹은 여성의 시각에서 근대 일본문학사를 완전히 다시 읽는 작업에 도전한다(駒尺喜美, 『魔女的文學論』, 1982). 근대 일본문학사의 통설에서는 사소설(私小說, 메이지 말기부터 다이쇼 시기에 걸쳐 순수문학의 한 장르로서 전성기를 이룬 일본 특유의 문학장르—옮긴이)을 '이에와 자아의 갈등'을 표현한 것으로 해석했다. 이 해석도식에 따르면, '봉건유제'와 '근대적 개인', 즉 전근대와 근대의 대립과 갈등이다. 그렇지만 새로운 페미니스트 문학사에서는 시가 나오야(志賀直哉)의 『암야행로』(暗夜行路)도, 시마자키 도손(島崎藤村)의 『동틀 무렵』(夜明け前)도 이에 제도 아래서 남성 가장의 "가장의 책임을 차마 견뎌내지 못하는 연약한 자아의 탄식"을 묘사한 것이라고 본다. 사실 이시카와 다쿠보쿠(石川啄木)나 다자이 오사무(太宰治) 같은 '약자문학'의 담당자들조차 그들의 가정에서는 억압받는 여성·어린아이의 위치가 아니라 가부장의 입장에 있었다. 사소설은 '아동문학'

이 아니라, 기실 '가장(家長)의 문학'이며, '피해자 문학'의 외양을 하고 있지만 실은 '가해자 문학'이었다. 사실 무책임하고 허약한 '가장' 밑에는 그 피해를 받는 처자—다쿠보쿠의 아내, 세쓰코와 다자이 오사무의 아내와 아이들—가 있었던 것이다.

### 3) 근대의 완성

근대를 해방에서 억압으로 바꿔 읽는 것에서부터 출발하는 역사 재해석은 그것만으로도 충분히 자극적이고 흥미롭지만, '억압사관'의 문제점은 근대를 모든 악의 근원으로 보는 일방적이고 단선적인 진화설이라는 데 있다. 이 점에서 억압사관은 해방사관과 단선적인 '발전단계설'을 공유하고 있으며, 그것의 부정 다시 말해 일종의 역(逆)진화설인 것이다. 한쪽은 근대화가 진행될수록 그만큼 여성의 지위는 향상된다고 간주하고, 또 한쪽은 근대화가 진행될수록 여성의 지위는 하락한다고 본다. 이런 시각의 차이는 여성의 역사적인 변화에 대한 해석을 둘러싸고도 대립한다. 예를 들어 엥겔스에게 여성의 직장진출은 남녀평등과 여성해방으로 나아가는 길이지만, 일리치는 오히려 여성이 산업사회의 우산 아래 편입되어 호모 이코노미쿠스(경제인)로서 궁극적인 자기소외와 여성성의 억압을 완성하는 최악의 선택이라고 해석한다.

해방사관에서 억압사관으로의 전환에는 60년대 고도 성장기의 사회적 변동이 큰 영향을 끼쳤다. 베티 프리단(나중에 미국 최대 여성조직 NOW

의 초대회장)이 교외 중산계급 아내의 불안과 불만을 그린 『새로운 여성의 창조』(Friedan 1963. フリーダン 1977)를 발표한 것이 1963년. 프리단이 경험한 고도 산업사회의 여성 억압과 소외는 고도 성장기를 거쳐 70년대 초까지 서서히 일본 여성들의 현실에서도 나타났다.

고도 성장기는 인구학적(demographic) 변화가 두드러지는 시기이다. 농촌을 떠난 이농민들이 대거 도시로 유입되면서 도시인구 비율이 30%대에 이른다. 같은 시기 자영업자와 고용인의 비율이 뒤바뀌고, 60년대 들어와서는 "샐러리맨 남편과 가사·육아를 전담하는 아내 그리고 자녀 둘"이라는 도시 고용인 핵가족이 형성되며, 일본 대중들 속에 실질적인 근대가족이 점차 현실화된 것도 이 시기이다.

고도 성장기 말기가 되면, 일본에서는 선진 공업사회에 공통된 특징들이 나타난다. 거의 동시대적으로 60년대 말에 세계 곳곳에서 여성해방운동이 일어나는 것은 결코 우연이 아니다. 일본 여성해방운동은 단순히 미국 리브운동의 파급효과도 아니려니와 수입품도 아니었다. 일본에는 일본의 여성해방운동이 성립할 수 있는 산업사회의 성숙이 그 배경에 자리 잡고 있었다.

후지에다 미오코(藤枝澪子)는 페미니즘의 역사를 크게 두 시기로 나누어 19세기 말부터 20세기 초까지 전세계에서 동시적으로 일어난 여권신장운동을 제1기 페미니즘, 그로부터 반세기 후인 1960년대부터 70년대까지 여성해방운동으로 분출한 운동을 제2기 페미니즘이라 부른다. 오치아이 에미코(落合惠美子)의 「'근대'와 페미니즘: 역사사회학적 고찰」(1987)에서는 제1기 페미니즘을 '근대주의', 제2기 페미니즘을 '반근대주의'라고 특징짓는다. 왜냐하면 제1기 페미니즘은 부르주아 여권사상과 사회주의 여성해방론 모두 '해방사관'을 공유하고, '진보'와 '발전'을 믿는 발전단계설을 떠받들었다면, 제2기 페미니즘은 급진적(radical) 페미니즘, 생태주의(ecology) 페미니즘을 불문하고 근대가 여성들에게 가져다준 것들에 대한 깊은 회의를 공유하고 있기 때문이다. 그렇지만 달리 표현하면, 근대에 대한 회의는 근대가 경험 가능한 현실로 우리 눈앞에 나타났을 때 비로소 나타났다. 근대에 대한 페미니즘의 비판이 등장하기까지는 60년대를 거치면서 일본의 근대가 완성될 때를 기다려야 했던 것이다. 여성사 연구자 가노 마사나오(鹿野政直)는 『부인·여성·여자』(1989)에서, 제1기 페미니즘에서 제2기 페미니즘으로의 변화를 '부인문제'에서 '여성학'으로의 변용으로 파악하면서 이렇게 말한다. "'부인문제'의 연구와 운동은 어려움에 부딪히면서 하나씩 하나씩 '근대'를 획득하였고, 그로부터 벗어나서 '여성학'은 바로 그렇게 했기 때문에 드러난 근대의 억압성과 싸우기 시작했다고 할 수 있다. …이는 뒤집어 말하면 여성학의 탄생 자체가 '전근대'의 해소라는 의미에서, 일본 사회에서 근대의 도래를 나타내는 지표이기도 하다."(130쪽)

## 4) 근대주의 대(對) 반근대주의

1985년에 일명 아오키-우에노 논쟁으로 알려진 '80년대 페미니즘 논쟁'

이 일어난다. 아오키 야오이(青木やよひ)의 생태적 페미니즘 제창에 대해서, 우에노 치즈코(上野千鶴子)는 「여자는 세계를 구할 수 있을까: 일리치 『젠더』론 철저비판」(1985b)에서 '여성원리'의 정치적 함정과 반동성을 지적한다. 여성을 근대의 피해자로 보는 일리치의 시각은 일본의 일부 페미니스트들의 마음을 사로잡았지만, '여성문제'의 해결을 위해서는 산업사회 폐지 이외에는 길이 없다는 일리치의 일면적 반(反)근대주의에는 여러 가지 문제점이 함축되어 있었다. 80년대 일본에서는 산업사회 비판의 대합창이 분출하였고, 바야흐로 '여성원리'는 배척되기보다 막다른 골목에 다다른 '남성사회'를 구제할 대안으로 찬양받았다.

에하라 유미코(江原由美子)는 『흔들리는 추: 리브운동의 궤적』(1983)에서 일본의 리브운동사의 발자취를 따라가면서 일본의 리브는 처음부터 공동체 지향, 모성주의, 육체와 자연으로 회귀라는 반근대주의적 지향성을 지녔다고 정리한다. 일리치의 반근대주의는 일본식 페미니즘의 토양과 잘 맞았던 것이다.

미국에서는 전혀 거론되지도 않았던 일리치가 일본에서 열광적으로 받아들여진 배경에는 일본의 특수한 사정이 있었다는 점 또한 기억해 두어야 한다. 첫째로, 일리치의 산업사회 비판이론은 오랫동안 반미 성향의 '진보적 문화인들'의 지적 무기였다. 이런 면에서 일리치는 그들의 내셔널리즘과 반근대주의에 호소했다고 볼 수 있다. 둘째로, 일리치의 '전근대'에 대한 이상화는 여성들의 변화에 위협을 느낀 남성 지식인들과 일부 여성들에게 현 상황을 추인하고 전통을 긍정하는 길을 가르쳐주었다. 성차

를 강조하는 일부 페미니스트뿐 아니라, 명백한 우익 입장의 여성들조차 일리치를 지지했다. 모토오리 노리나가(本居宣長)를 논한 『가라고코로(漢意)』(からごころ, 1986)의 저자 하세가와 미치코(長谷川三千子)는 남녀고용 평등법(이후 고용기회균등법으로 제정)을 반대하는 「'남녀고용평등법'은 문화생태계를 파괴한다」(1984)에서 생태주의에 친근성을 표명하며, 후에 일리치에 대해 공감을 나타낸다. 천황제 존속을 주장하고 남녀성별 역할 분담을 지지하는 보수파 여성 지식인이지만, 일리치가 참석한 심포지엄에 초대되어 일리치와 서로 '이해'를 나누었다. 일리치를 둘러싸고, 아오키는 페미니스트 입장에서 거세게 일리치를 비판했다면 우파 여성 지식인과 좌파 남성 지식인이 자리를 함께하는 일본적 구도는 '여성문제'에 관한 일본의 착종된 위치를 상징해 주고도 남음이 있다.

아오키–우에노 논쟁은 근대에 대한 비판은 공유하면서 '탈근대파'와 '반근대파'의 대립이라는 형태를 취한다. 니시가와 유코(西川祐子)는 논쟁의 경과를 정리하면서 이를 다이쇼 시기의 격렬했던 모성보호 논쟁에 비유했다(「一つの系譜: 平塚らいてう·高群逸枝·石牟礼通子」, 1985). 그러면서 근대적 개인으로서 여성의 권리와 자립을 주장한 아사노 아키코(與謝野晶子)를 '여권주의', 모성보호를 주장한 히라쓰카 라이쵸(平塚らいてう)를 '여성주의', 양자의 대립을 조정하는 동시에 그 한계를 지적한 야마카와 기쿠에(山川菊榮)를 '신여권주의'라 한다면, 미즈타 다마에(水田珠枝) 같은 근대주의 페미니스트는 '여권주의', 생태주의 페미니즘을 제창한 아오키는 '여성주의' 그리고 우에노는 야마카와의 '신여권주의' 위치에 놓을 수 있

다고 니시가와는 말한다. 야마카와 뒤에는 다카무레 이쓰에(高群逸枝)가 라이쵸의 후계자로 대기하고 있다. 여권주의 대 여성주의의 대립구도는 다카무레가 설정한 도식인데, 다카무레 자신은 야마카와를 넘어, 스스로 개인주의를 뛰어넘은 일본 여성의 '모성적 자아'를 강조하는 '신여성주의'에 선다. 80년대 페미니즘 논쟁에서는 이런 다카무레 이쓰에에 대응하는 제4항목 '신여성주의' 칸이 비어 있었지만, 나중에 가노 미키요(加納實紀代)와 에하라 유미코(江原由美子)의 '사연(社緣)사회로부터 총퇴각'론을 둘러싼 논쟁으로 계승된다.

이렇게 80년대의 여성사는 '근대'의 평가를 놓고 격론을 벌였다. 에하라 유미코는 『여성해방이라는 사상』(1985)에서 근대 대 반근대의 대립은 여성에게 강요된 '유사문제'라고 말한다. "여성을 중심에 놓고 근대주의와 반근대주의 쌍방의 담론을 동시에 해체해 나가는 것이야말로 지금 여성해방론의 과제이다. 왜냐하면 이 대립은 그 자체가 근대사회 시스템의 일부이기 때문이다."(57쪽)

## 5) 가해자의 여성사

80년대 들어와서 페미니즘과 여성학이 성숙하면서, 일면적인 해방사관도 일면적인 억압사관도 아닌 '근대'의 여성이라는 의미를 양면적으로—해방적인 동시에 억압적으로도 작동했다—파악할 수 있게 되었다. 예를 들어 근대 초기의 가족형성사를 통해서, 산업화가 낳은 공사의 분리와 '가정성'(家庭性)의 성립은 여성을 사적 영역으로 격리·유폐시키는 동시에 '여자 방'의 여주인으로서 '노동으로부터 해방'이기도 하다는 것이 밝혀졌다. 지금은 여성에게 억압적으로 작동했다고 간주되는 빅토리아 시대의 이데올로기 아래서 역설적으로 가정적 페미니즘(domestic feminism)이 형성되었다. 당시 도무스(domus)의 여주인이 되는 것은 곧 여성의 지위상승을 의미했다. 가정적 페미니즘의 잔영은, 근대 일본의 여성사에도 영향을 끼친다. 메이지 이후 일관되게 일본 여성들에게서 '전업주부의 소망'을 찾아볼 수 있는데, 이는 결혼해서 '샐러리맨의 아내'가 되고픈 은폐된 계층상승 욕구의 발현이었다.

근대를 양쪽 측면에서 접근한다는 것은 여성사를 단순히 '피해자의 역사'로 보는 것이 아니라, 그와 동시에 '가해자의 역사'로도 본다는 시각으로 인도한다. 가토 미키요의 '후방의 역사' 연구(『女たちの '銃後'』, 1987)는 15년전쟁(1931년 만주사변부터 1945년 태평양전쟁까지를 말함—옮긴이)에서 여성대중들의 가해책임을 추궁한 역작이다. 소매 달린 하얀 앞치마를 걸치고 깃발을 흔들면서 병사들을 전장으로 내보냈던 서민여성들은 **자발적으로** 거기에 참가했다. 전쟁체험이 여성에게 일종의 '해방'으로도 작동했음을 일찍부터 지적한 사람은 무라카미 노부히코(『近代史のおんな』, 1980)이다. 국방부인회 활동이라는 이름 아래 농촌의 젊은 며느리들은 시어머니에게 꺼릴 것 없이 당당하게 바깥출입을 하는 자유를 획득했다. 여성들에게는 국방부인회 또한 명백한 '사회참가'의 한 가지 방법이었고, 그 속에서 당사자들은 활기 넘치게 활동에 매진했다고 무라카미는 증언한다.

스즈키 유코(鈴木裕子)의 『페미니즘과 전쟁』(1986)은, 이치카와 후사에(市川房枝)를 비롯한 여권확장운동의 지도자들이 역시 **자발적으로** 전쟁에 협력하는 과정을 묘사하면서 전쟁에 대한 페미니스트들의 책임을 묻는다. 메이지 헌법을 발포한 해를 "여성들이 참정권을 박탈당한 해"로 인식하는 이치가와에게 대정익찬회(大政翼贊會, 1940년 10월에 창립된 관제 국민조직─옮긴이) 또한 '여성 정치참여'의 한 가지 수단이자, 비원의 '부인참정권'을 향한 길이었다.

여성의 가해책임이라는 시각에서 일본 여성해방 사상사를 비판적으로 재검토하는 작업도 시작되었다. 젊은 여성사 연구가 야마시타 에쓰코(山下悅子)는 『다카무레 이쓰에론』(高群逸枝論, 1988a)을 통해서 전전(戰前)의 일본이 낳은 오리지널 페미니스트 사상가이자 민간여성사가 다카무레 이쓰에를 비판적으로 다루는 금기에 도전했다. 이 책에서 야마시타는 다카무레의 반근대주의가 개인주의를 부정하고 모성주의적 페미니즘으로 다가가면서 필연적으로 파시즘과 전쟁찬미로 나아가게 되었다고 말한다. 다카무레로 하여금 "이 전쟁은 우리 여성들의 전쟁이다"라고 말하게 한 사심 없는 모성주의는 서민여성들에게 어필했다. 그 다음 저서 『일본 여성해방사상의 기원』(1988b)에서 야마시타는 일본형 페미니즘에는 이 모성주의의 전통이 면면히 흐르며, 그것은 천황제 파시즘과 친화성을 가진다고 평한다. 전후(戰後)의 평화운동이나 어머니대회, 생협운동이나 반(反)원전운동에 이르기까지, 이 모성주의의 영향은 뿌리 깊다.

## 6) 문화의 역설

80년대 이후 여성의 상황은 양면성이 점점 더해진다. 오일쇼크 이후 15년 동안 일본은 산업구조를 전환하고, 경제의 정보화·서비스화로 여성고용의 기회가 대폭 확대되었다. 1983년에는 기혼여성 노동력 비율이 50%를 넘어서면서, 마침내 '겸업주부의 시대'로 들어섰다.

하지만 여성들의 직장진출 앞에는 저임금·불안정고용 등 여성노동의 주변화라는 현실이 놓여 있었다. '전업주부'에서 '겸업주부'로 바뀌면서 여성들에게는 '일 아니면 가정' 양자택일이 아니라, '일과 가정'이라는 이중역할이 강요되었다. 이 같은 이중노동=이중부담을 히구치 게이코(桶口惠子)는 '새로운 성별 역할분담'이라 부른다. 과거 폭군적인 남편의 지배 대신 이제는 빚과 자녀 교육비 같은 경제적 동기가 슬그머니(softly) 여성들을 옭아맨다.

한편 1985년에 고용기회균등법이 실시된 이후, 직장에서 '남성과 같은 수준의 평등'을 요구하는 여성들도 등장한다. '낙후된 근대인'으로 뒤늦게 산업사회의 직업윤리에 뛰어든 일하는 여성들은, 피로한 기색이 역력한 남성들을 대신해서 그들 이상으로 직업윤리에 충성을 맹세하기를 주저치 않는다. 1988년에 홍콩 출신의 가수 아그네스 챤(Agnes Miling Kaneko Chan)이 자기 아이를 데리고 출근을 하자, 이를 둘러싸고 '국민적 대논쟁'이 벌어진다. 그리고 이 논쟁에서 일하는 엘리트 여성들은 대체로 아그네스에게 비판적인 모습을 보임으로써 역으로 이들 속에 오싱(100

년 전 입지전적 여성을 말함—옮긴이) 유형의 직업윤리가 살아남아 있음을 확인시켜 주었다.

흥미로운 것은 80년대 일본의 '탈근대적' 상황이 모든 '근대적' 가치들을 시대착오처럼 보이게 하면서 '전근대적' 문화전통의 가치를 다시 부상시켰다는 점이다. 가령 아그네스 챤은 TV방송국이라는 하이테크 미디어 세계에 자기 아이를 데리고 들어갔다. 수많은 논자들은 그녀가 "중국인이니까" 그렇게 했다고 말한다. 그녀는 자녀를 데리고 직장에 출근하는, 홍콩인들에게는 예사로운 습관을 TV방송국이라는 첨단을 달리는 직장에서 그대로 지켰을 뿐이며, 이런 상황적(context) 차이가 충격을 던졌다. 그녀가 다름 아닌 전통적인 '아시아의 어머니'이기 때문에 실행할 수 있었던 행동이었지만, 결과적으로는 시간단축이나 직장의 융통성을 요구하는 탈근대적인 지향과 일치하는 행위이기도 했던 것이다.

고도 성장기 이후 20년은 여성의 다양화와 분화가 촉진된 시기이다. 전업주부와 겸업주부, 풀타임과 파트타임 같은 근로방식의 차이는 여성을 하나의 집단으로 바라보는 시각을 허락지 않는다. 동일한 현상에서도, 이런 측면에서 보면 여성이 피해자이지만 또 다른 측면에서 보면 수혜자이기도 하다. 예를 들어 전업주부로 머문 여성들은 한편으로는 '도태된 존재'이지만, 또 한편으로는 시간자원 측면에서는 가장 혜택을 받은, 일본 경제번영의 최대 수혜자이기도 하다. 우에노는 간사이(關西) 지역의 주부 풀뿌리 네트워크에 관한 조사를 바탕으로 해서 『'여연'이 세상을 바꾼다』 ('女縁が世の中を変える, 1988)를 펴냈는데, 바야흐로 사회참여라는 이름

으로 엄청나게 터져나온 주부들의 에너지는 바로 이들의 시간적 · 경제적 여유의 산물이다. 가나이 요시코(金井淑子)가 '활동전업 주부'라고 탁월하게 명명한 이 여성들 상당수가 고학력에 경제적으로 상층계급에 속한다. 우에노가 '여연'(女緣)이라고 이름붙인 여성 조직망(networking)은 역설적으로 일본 사회의 뿌리 깊은 성차별의 부산물이기도 했다. 첫째로 **공정한** (decent) 취업기회에서 여성을 배제시키는 노동시장의 성차별, 둘째로 뿌리 깊은 성별 역할분담에 의한 남편의 장시간노동과 가정에서 부재, 셋째로 전통적인 분업형 부부의 상호 무관심 · 불간섭, 넷째로 남녀유별(男女有別, sex segregation) 문화전통 아래서 여성들의 '여성세계'로 격리— '여연'은 성차별 사회의 부산물이면서 동시에 그 수혜자이다. 사실 노동시간의 단축에 관한 조사를 보면, 성별 · 연령별 · 직업별 집단 모두에서 무직 주부층은 남편의 시간단축을 가장 환영하지 않는 층이기도 하다.

동시에 이것은 80년대 들어와서 선명하게 드러난 계층분화의 현실도 반영하고 있다. 당연히 '뒤처져' 있어야 할 전업주부층이 사실은 높은 경제계층에 속하고, '앞서고' 있어야 할 직장 다니는 주부는 기실 생계보조를 위해 일해야 하는 저소득계층에 속한다는 사실이 적나라하게 드러났다. 이 지점에서 다시, 젊은 여성들의 보수회귀라 일컬어지는 새로운 '전업주부 지향'에 계층상승의 욕망이 잠재되어 있음을 확인할 수 있다.

또 고령화는 도시지역에 3세대동거나 모계동거를 포함한 선택적 동거를 촉진한다. 흔히 여성의 취업유지는 높은 비율의 3세대동거에 의해 지탱되고 있다. 여기서도 여성의 경력(career) 지향을 전통적인 가족제도가 떠받쳐주고 있는 역설을 볼 수 있다.

무엇이 근대이고, 무엇이 반(反)근대, 탈(脫)근대인가 하는 것은 점점 더 착종되어 가고 있다. 여성에게 근대나 탈근대가 억압적인지 해방적인지, 역시 한쪽 측면만 보고 판단하기 어려워지고 있다. 전통적인 문화항목은 그것이 놓여 있는 맥락(context)에 따라서 긍정적으로 작용하기도 하고 부정적으로도 작용한다. 그와 같은 것을 역사적인 맥락에 따라서 치밀하게 검토하고자 하는 여성사 '각론'(各論)의 시대가 이제 겨우 시작되었을 뿐이다.

### 7) 포스트모던파 대 유물론자

80년대 이후 페미니즘의 세계적 조류는 문예비평과 미디어 비판 같은 문화비판에 집중되었다. 이것은 근대적 '개인' '주체성' 개념을 의심하고 해체하는 포스트모던적인 담론을 배경으로 하며, 무성(無性)의—그리고 실제로는 남성적인— '개인' 개념에 대항해서 여성성이나 모성의 가치를 부각시켰다. 프랑스의 포스트모던 페미니스트 이리가레는 '남성이 만든 언어'(man-made language)의 주술로부터 사고를 해방시키기 위해 '여성적 글쓰기'(écriture féminine)를 제안했다(Irigaray 1977. イリガライ 1987).

그 배경으로는 첫째 70년대 페미니즘의 담당자가 80년대 들어와 출산의 생리적 기한(time-limit)이 다되어 모성에 직면할 수밖에 없었던 점, 둘째로 남성사회에 대한 실망에서 레즈비언을 비롯한 분리파가 대두하여 페미니즘 운동과 이론의 주도권을 잡은 점, 셋째로 학계에 여성학 '시장' 이 형성되면서 주로 문학·심리학 등의 분야에서 괄목할 만한 논문이 생산된 점, 넷째로 70~80년대의 경기후퇴기와 경제재편성을 거치면서 정치적 보수화(예를 들어 레이거노믹스, 대처의 혁명)와 그 아래서의 페미니즘 퇴조로 제도적인 사회변혁에 대한 희망을 잃었다는 점 등을 들 수 있다. 미국에서는 1982년 ERA(수정헌법 남녀평등조항)운동이 패배하고, 일본에서는 1985년에 제정된 고용기회균등법이 대다수 여성단체의 기대를 저버리는 결말로 막을 내렸다.

문화파의 포스트모던적인 담론에 초조함을 감추지 못한 것은 유물론적 페미니스트들이다. 린 시갈, 크리스티안 델피 같은 마르크스주의 페미니스트들은 여성해방은 '문화혁명'이 아니라 하부구조의 제도적인 변혁을 통해서만 실현된다고 본다. 하지만 고전적 사회주의 여성해방론이 '노동자계급 해방'을 '여성해방'과 등치시켰다면, 제2기 페미니즘을 경험한 마르크스주의 페미니즘은 여성억압의 물리적 기반인 가사노동을 남편이 담당하는 것, 즉 가부장제의 폐지를 지향한다. 자본제하의 비자본제적 노동, 다시 말해 가사노동의 발견은 마르크스주의 페미니즘에 힘입은 바 컸다(上野 1990a). 따라서 지불되지 않는 가사노동이 존재하는 한, 사회주의 사회에도 가부장제는 존속한다.

마르크스주의 페미니즘이 볼 때 페미니스트 혁명의 주요 목표는 가족과 그 내부의 양성관계, 세대간관계의 변혁인데, 자본제하의 가부장제는 자본제의 변모와 더불어 변화를 거듭한다. 첫째로 가사노동은 점점 상품화되어 그 실질적 내용을 상실했으며, 둘째로 여성은 이미 부분생산자=부분소비자로 바뀌고 있다. 이런 가사노동의 외부화는 단순히 여성이 집 안에서 해오던 일을 외부에서 하는 것에 불과한 시장 차원의 성별분업일 따름이라는 점, 동시에 여성노동을 주변부 노동시장으로 재편성함으로써 전지구적 차원에서 '노동의 주부화'(클라우디아 폰 베르호프)가 진행되고 있는 점, 이런 틀 속에서 가부장제는 재편되어 사라지기는커녕 여전히 '주요한 적'(델피)이라는 점 등이 이들 주장의 요지이다.

80년대 이후 국제화·탈공업화의 새로운 역사가 전개되면서 성·연령·계급·인종·국적과 같은 요소의 중요성이 새삼 커지고 있다. '근대'가 추상적인 '개인'으로 일단 해소시켰던 '전근대'적인 과거 회귀적 가치들이 '탈근대'라는 맥락 속에서 다시 부상한다. 근대적인 '성차'의 의미 또한 마찬가지로 근대 개념인 '국가'나 '개인'의 운명처럼 한계에 도달했다. 하지만 해소된 것이 아니다. 다른 모든 변수들과의 관계 속에서 새롭게 재편될 것이다.

* 이 글은 국제일본문화연구센터에서 한 강연 "세계 속의 일본 Ⅱ-7 여성이 보는 근대와 탈근대"(1989. 3. 17)의 원고를 수정·첨삭한 것이다.

# 제3부 가정학의 전개

1. 우메사오(梅棹) 가정학의 전개

2. 기술혁신과 가사노동

# 1. 우메사오(梅棹) 가정학의 전개

## 1) 우메사오 가정학의 기원

나는 『주부논쟁을 읽는다』 1 · 2를 편찬할 때 우메사오 타다오(梅棹忠夫)의 논문 세 편 ― 「여성과 문명」(女と文明), 「아내무용론」(妻無用論), 「어머니라는 이름의 마지막 카드」(母という名の切り札) ― 을 실었다. 그러면서 논문발표 당시 30대 중반이었던 소장파 문화인류학자가 왜 '가정론' '주부론'에 흥미를 가졌을까, 한동안 궁금했었다. 전후(戰後) 세 차례 진행되었던 이른바 '주부논쟁'(上野 1982b)은 주로 여성 논자들이 여성 독자들을 대상으로 여성지라는 무대에서 벌였던 '여성의 여성에 의한 여성을 위한 논쟁'이었다. '여성문제'는 오랫동안 출구를 찾지 못했고, 거기에 참여했던 남성들을 말할 것 같으면 직간접적으로 도전장을 던진 소수의 경제학자들을 제외하고는 여자들에게 설교를 늘어놓으려는 '부인과'의 단골논객에 지나지 않았다. 그중에서 우메사오는 명쾌한 논점으로 한층 돋보였다.

나의 이 궁금증은 주부논쟁이 있고 25년이 지난 1991년에 출판된 우메사오 타다오 저작집을 읽고 겨우 풀렸다. 우메사오는 '논쟁에 참가한' 경위에 대해, 당시 주부논쟁이 있다는 사실 자체를 몰랐거니와 파문을 일으키리라는 의식조차 없었다고 설명했다. "그때 나는 논쟁에 참여한다는 의식이 전혀 없었다. 누구의 말에 찬성 혹은 반대한다기보다 내가 생각한 것을 썼을 뿐이다. 그러나 우에노 씨가 정리해서 펴낸 『논쟁』의 과정을 보면, 많은 사람들이 내 논고를 비판하거나 언급하고 있다. 나도 모르는 사이에 논쟁에 휘말려 있었던 것이다."(梅棹 1991, 132~33쪽)

우메사오를 『부인공론』(婦人公論)에 끌어들인 것은, 그의 증언에 따르면 당시 "명콤비 사이구사 사에코(三枝佐枝子) 편집장과 다카라다 마사미치(宝田正道) 차장"(같은 책, 4쪽)이었다. 논쟁을 의도하지 않았지만 "요구에 응하느라" "관심이 가는 대로" "쓰고 싶은 것을 썼을 뿐인데" 그것이 자연스럽게 논쟁이 되어버렸다는 것이 너무나 우메사오답다. 그만큼 그의 메시지는 당시 '사회통념'에서 파문을 일으켰다.

우메사오가 왜 주부논쟁에 휘말렸는지는 알겠지만, 그렇다 해도 그가 왜 '가정론' 영역에 발을 들여놓았을까 하는 '의문'은 여전히 남는다. 이시게 나오미치(石毛直道)가 '음식문화인류학'을 구상했을 때도 '남자'가 부엌을 드나드는 것에 대한 암묵적인 터부를 깨야만 했다. 학문의 세계는 공정하지도 객관적이지도 않다. 온갖 터부로 범벅이 되어 있다. 실제로 내가 어떤 남자 연구자와 음식문화 프로젝트를 공동으로 진행했을 때, 이런 일은 정말이지 남자인 자기가 할 영역이 아니라면서 '여자의 영역'에 발을 들여놓은 데 대한 변명을 끝없이 늘어놓는 통에 괴로웠던 경험이 있다.

우메사오의 기록에 의하면, 그가 "처음으로 여성문제를 문명론 측면에서 다룬 것"(같은 책, 8쪽)은 1957년이라고 한다. 그에 앞서 1955년에 교토대학 카라코람(Karakoram)·힌두쿠시(Hindu Kush) 학술탐험대원으로 아프가니스탄과 파키스탄, 인도를 방문한다. 인류학자는 대상민족의 생활문화에 세밀한 관심을 기울인다. 특히 외부인인 인류학자는 생활문화 속의 젠더 장벽을 쉽게 뛰어넘는다.[1]

나에게는… 부엌에 관한 잊을 수 없는 이미지가 몇 가지 있다. 일본에서는 남의 집 부엌에 들어갈 수 없기 때문에 오히려 아는 게 없었지만, 외국에서는 인류학자라는 특권으로 몇몇 이민족 가정의 부엌을 들여다볼 수 있었는데 그때 받은 이미지들이다. (같은 책 10쪽)

이런 관찰을 통해 우메사오는 「아프가니스탄 여성들」(1956), 「여성의 지리학」(1957), 「타이 여성들」(1958) 등 비교문화적인 여성론·가정론을 줄곧 집필했으므로, 같은 시선이 일본 가정으로 향했다고 해서 이상할 건 없다. 이(異)문화를 거쳐서 재발견된 일본 생활문화에 관한, 애당초 비교문명사적 시선이었다. 또한 같은 시기에 우메사오는 생활인으로서도 '가정 만들기' 실천자였다. 직업적인 「지적 생산의 기술」(1969)에서 상당한 실천적 능력을 발휘한 우메사오가 생활기술에서 무능하리라고는 생각되지 않는다. 가정을 꾸리고 아이를 낳고 생활인으로서 가정을 만들어나갔던 우메사오에게 삶은 참으로 안성맞춤인 현장연구(fieldwork)의 장이었다.

이런 개인사적인 배경에 더해 사회사적인 배경을 살펴보면, 우메사오가 가정론을 잇따라 발표했던 1950년대 후반은 부엌의 에너지 혁명과 가정의 전력화가 급속도로 진행된 기술혁신의 시대였다. 이는 생활인 우메사오에게 생활혁명을 실천할 수 있는 장을 제공했을 뿐 아니라 사색자인 그에게 더없는 문명사적 사고실험의 필드를 제공했다. 따라서 지금 다시 읽어도 우메사오의 적확한 예측력에 대해서는 새삼 감탄할 때가 많다. 예를 들어 1959년 『아사히신문』에 연재된 「새로운 가정 만들기」에는 다음과 같은 예측이 있다.

현 상태에서 본다면 이것은 가당치도 않은 꿈만 같은 이야기지만, 앞으로 몇 년 내에 구체화될 것이다. 머지않아 중간급 샐러리맨이 자동차로 출퇴근하는 것이 지극히 평범한 일이 될 것이다. 이미 그 징후는 충분히 나타나고 있다. 국민차 생산도 시작됐고 싼 중고차도 대량으로 유통될 것이 틀림없다. 누구나 자동차를 살 수 있게 될 것이다. (같은 책, 190~91쪽)

그러므로 "새 집을 마련할 때는 반드시 차고를 염두에 두고 앞으로의 계획을 세워야 할 것이다"라고 예측한다. 일본의 자동차 보급이 60년대 후반에, 그것도 일본의 열악한 도로사정과 주택상황에 상관없이 수많은 전문가들의 예측을 뒤엎고 진행되었던 것을 생각하면, 50년대 당시 우메사오의 예측은 놀랄 만큼 적중하고 있다.

가사의 상품화에 대해서도 당시 우메사오는 이미 이런 예상을 했다.

가족들이 입는 옷을 가정에서 주부가 직접 만드는 것은 지극히 원시적인 방
식이다. 옷 같은 것은 기성품을 사거나 전문가에게 맡겨야 한다. 자급자족
체제는 어리석은 것이다. …앞으로는 여자들이 재봉일 따위는 하지 않아도
된다. 기성품 중에서 자신에게 어울리는 옷을 고르는 센스만 있다면 그걸로
충분하지 않은가. (같은 책, 193쪽)

기성품 시대의 개막을 알린 잡지 『앙앙』(アンアン)이 창간된 것은 1970
년. 패션 페이지의 전체 지면을 기성품과 상품정보(판매장소와 판매가격)
로 채웠다. 60년대까지 여성지의 복식란이 옷 샘플과 '만드는 방법'에 관
한 정보로 채워졌던 것을 생각해 보면, 1959년 그의 예측은 얼마나 빠른
가. 이 예측은 재봉능력을 신붓감의 필수과목으로 여겼던 당시 사람들의
생각과 정반대였다. 시대를 앞서갔지만 지나치게 빨랐던 탓인지, 의도치
않은 도발적인 발언들을 한 것이 되어버린 우메사오 논문의 성격은 여기
서도 드러난다.

그와 동시에 우마사오를 주부논쟁에 '끌어들인' 『부부공론』 편집자의
존재를 되짚지 않을 수 없다. 이 이단의 가정론—지나치게 정통적인 논의
는 그 시대의 맥락 속에서 이따금 이단으로 비친다—을 우마사오에게 쓰
게 한 배후조정자, 산파역의 편집자가 없었다면 '우마사오 가정학'은 이
세상에 나오지 못했을 것이기 때문이다.

## 2) 우메사오 가정학의 특징

'우메사오 가정학'에는 다음 네 가지 특징이 있다.

첫째, '가정'을 (생활) 기술과 도구를 인프라로 해서 조직한 하나의 장치계(裝置界, system)로 보는 문명사적인 시각이다. 이 건조한 즉물적 시각에 의해 가정은 가치나 정서로 오염된 습도 높은 '가족' 개념에서 멀어진다. 오히려 가족의 인간관계나 제도가 인프라의 변화로부터 생겨난 종속변수라는 유물론적 관점이다.

둘째로, 성차를 그 역사=사회시스템의 고유변수로서 철저하게 상대화해서 파악하는 문화상대주의적 시각이다. '본질'론이나 '본능'론만큼 우메사오가 싫어하는 게 없다. 성차를 문화상대주의적으로 다루는 것은 비교문화를 연구하는 인류학자라면 당연하다는 견해도 있지만, 성차를 자연스럽게 여기는 것이 이처럼 확고한 사회에서 우메사오만큼 '자명함'으로부터 자유로운 정신도 드물다. 그렇지만 이것은 근대주의적인 인권의식이나 휴머니즘으로부터도 가치중립적(value-free)이다. 일정한 문화 시스템에서 이 정도로 깨어난 시선은 동시대의 인류학자 가운데서도 매우 드물다.

셋째로, 문명사적인 시간 폭과 그로부터 나오는 경이적인 예측력이다. 특히 사회현상의 '유행'에 민감한 사회학자의 눈으로 볼 때, 사회학자가 다루는 시간 폭이 기껏해야 10년 혹은 100년 단위라면 인류학자의 사정거리는 1천 년에서 1만 년 단위의 기간을 포괄한다는 사실에 감탄하게 된다. 아날학파(école des Annales)의 사회사에서 말하는 '장기지속'(la longue durée) 개념조차도 그 파동길이는 겨우 300~400년이었다. 300년의 '지속'은 그 기간을 살고 있는 사람에게는 거의 '불역'(不易)으로 여겨진다. 우메사오는 그것을 뛰어넘어서 문명사의 흥망을 혜안으로 바라보았다. 그의 시대예측은 시간 폭이 긴 문명사의 장기파동이 뒷받침된 확실성을 지니고 있다.

마지막으로 지적하고 싶은 것은 우메사오의 문명사적 허무주의라고도 일컬을 만한 시각이다. 그의 철저한 문화상대주의는 합리주의로 잘못 보기 십상이다. 하지만 그는 근대주의적인 계몽적 이성의 소유자가 아닐 뿐더러 발전단계설 같은 역사주의에도 해당되지 않는다. 미래학자의 낙관주의도 공유하지 않는다. 그의 시선은 합리주의적이라고 하기에는 너무 깨어 있다. 진보를 믿지 않으며 인간이 불합리한 생물체라는 것을 인식하고 있다. 인류사는 이성과 조화의 역사이기는커녕 인류의 어리석음과 파괴로 가득 차 있다. 그렇다고 해서 염세주의나 예언자의 로맨티시즘에 함몰되어 있지도 않다. 그저 있는 그대로 보고 판단하는 눈을 허무주의라는 말 외에 달리 뭐라 불러야 좋을지. 문명사가 그에게 부여한 시선은 조감(鳥瞰)이라기보다는 우주선에서 바라보는 것 같다고 표현할 수밖에 없는 거대한 지점에 서 있다.

그의 논고에 입각해 이상의 네 가지 사항을 살펴보자.

## 3) 시스템으로서 가정

'우메사오 가정학'의 특징은 "가정을 하나의 시스템으로 파악하는 사고체계"(같은 책 322쪽)이다. '물질계' '에너지계' '정보계'의 세 가지 측면이 있으며, 덧붙여 '안정계'와 '변동계'라는 두 개의 상이 있다.

이렇게 교과서적으로 쓴다면 시스템론을 가정에다 응용한 것에 불과하다고 여길지도 모르겠으나, '애정'이라는 이름으로 봉인된 '가정'을 분석적 시선으로 들여다보기까지는 1970년대의 가족사회사나 페미니즘의 영향을 기다려야 했다. 현재 '가정생활을 중심으로 한 종합과학'이라 일컬어지는 가정학이 기존의 개별과학 속에서 영역을 세분화해 가는 현상을 보면, 우메사오의 제창 이후에도 여전히 '가정학'은 자리 잡지 못하고 있다.

가정을 물질·에너지·정보라는 '대사계'(플로, flow)와 '애정계'(스톡, stock)로 본다면, 이를 위한 인프라인 장치계(기술·도구·기계)가 바뀌면 인간의 행동이나 관계가 바뀐다. 그 역은 아니다. 이 명쾌한 유물론(materialism)은 수많은 문화론이나 의식혁명론을 공격한다. 예를 들어 우메사오는 주부 신분의 근거를, 기술혁신이 가져온 가사 생력화(省力化)에 의한 주부 신분의 성립과 이를 보증하는 '위장노동'—필요를 넘어선 높은 수준의 가사노동—에서 찾는다. 기술혁신은 맨 먼저 가사도우미를 가정에서 몰아냈다. 그리고 주부는 가정 내 주권[2] 확립을 위해 위장노동으로써 남자의 가사참여도 막았다.

기술혁신과 인프라 수준이 가정 내 성별분업을 규정한다는 가설은 다음과 같은 사실로도 뒷받침된다. 중국에서는 가사도우미를 구하기 어렵고 가사 생력화를 위한 시스템이 보급되어 있지 않다. 이런 곳에서는 무거운 가사노동 부담 때문에 필요에 의해서 남편이 가사에 참여하게 된다. 반대로 가사 생력화가 완전히 진행된 미국에서는 가사노동의 기술수준이 '보통남자'에 맞게 낮아지기 때문에 여기서도 역시 남편의 가사참여가 이루어진다.

그렇다면 배타적인 주부노동 — '주부가 하는 노동'이지 '가사노동'이 아니다—은 가사의 기술혁신 수준이 중국처럼 낮은 수준에서부터 미국처럼 높은 수준에 이르기까지 과도기적인 단계의 문명사적 산물에 불과하다는 결론이 나온다. 일본의 '주부논쟁'이 '주부노동 논쟁'이지 '가사노동 논쟁'이 아니었던 역사적 이유는 이렇게 살펴보면 납득이 간다.

동시에 우메사오는 "가사는 없을수록 좋다"는 문명사적 예언을 하면서, 단순히 가사생력화론이나 가사합리화론을 주장하지 않는다. 가정이 '버리려야 버릴 수 없는 물건'의 저장소로서 '애착계' 요소를 지녔다는 점이라든가 가사 생력화에 저항하고 있는 것은 사실 주부라는 '비합리적 요소'의 지적도 잊지 않는다. 궁극적인 가사 생력화가 실현되는 날에는 다시 남아도는 시간을 메우기 위해 가사가 '취미'가 될 것이라는 예측까지 한다.

뛰어난 적중률을 보이는 우메사오의 여러 가지 예측 중에서 유일하게 틀린 예측은 가사 생력화 기기의 다음 수요는 자동 식기세척기라고 말한 것인데, 그 또한 일본 주부들이 식기세척기에 적합한 수준으로 식생활을 '합리화'하려고 들지 않았기 때문이다. 일본과 서양의 조화와 다양한 식단, 도기 · 자기 · 칠기 등 다양한 재질과 형태의 식기류를 다목적 접시로 규격화하려는 발상은 오늘날 일본 주부들로부터 지지를 받지 못했다. 다시 말해 자동 식기세척기가 다양성 있는 음식문화에 대응할 수 없는 낮은 기술수준에 머물러 있었다고 표현할 수도 있다. 우메사오가 말한 것처럼 "요리는 생활의 합리화가 아니라 실은 원래 다분히 취미적인 노동이다"(같은 책, 177쪽). 그리고 이 말에서도 확실히 알 수 있듯이 우메사오는 '생활의 합리화'를 반드시 지지한 것은 아니다.

### 4) 우메사오의 성차(gender)론

"여자는 무엇인가. 여자의 에너지를 생각해 보면, 그 총량은 남자와 크게 다르지 않다. 혹은 남자를 능가할 정도의 에너지를 가지고 있다"(같은 책, 144쪽)고 우메사오는 밝힌다. 또 "지적 능력에 남녀차이는 없거니와 관리능력이나 조정능력도 그렇다"(같은 책, 139쪽)는 말도 한다. 고용기회균등법이 실시된 뒤로 지금은 당연시되어 버린 이러한 견해─수면 아래서는 괴로워해도 적어도 겉으로 드러내서 말하는 것은 꺼리게 되었다─도 1920년 태생의 남자 입에서 1963년에 나왔다는 사실 자체가 이례적이다. "남자도 여자도 완전히 동등한 인간이라는 전제"(같은 책, 80쪽)는 우메사오의 내면에서 어떻게 형성되었을까?

그는 '샐러리맨 아내의 약함'은 '봉건무사 아내의 약함' '횡적 분업이 아닌 종적 분업'에서 비롯되었다고 지적하면서 '아내의 창녀화' '아내의 애완동물(pet)화'를 우려한다. "성생활이 수반된 위안제공자"로서 아내의 존재방식에 "심한 비인간성을 느낀다"(같은 책, 67쪽)거나 "자기 인생을 잃어버리고" "어머니의 입장에 매몰되어서 살아가야 하는 추세를 슬퍼하며 바라보기"도 한다.

그는 여성해방론자, 휴머니스트일까? 그가 인정하듯이 "사회적 측면에서 보수적인 사고에는 남녀의 본질적 차이가 강조되는 경향이 많다"(같은 책, 154쪽)는 발언을 고려하면, 우메사오의 젠더관은 확실히 이 세대와 시대에서는 상당히 평등주의적인 편이다. 그러나 우메사오가 이러한 견해를 가졌던 것도 철저하게 문명사적 · 문화적 상대주의 시각이다.

"나는 남녀의 본질 차를 말하는 것이 아니다. 역사상 남녀의 역할을 논하고 있다."(같은 책, 155쪽)

그리고 그 관점에서 생물학적 성차(性差, gender)론을 배척하고—"여자의 특권은 임신과 분만까지이고 그후는 여자만의 일이 아니다"(같은 책, 74쪽)—모성애 본능설을 부정한다—"모성애야말로 본능적인 감성인데 과연 변하겠느냐고 반문할지 모르겠지만 실은 그러한 견해야말로 새 시대의 산물이다"(같은 책, 77쪽). 60년대의 래디컬 페미니즘을 거치고 바덴텔의 『플러스 러브』(バダンテール 1981) 같은 모성애의 사회사적 연구가 진행된 뒤로는 페미니즘 영역에서 공인된 이런 젠더관—물론 페미니즘 그룹 밖에서는 지금도 공감을 얻지 못한다—을 1959년에 남자가 발언했다는 사실은 놀랄 만한 일이다. 이와 함께 이 발언이 당시 독자들에게 이해와 공감을 얻지 못했으리라는 것도 상상하기 어렵지 않다. 그만큼 50년대에는 이 담론

이 돌출적이었다. "아내 무용론" "어머니라는 이름의 마지막 카드" 같은 도전적인 제목을 붙인 데서도 상식을 거스르는 저자의 자각과 자부가 느껴진다.

우메사오는 1959년 시점에 "여자여, 아내를 그만두라" "주부를 그만두세요"라는 처방을 제시하면서, 이미 남녀관계의 미래에 대해 다음과 같은 예측을 한다.

> 여자의 남성화라고 하면 말이 지나칠지 모르겠으나 남자와 여자의 사회적 동질화 현상은 무시하기 어려울 것이다. 앞으로의 결혼생활은 사회적으로 동질화된 남자와 여자의 공동생활이라는 지점으로 점차 접근해 가지 않을까. (梅棹 앞의 책, 68쪽)

1989년에 우메사오는 이 문장을 인용하면서 "정말 나의 예언은 적중했다"며 자부한다. 하지만 그것은 페미니즘의 움직임이나 '여성파워' 탓이 아니다. 이런 것들은 원인이 아니라 결과에 불과하다. 탈공업화가 성차를 최소화했던 것이다. 우메사오는 어디까지나 문명사적 접근을 벗어나지 않는다.

> 여성파워의 기복도 인간·장치·제도계라는 큰 틀 속에서 이해해야지, 단순히 남녀의 관계나 대립으로만 다루어서는 안 된다. (같은 책, 138쪽)

또 1959년에는 태국기행을 쓰면서 이런 '가설'을 제기한다.

우리 문화는 성차를 특히 중요하게 의식하며 발전해 온 문화다. 근대의 여성
해방은 이런 성의 문화적 차별을 극복하는 과정에 불과한 게 아닐까. (같은
책, 40쪽)

근대사상으로서의 페미니즘 내력을 그의 방법론으로 분석하다 보면,
그 속에서 활동해 온 나 같은 페미니스트는 그저 역사의 단면에 지나지 않
았던 것 같아 안타까울 따름이다.

### 5) 문명사적 변동론

희대의 트렌드 전문가(trend watcher)인 우메사오가 80년대 트렌드 붐의
주역들과 크게 다른 점은, 사소한 현상의 물마루를 가지고 시간 폭이 짧은
예측을 하는 것이 아니라 비교도 안 될 정도로 긴 시간 폭의 문명사적 파
동으로부터 논리적 추론이 가능한 예견을 한다는 데 있다. 변화의 '필연
성'이 그 배후에 있으므로 그의 예측은 개연성이 높고 빗나가지 않는다.
그 큰 변동은 '공업시대'에서 '정보시대'로 접어든 역사적 변화이다.
'탈공업화'의 첫번째 귀결은 '완력'에서 '지식능력'으로 전환한 것이다.
두번째는 그 결과로서 '성차의 극소화'이다. "공업시대는 남녀의 성차를
확대시키는 경향을 가지고 있었다. 그러나 정보산업 시대에는 그 차이가

최소화되어 나갈 것이다."(같은 책, 157쪽)

그는 '성차의 존재'라는 본질에 대해 논한 것이 아니다. '성차의 극소화'[3]는 '문명사적 추세'이므로 이 '역사적 필연'에 누구도 반론을 제기할 수 없을 뿐더러, 큰 틀에서 보면 그의 예측은 적중했다.

세번째는 생산에서 소비로 가치의 전환이다.

> 남성 역시 더 적극적인 소비자가 되어도 좋지 않을까. 극단적으로 말하면 극소수 사람만 생산자이고 대다수는 소비자이다. 혹은 다른 관점에서 보면, 인간은 지극히 짧은 시간 동안 생산자로 지낼 뿐 대부분의 생애를 소비자로서 생활한다고 해도 과언이 아니다. 그렇다면 소비자로서 여성의 존재는 새롭게 평가받아야만 한다. 인구의 반을 차지하는 여성들 대부분이 비생산자이므로 이미 인간 공통의 목표는 어느 정도 실현된 것이 아닐까. 근대 이후 생산 제일주의로 인해 소비는 악이라고 여기게 되었지만, 사실 근거 없는 생각이다. 아무 근거도 없이 무조건 생산에 가치를 부여했던 것 아닌가. (같은 책, 148쪽)

여기서는 공업시대의 '생산 남성'과 '소비 여성'이라는 성별분업과 탈공업화에 의한 '여성의 우위'라는 과도기의 역설, 남성의 여성화와 소비지향의 강화 등을 예견하고 있다.

네번째는 합리주의의 한계이다.

원래 합리주의는 공업시대 초기에 매우 효과적이고 효율적인 사고였다. 그러나 오늘날에 와서는 좋지 않은 점들이 많이 드러나고 있다. …애당초 합리주의적 발상법은 원리적인 결함을 지녔다. (같은 책, 108쪽)

우메사오는 "다양한 인간집단 중에서도 가족은 합리성과 가장 거리가 먼" 집단이라고 지적한다. "오히려 이런 비합리적인 면이야말로 소중히 여겨야 한다. …그와 같은 면(합리성에서 비롯된 인간소외)을 가정에 끌어들여서는 안 된다."(같은 책, 100쪽)

그는 단순한 합리주의자도 진보를 믿는 미래학자도 아니다. '합리성'이라는 근대의 '신앙'을 바라보는 냉소적인 시선이 있었기에, 그의 가정론은 인류사의 심층에 접근할 수 있었던 것이다.

## 6) 문명사적 허무주의

존경하는 친구 T씨는 후카사와 시치로(深澤七郎)의 『풍류몽담』(風流夢譚)과 우메사오 타다오(梅棹忠夫)의 『내가 사는 보람론』(わたしの生きがい論, 梅棹 1981)을 전후(戰後) 허무주의 사상의 백미로 꼽는다. 여기에 실려 있는 1970년의 강연 「미래사회와 사는 보람」에서 그는 문명사가 나아갈 방향을 이렇게 예견한다.

결국 지금 진행되고 있는 방향은 이런 것이 아닐까, 생각합니다. 자기 인생을 어떻게 망칠까 노력하는 거지요. 가능한 한 아무 일도 하지 말고 지내자, 쓸모 있는 방향으로는 나가지 말자는 식이랄까요.

아무것도 하지 말자. 물건을 만든다면 아무짝에도 소용없는 걸 만들자. 그러한 방향으로 조금씩 조금씩 움직이는 게 아닐까. 그저 낙관론에 지날지도 모르지만 나는 그 편이 좋다고 생각합니다. …만들면 만들수록, 쓸모 있으면 있을수록 우리는 큰 의미에서는 궁지에 몰리는 건 아닌지 — 이런 뜻이지요.

(같은 책, 140~41쪽)


'낙관적'이라 칭하는 우메사오의 문명관 이면에는 "진보하지 않고 그냥 놔두는 게 가능하다면 오히려 그 편이 나을지도 모른다. …문명은 다루기 곤란하다"(같은 책, 121쪽)는 페미니즘이 자리 잡고 있다.

그 속에서 개개인의 과제는 "죽을 때까지, 살아 있는 동안의 인생을 어떻게 망치면 좋을까"(같은 책, 141쪽)가 된다.

전후(戰後) 일본의 인류학을 하나의 학문분야로 키우고 국립민족학박물관이라는 총 15권의 거대한 저작집까지 낸 그의 입에서 이런 말이 나왔다고 하면, 믿지 않을 사람도 많을 것이다. 1970년 고도성장의 열기가 아직 수그러들지 않았을 때, 이미 문명과 인간의 미래를 이렇게까지 예리하게 인식한 그는 실로 지적 '괴물'이 아닐 수 없다. 그의 예견대로 그후 일본 경제는 워크맨이나 파미콘 등 '쓸모없는' 것들을 만들어냈고 버블경제의 번영 속에서 '헤이세이(平成) 귀족'을 방불케 하는 '고도의 소비계급'까지 창출했다. 한편 '유익한 것'을 개발해 온 선진국들은 첨단 무기나 메커니즘으로 바야흐로 지구를 파멸의 위기로 몰아가고 있다….

여성이나 가정에 대해서도 마찬가지 논조이다. 그는 "유리된 여성 에너지가 존재한다"고 지적하면서 이렇게 문제제기를 한다.

여성의 에너지는 생산적으로 쓰이지 않는다. …인류가 가진 에너지의 절반 가까이가 현재 헛되이 사용되거나 제대로 된 성과를 내지 못하고 있다. 왜 그럴까. (梅棹 1991, 146쪽)

이렇게 '유리된 에너지'는 "자녀를 (필요 이상으로) 치마폭에 감싸고 키운다거나" "정보를 소비하는" 쪽으로 흐를 뿐이다.

정보소비에 힘을 쏟은 탓에 일반가정의 여성들 지적 수준이 높다. 다만 이것은 말 그대로 정보의 소비로, 하릴없이 시간을 죽이고 무료함을 달래기 위한 심심풀이다. 생산적인 것이 아니다. 이를 생산적인 것으로 바꾸는 계기는 무엇일까. 그에 대해 심각히 고민해야 한다. 그러나 그에 앞서 여성의 에너지를 생산적인 방향으로 전환시키는 것이 과연 좋은지 그것이 문제이다. (같은 책, 147~48쪽)

답은 아니오이다. 그가 제시한 처방은 '꽃놀이하며 벌이는 술잔치'의 에너지 소비—여자들 사이에서 쓸모없는 활동으로 에너지를 소비하는 것—이다. 이것은 내가 이런저런 여성 풀뿌리 네트워크를 '터미널케어'—

죽을 때까지의 시간을 남에게 폐가 되지 않게 잘 소비하는 활동—라고 부르는 것과 일치한다.[4] 또한 "그렇게 사는 것이 이상적인 삶" "여성은 인생의 꿈을 선취하고 있다"고 말한다. 그러면서 여성들에게 정보소비 활동의 전문가로서 귀족처럼 "돌변해서 착취자가 되라"(같은 책, 131쪽)고 권한다.

정말 그럴까. 귀족은 농노를 착취했지만, 주부는 도대체 누구를 '착취'하면 좋을까. 주부의 권력이 남편권력하의 '제한된 주권'에 불과하다는 사실을 익히 알고 있는 그가 여자에게 "태도를 완전히 바꾸기를 권하는" 것은 기만이 아닐까. 그는 여자의 '적'일까 '아군'일까?

그 어느 쪽도 아니다. 다만 그는 희대의 문명사적 관찰자라 해야 할 것이다. 그의 예측 가운데 몇 가지는 유보해 두어야 할 부분도 있다. 예를 들어 소비활동을 지탱해 주는 인프라는 결국 아내에게는 남편이, 일본에 대해서는 제3세계가 제공한다. 생산활동은 '일부 소수'에 집중되기보다는 열악한 조건에서 일하는 수많은 제3세계 사람들에게 집중되었다. 그에게는 남북격차에 대한 시각이 없다는 비판도 아주 틀린 말은 아니다.

혹은 여성들은 '소비전문가'에서 이미 벗어나 생산자 쪽으로 진입하고 있는 것 또한 사실이다. 적어도 대다수 여자들이 부분생산자·부분소비자로 바뀌고 있다.

최대로 '여성의 적'이 된 육아에 관한 우메사오의 논의만 살펴보더라도, 근대는 '육아노동' 전체를 경멸했지만 핵가족이 고립되고 공동체 육아가 붕괴하면서 오히려 모성에게만 육아부담이 집중되었다는 발견도 있다. "요즈음은 남자가 혼자 살면 아내가 있는 것보다 비용이 많이 든다"는 지적 역시 아내의 '무임금 노동'이 남성의 생산노동의 재생산비용을 떠받쳐주고 있다는 여성학의 주장과 일치한다.[5] 70년대에 여성해방운동과 여성학이 축적되면서, 그의 분석이나 예측 가운데 타당한 것도 있고 또 '역사적 한계'를 보여주는 것도 있음이 드러난다. 그럼에도 그 예견의 넓은 범위에 대해서는 감탄하지 않을 수 없다.

말할 나위 없이 그의 예견은, 여성을 존중하는 자신의 마음을 역사적 필연으로 능란하게 표현하는 세련된 함축과 문명사의 암담한 미래를 고의로 '낙관주의'로 착각하게 만드는 번득이는 역설로 가득 차 있다. 여기서 우리는 희대의 문명사 '관찰자'가 반드시 밝다고는 할 수 없는 문명의 미래를 응시하는 데 주목해야 할 것이다. 그리고 이 '지적 괴물'이 다른 문명영역을 대할 때와 똑같은 투철한 시선으로 '여성과 어린이들의 영역'인 '가정'을 바라본 그 공헌을 기뻐해야 할 것이다.


[ 주 ]

1) 인류학자는 가끔 필드에서 외부인으로서 젠더를 뛰어넘는 경우가 있다. 성별격차가 심한 사회라도 남성 연구자가 '여자의 영역'에 들어가는 것이 허용되는가 하면, 여성 연구자는 '명예남성'으로 '남자의 영역'에 참여할 수 있다.
2) 우메사오는 주부권이 '의외로 제한된 주권'이라는 것, 남편과 아내의 분업이 '횡적 분업이 아닌 종적 분업'이라는 점에 대한 지적도 잊지 않는다.
3) 성차를 둘러싼 최소화주의자(minimalist)와 최대화주의자(maximalist)의 대립은 80년대 페미

니즘에서 큰 쟁점이었다. "성차가 존재하는가"라는 본질론은 제쳐놓고 "성차가 (역사적으로) 어떻게 나타나는가"라는 질문을 던지면, 이런 무익한 대립은 피할 수 있을 것이다(シュルロ& チボー 編 1983).

4) 여성학 연구자 가나이 요시코(金井淑子)는 그들을 가사전업이 아니라 '활동전업 주부'라 불렀다. 여성들의 풀뿌리 네트워크 활동(女緣)에 관해서는 上野・電通ネットワーク研究會 1988 참조.

5) 여성의 무노동임금에 관해서는 上野 1990a 참조.

# 2. 기술혁신과 가사노동

## 1) 가사노동의 역사

가사노동이 오늘날 알려진 것처럼 '가정에서 이루어지는 무상의 노동'이
된 역사는 그리 오래되지 않았다. 공업화 이전의 사회에서는 일련의 생산
노동에서 가사노동을 구별해 내기 어려웠고, 또 일부 가사노동은 일찍이
서비스 상품으로 외부화가 되었다. 역사상 최초의 가사서비스 상품은 시
장에서 판매되는 완전조리 식품이라는 것은 이미 알려진 사실이다. 가사
노동(domestic labor)의 정의가 문자 그대로 세대(domus) 내부에서 이루어
지는 노동이라 한다면, 이런 유의 노동이 세대 내부의 것으로 되어버린 역
사는 짧다. 가사노동은 세대 안팎에 다 존재해 왔다.

초기의 가사서비스 노동자로는 세탁부, 유모, 빵가게 등이 있었다. 세탁
부는 밑천 없는 가난한 과부들이 맨 처음 발을 들여놓을 수 있는 현금수입
의 기회였다. 18세기 파리에서는 어린아이의 20%가 다른 집에 수양자식
으로 갔다고 한다. 중요한 생산노동력인 빵집 여주인에게 육아는 우선순

위가 낮은, 그래서 다른 사람에게 맡길 수 있는 노동이었다. 게다가 가사가 대체로 단순한 작업이었기 때문에 세대 내에 가사전업자가 있을 필요는 없었다.

귀족이나 부유층은 세대 내에 가사도우미를 두었다. 근대화 초기에 도시중간층이 형성되면서 그와 더불어 가사도우미는 급격하게 늘어났다. 가사도우미는 대개 고용계약을 맺지 않았으며 또 입소문이나 지연·혈연을 통해서 구했기 때문에 노동시장이 형성되기 어려웠고 공장노동자처럼 통계화하기도 쉽지 않았다. 그러나 오늘날 급속한 도시화를 경험한 아시아나 아프리카의 사례를 보면, 근대화에 의해 농촌에서 도시로 이동한 인구의 상당 부분이 가사도우미가 된다는 것을 알 수 있다. 이 점은 전전(戰前)의 일본에도 해당된다. 밖으로 더부살이하러 가는 가난한 농가의 딸에게는 그 출신계층이나 경제상황에 따라 대략 세 가지 형태의 일자리—공장노동자, 식모·유모, 하녀—가 있었다. 이 가운데 공장노동자의 임금수준이 상승함에 따라, 하녀의 공급부족 현상이 일어나게 된다.

전전의 도시중간층 세대는 나쓰메 소세키(夏目漱石)처럼 형편이 어려우면서도 하녀 한두 명은 두었다고 한다. 다이쇼(大正) 시기의 전형적인 봉급생활자 주택인 건평 60제곱미터 정도의 헤이케(平家) 복도식 주택[1]에도 '현관 옆에 다다미 석 장이 깔린' 하녀 방이 있었다. 주택의 크기와 가사도우미의 유무는 직접적인 관계가 없었다. 오히려 가사도우미의 임금수준과 고용주의 수입 격차가 문제가 된다.

'주부'라는 말은 어원적으로 유럽어나 일본어에서도 '집안의 여주인'을

의미한다.[2] 주부의 자격은 가장의 아내인 동시에 부엌일을 하는 하녀나 친척여자를 수하에 거느리고 그들을 부리는 집안살림[家政]의 지휘감독권을 지녀야 한다. 그러나 도시화와 핵가족화가 진행되는 과정에서, 주부의 대중화(와 지위 저하)가 이루어진다. 핵가족의 주부는 하녀를 잃었을 뿐만 아니라 확대가족 속에서 거느렸던 다른 성인여자들도 없어졌다. 이제는 가족 중 유일한 성인여성 구성원이 된 주부의 어깨에 모든 가사노동이 매달려 있다. 이렇게 해서 세대 내의 가사전업자로서의 주부가 형성된다. 앤 오클리(Ann Oakley) 식으로 말하면, 주부는 "가사도우미를 잃은 가장(家長)의 아내"인 것이다(Oakley 1974. オークレ― 1986).

따라서 가사노동과 주부노동은 다르다. 주부노동은 주부가 하는 노동이지만, 가사노동은 반드시 주부가 한다고 볼 수는 없다. 주부노동은 주부(=도시고용자 핵가족의 가사전업 아내)가 생겨나면서, 성립되었다. 가사노동(바꿔 말해 '직접적 소비를 위한 노동')과 다른 생산노동을 구별하기 어렵지만, 여기서는 크리스틴 델피(Christine Delphy)가 말하는 "가사노동의 도시적 기준(urban criteria)"을 적용한다(Delphy 1984). 즉 도시의 주부가 형성되면서 주부가 하는 노동의 범위를 나중에 '가사'라고 이름 붙이게 된 것이다.

## 2) 기술혁신과 부엌의 에너지혁명

가사노동의 정의가 역사적이고 그 범위가 변화한다면, 세대구조의 변화나 기술수준에 따라서도 그 내용이 크게 바뀐다. 세대를 인간과 기술이 접속 (interface)하는 일종의 시스템이라고 볼 때, 세대 외부에서 진행되는 기술 혁신이 세대 내부에도 영향을 끼치지 않을 리 없다.

기술혁신이 생산기계에 적용되면서 산업혁명이 일어났지만 그후에도 한참 동안 가사노동은 아궁이에 불을 때는 수준에 머물러 있었다. 가사노 동에 큰 변화가 일어난 것은 첫째 수도의 보급, 둘째 가스·전기 같은 클 린 에너지 도입에 의한 부엌의 에너지혁명, 셋째 기술혁신이 생산재에서 소비재로까지 파급되면서 가정용 전기제품 같은 내구소비재가 비교적 싼 값에 공급되고부터이다. 이런 변화는 가옥구조를 바꾸어놓고 가족의 지위 =역할관계에까지 영향을 끼쳤다.

미국은 제1차 세계대전 후, 1930년대부터 이미 가정의 전력화가 진행 되었다. 스트라서(Strasser)가 쓴 『끝없는 일』이라는 제하의 미국 가사노동 역사를 보면, 1935년에는 "클리블랜드 가정의 95%가 가스 또는 전기 레 인지를 사용하고 있었다"(Strasser 1982, p. 264). 일본에서도 다이쇼 시기에 이 미 가스레인지와 개수대가 갖추어진 입식부엌이 새로운 도시주택에 선보 였지만, 극히 한정된 범위에서만 보급되었다. 대부분의 도시주택에서는 복도식 토방의 아궁이에 새로 부설된 가스관을 설치해서 사용했으며, 국 민 대다수를 차지하는 농가세대에서는 여전히 숯이나 장작을 땔감으로 쓰 고 있었다.

부엌의 에너지혁명이 전체적으로 보급된 것은 전후(戰後) 부흥 이후 1950년대이다. 땔나무나 숯처럼 위험하고 다루기 어려운데다 그을음까지 생기는 에너지원이 가스·전기 같은 깨끗하고 간편하게 사용할 수 있는 에너지로 전환되면서 부엌을 토방에서 다다미방으로 옮길 수 있게 되었고, 그 위에 가옥을 또 쌓아올리는 집합주택도 가능해졌다.

예부터 아궁이는 세대발생의 중심이었고 주부의 역할은 불을 지키는 일이었다. 숯이나 장작 등의 땔감은 불을 붙이거나 불이 꺼지지 않게 유지하는 일뿐 아니라 관리하기도 까다롭다. '불의 신'은 부엌을 지키는 신이자 집안의 신이며, 불이 나지 않도록 주의해서 다루어야 했다. 이런 불의 관리가 온·오프 스위치 하나로 간단히 해결된 것이다.

숙련과 책임이 요구되는 주부의 신성한 역할로 자리매김되었던 불의 관리가 부엌의 에너지혁명으로 완전히 바뀌어버렸다. 당연히 그 변화는 세대 내의 세력구조에도 영향을 끼쳤다.

> 캘리포니아의 나이든 한 여성은 부모가 (요리용) 가스스토브를 사와 가지고는 그때까지 쓰던 오래된 장작불 화덕을 헛간에 처박아 넣어버리자 할머니가 깊은 한숨을 내쉬던 날을 또렷이 기억하고 있다. 할머니는 장작화덕에 케이크를 구울 때 불 조절하는 법을 잘 알고 있었다. (같은 책, p. 264)

이와 같은 변화는 1950년대 일본에서도 일어났다. 최초로 보급된 가전제품은 전기밥솥(혹은 가스밥솥)인데, 60년대에 '3종신기'(三種神機)로 지칭되던 전기냉장고·전기세탁기·전기청소기가 보급되기 전인 이미 50년대에 시장 포화상태가 되었다. 부엌의 기술혁신으로 아궁이에서 밥

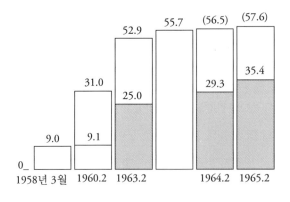

9.0　9.1　31.0　52.9　25.0　55.7　(56.5)　29.3　(57.6)　35.4

1958년 3월　1960.2　1963.2　1964.2　1965.2

□ 인구 5만 이상 도시의 비농가 비율
　단, 괄호 안의 숫자는 전국의 비농가 비율

▨ 전국 농가 비율

* 자료: 經濟企劃廳, 「消費者動向豫測調查」.

**〈그림 1〉 전기밥솥 보급률**

을 짓던 습관이 가장 먼저 퇴출되었다. 밥맛을 까다롭게 따지는 농가세대
에서는 전기밥솥보다는 화력이 센 가스밥솥이 환영받았는데, 그 결과 가
스를 제대로 관리할 줄 모르는 나이 많은 여성들이 밥 짓는 노동에서 쫓겨
났다〈그림 1〉.

　이런 노인들이 아궁이에 밥을 지을 때는 "처음에는 약한 불로 하다가
서서히 강한 불"로 화력을 능숙하게 다루는 숙련자였지만, 기술혁신과 더
불어 그들의 존재는 새로운 기술이 하나 도입될 때마다 낮은 취급을 받았
다. 주식인 쌀의 관리와 분배는 주부권한에서 큰 부분을 차지했으나, 노인
들이 새로운 기술에 적응하지 못하면서부터 그 권한을 내어놓아야 했다.
같은 시기에 농촌에서는 패전의 경험을 거울삼아 체력향상 · 영양개선운

동의 일환으로 지방섭취가 널리 권장되어 '1일 1회 프라이팬 요리'와 기름기 있는 음식이 식탁에 오르면서, 이런 요리 방법이나 기술의 변화로 시어머니와 며느리의 지위가 빠른 속도로 바뀌어나갔다.

### 3) 가사 생력화의 역설

60년대 들어와서 주요 가전제품의 보급률은 불과 10년 사이 단숨에 시장 포화 수준에 이르렀다(〈그림 2〉). 흔히 가전제품은 가사 생력화(省力化) 기기로 불리지만, 가사노동의 기술혁신이 정말 가사노동을 줄어들게 했는지는 검토해 보아야 한다.[3]

가사노동 중에서 가장 중노동으로 꼽히는 세탁노동을 한번 예로 들어 보자. 〈그림 3〉은 미국의 전기세탁기 제조업체 웨스팅하우스(Westing-house)사가 1944년에 내어놓은 광고 팸플릿에서 따온 것이다. "당신의 일주일에 하루를 더해 드립니다" 하고 외치는 카피는 확실히 노동과 시간 절약을 강조하고 있다. 다시 말해 이전까지만 해도 일주일에 하루 '빨래하는 날'의 중노동이 주부들을 기다리고 있었다는 의미이다. 하지만 주부들이 모든 빨래를 다 집에서 했던 건 아니다.

> 동부해안의 반(半)숙련노동자 가정의 60%가 세탁물을 외부에 맡겼다. 그러나 세탁비용의 지출이 적었던 걸 보면 역시 대부분의 세탁은 주부가 했던 것이 분명하다. (Strasser 1982, p. 268)

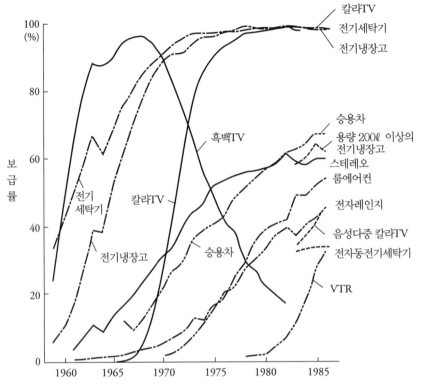

* 자료: 經濟企劃廳, 「家計調査の動向(消費者動向調査)」「消費と貯蓄の動向」

**〈그림 2〉 주요 가전제품의 보급률**

외부에 맡겼던 세탁물은 주로 "시트, 테이블보를 비롯한 그 밖의 린넨 종류"와 '남편 셔츠'였다(같은 책, p. 270). 전자는 부피가 커서 짜거나 말리기가 힘들었기 때문이고, 후자는 다림질하기가 까다롭다는 것이 이유이다. 드라이클리닝 비용은 "1929년에 최고에 달했다"(같은 곳). 따라서 세탁기 구입은 드라이클리닝 비용의 절약도 의미했다.

THE *Laundromat* makes possible these ADDED BENEFITS.

No more "washday" in your week
Wash any time, whenever you get a load. Laundromat makes it an "odd-moment" job—with little time and no hard work involved.

*More time for other duties or doings*
An entire new day has been added to your work. And you're never "tired out" from doing the washing.

*Saves sending the laundry out*
No laundry bills to pay, no waiting for clean clothes, no searching for lost articles.

*Easier ironing, less mending*
No stubborn wringer wrinkles to make ironing more work. No torn-off buttons or broken fasteners.

*Brighter, more cheerful homes*
You can splurge with color, decorate with washables. Laundromat makes it easy to keep them clean.

〈그림 3〉

그러나 생력화를 약속한 세탁기는 뜻밖의 결과를 가져왔다.

첫째, 세탁기가 가정에 도입되면서 그때까지 외부에 맡겼던 세탁물까지 주부가 직접 하게 되었다. 가전제품은 밖에서 사서 쓰던 가사서비스 상품을 일부 내부화하는 결과를 가져온 것이다.

둘째, "세탁물이 있을 때는 언제라도"(웨스팅하우스사의 광고 팸플릿)라는 광고카피처럼 주 1회이던 '빨래하는 날'이 없어지는 대신 매일 빨래하는 것으로 바뀌어버렸다. 때와 장소에 상관없이 언제든지 빨랫감이 생기면 주부는 세탁기를 돌리게 되었다.

셋째, 한번 세탁하는 것은 쉬워진 대신에 세탁 횟수는 늘어났다. 초기의 세탁기는 메커니즘이 단순해 세탁물이 손상되거나 찢어지는 일도 잦았다. 세탁물의 수명을 줄이기까지 하면서 주부는 생력화 대신 '청결' 수준을 향상시키는 데 한몫했던 것이다.[4]

전기세탁기는 '주 1회의 악몽'이던 세탁을 '끝없는 일'로 바꾸어놓았다고 스트라서는 지적한다.

> 장기적인 시각에서 보면 전기세탁기는 빨래를 생력화했다기보다 그 구조를 바꾸어놓았다. (같은 책, p. 268)

코완(Cowan) 역시 가사노동의 기술혁신이 가져온 역설적인 결과를 지적한다.

> 공업화 초기의 100여 년 사이에 가사 생력화 기기가 발명되어 보급되었지만, 그것은 가사노동의 과정(process)을 바꾸어놓았을 뿐 가사노동 시간을 줄이지는 못했다. (Cowan 1983, p. 45)

이어 그는 다음과 같이 결론짓는다.

어처구니없게도 이토록 많은 가사생력화 기기가 등장했음에도 실제 생력화 된 노동은 거의 없다. (같은 책, p. 44)

그러면서 코완은 몇 가지 이유를 추론한다.

첫째로, 미국 중산계급의 아내는 '주부'라는 이름뿐, 실제로는 가사도 우미를 두지 않은 가사전업자에 지나지 않는다. 코완은 1852년에 미국으로 건너간 노르웨이 아가씨의 말을 인용한다.

미국 여성들은 여가가 많다고 들었는데, 그런 여자는 본 적이 없습니다. 여기서 안주인은, 상류가정이라면 하녀나 요리사 혹은 집사가 할 법한 일들을 모두 도맡아 해야 합니다. 노르웨이에서는 그 세 명이 하는 일에 더해 자신의 일까지 해야 합니다. (같은 책, pp. 44~45)

이 노르웨이 여성은 '안주인'(mistress)이라는 단어를 쓰고 있지만, 이는 이미 수하에 부리던 가사도우미가 없는 여주인에 지나지 않는다.

둘째로, 가사서비스 상품의 지출비용을 아끼려는 계산이 있다. 스트라서의 조사에서 알 수 있듯이, 세탁기가 도입되기 전까지는 세탁물을 '외부에 맡기는' 것이 당연한 일이었다. 모든 가사노동이 다 세대 안에서 조달된 것은 아니었다. 유럽에서 빵 굽는 일은 일찌감치 전문직으로 자리 잡고 있었는가 하면, 일본에서도 술이나 간장 양조는 일찍부터 가정과 분리되어 있었다. 가사 생력화 기기의 도입은 한편으로 가사노동의 세대 내부화를 촉진했는데, 그 이유 하나는 다른 고용기회가 늘어나면서 가사서비스 상품의 가치가 상승했기 때문일 것이다.

가사 생력화 기기에 대한 투자가 가사서비스 노동의 임금수준과 밀접한 관계가 있다는 점은 인도 같은 임금격차가 큰 사회를 보면 알 수 있다. 인도에서는 전기세탁기를 구입할 여력이 있는 경제적 수준의 세대조차 세탁기가 없을 정도로 그 보급률이 별로 높지 않은데, 하녀나 남자세탁부의 노동력을 낮은 임금으로 무한정 쓸 수 있다 보니 값비싼 가전제품에 대한 투자효과가 없기 때문이다. 일본에서도 60년대의 가전제품 보급은 일자리를 찾아 농촌지역에서 도시로 이동하는 가사도우미의 급격한 공급 감소 추세와 궤를 같이한다.

셋째로, 코완은 일찍이 중노동이지만 온 가족의 협업형태였던 가사노동이 주부 혼자의 노동이 되어버린 사실을 지적한다. 옛날에는 남편은 장작을 패고 아이들은 물을 긷고 아내는 요리를 했지만, 생력화 기기 덕분에 오히려 아내는 남편과 자녀들의 도움을 받지 못하게 되었다. 물론 그 이면에는 남편과 아이들을 가정에서 떼어놓은, 공업화로 인한 직업과 주거의 분리 그리고 근대 학교교육제도가 있다.

넷째로, 가사노동의 질과 수준 향상을 들 수 있다. 전기세탁기 도입으로 '주 1회의 세탁일'이 '언제든지 몇 번이든' 할 수 있는 일이 되었다. 한번 세탁하는 데 드는 힘은 줄었지만, 횟수는 늘어났다. 청결과 위생 관념이 높아지면서 한 달에 한번 갈아 끼우던 시트를 일주일에 한번씩 바꾸고 속옷도 자주 갈아입게 되었다. 하지만 청결관념이 그 기술적인 수단 없이 자동적으로 바뀌는 것은 아니라는 점은 일본인들이 속옷을 갈아입는 빈도로도 유추 가능하다. 일본인은 거의 목욕할 때 속옷을 갈아입는 습관이 있었는데, 농번기를 제외하고는 매일 목욕을 하지는 않았다. 목욕횟수와 별개로 매일 속옷을 갈아입는 습관이 생긴 것은 60년대에 전기세탁기가 보급되고부터이다. 세탁기가 들어오기 전까지만 해도, 주부들은 자신의 가사노동 부담이 늘어날 그런 제안을 가족들에게 하지 않았다.[5]

우메사오 타다오(梅棹忠夫)는 가사 생력화 기기의 힘을 빌려도 줄어들지 않고 오히려 늘어나는 주부노동을 '위장노동'이라 불렀다.[6] 빳빳하게 풀 먹인 깨끗한 시트, 반짝반짝 윤이 나는 마루, 손이 많이 간 요리, 직접 만든 간식이나 자녀들 옷…은 주부가 그 지위보전을 위해 만들어낸 일종의 숙련노동으로, 오히려 그 때문에 남편이나 자녀들이 대신하기가 어려워졌다고 말한다. 따라서 가사노동이 있음으로 해서 그것을 전적으로 담당할 주부가 존재하는 것이 아니라 주부라는 지위가 생김으로 해서 그에 걸맞은 일들을 만들어냈다고, 이미 50년대에 설파하여 당시 주부들로부터 분노를 샀다.

NHK의 생활시간 조사를 보더라도, 겸업주부가 하루 약 3.5시간에 처리하는 집안일을 전업주부는 7시간이 걸린다. 그중에 뜨개질에 소요되는 시간이 2시간이라고 하는데, 이를 '집안일'에 포함시켜야 할지 아니면 '취미'로 봐야 할지는 판단하기 어렵다. 우메사오의 말대로, 겸업주부에 비해 전업주부는 쓸데없는 노동으로 7시간을 보내는 걸까 아니면 요령이 없어서일까. 반대로 전업주부들은 가사노동을 외부에 맡기지 않는다든가 그

수준이 겸업주부보다 훨씬 높다("대충하지 않는다")는 데서 자부심을 느낀다. 그렇지만 항간에 익히 알려져 있는 것처럼 겸업주부는 "만들어놓은 반찬을 사다 먹는다거나" "집안일을 대충대충 한다"고 단정 지을 수는 없다. 가사서비스 상품을 외부에서 조달하는 것에 대해 겸업주부보다 전업주부가 저항감을 덜 가진다는 데이터를 보더라도,[7] 전업주부와 겸업주부의 집안일 수준을 그에 들이는 시간만으로 판단하기는 어렵다.

다른 관점에서 말하면, 의식주 전반에 걸쳐서 생활수준이 높아졌다고 말할 수 있다. 따뜻한 음식을 먹고 '반찬' 가짓수가 늘어나고 다양성이 확대되는 등 기술혁신에 의한 테크놀로지의 진보와 반대로, 주부노동은 숙련된 기술을 요하는 노동이 되었다. 그 결과 가사는 다른 가족 구성원에게 맡기기가 점점 더 어려워졌다. 이것이 우메사오가 말하듯이 주부의 지위 보전을 위한 자기방어 욕구에서 나온 것인지는 단언할 수 없지만, 주부들 가운데 자신의 역할을 남에게 넘기는 데 저항감을 보이는 사람도 있는 것은 확실하다. 데이비슨이 지적하듯이 가사노동은 '파킨슨 법칙'에 따른다. 다시 말해 "가사는 그것에 소요되는 시간을 채우기 위해 늘어나는 경향이 있다."(Davidson 1982; 1986, p. 192).

만약 가사 생력화 기기가 실제로 가사노동 시간을 줄여주고 있다면 주부는 남아도는 시간을 어떻게 쓰고 있을까?—필요 수준 이상의 더 세련된 집안일을 위해 쓸 것이라고 우메사오는 답했다. 그런 경우도 있을 것이다. 그러나 여기서 영국 노동자가정의 가사노동 역사를 실증 연구한 데이비슨의 데이터를 살펴보자.

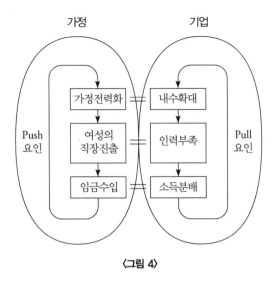

가정                    기업

가정전력화  ═  내수확대

Push          여성의      ═  인력부족          Pull
요인          직장진출                          요인

임금수입   ═  소득분배

〈그림 4〉

　1934년에 도시노동자 1250세대의 주부 평균 가사노동 시간은 아침 6
시 반부터 밤 10시 혹은 11시까지, 12~14시간이나 된다. 1935년에 동일
계층 주부들 가운데 가정의 전력화를 이룬 세대의 가사노동 시간은 일주
일에 약 49시간, 하루 약 7시간으로 줄었다. 그 내용을 살펴보면 청소에
주 15.5시간, 요리에 14.2시간, 설거지 7.5시간, 수선과 바느질에 6.4시
간, 세탁 5.5시간이다. 1948년 노동자가정 76세대의 주부 노동시간을 보
면 하루 12시간으로 1934년과 다를 바 없다. 그러나 그 내용은 가사노동
에 9.3시간, 그외 2.2시간을 집 밖에서 임금노동을 하는 것으로 밝혀졌다
(같은 책, pp. 191~92).

　데이비슨은, 여성의 가사노동 시간이 줄어든 것은 사실이지만 총노동
시간은 변하지 않았다고 결론 내린다. 여성들은 남는 시간을 가사노동 이

외의 노동에 사용하고 있었던 것이다.

일본에서도 같은 현상이 고도 성장기의 가전제품 보급과 기혼여성 직장진출의 상관관계에서 잘 나타난다(〈그림 4〉). 가정의 전력화는 주부의 여가시간을 늘려 주부를 가정 밖으로 밀어내는 배출(push)요인으로 작용했다. 다시 말해 가전제품을 구입하기 위한 주부의 임금수입 필요성이 커지면서 적극적으로 직장을 찾아나서게 되었다. 여성은 이른바 세대 내에 '설비투자'를 하기 위해 임금노동에 나섰고, 손에 쥔 수입으로 다시 내구소비재를 구입하는 순환구조로 내수확대에 기여를 했다.

이 순환구조는 겸업농가의 증가와 농업기기 보급의 상관관계와도 일치한다. 농작업의 생력화 결과 농가의 겸업화가 진행되는 한편, 역으로 겸업화를 이룬 농가는 생력화 기기에 '설비투자'를 했고 그 비용을 확보하기 위해 다시 노동시장에 나가야만 했다.

겸업농가와 겸업주부의 증가가 농촌과 가정이라는 자본주의 최후의 '경계'를 허물고 농민과 주부들을 노동력으로 전환, 노동자로 재배치하여 내수확대를 이룸으로써, 60년대 일본 고도성장의 동인으로 작용한 것은 결코 우연이 아니다. 그 농민과 주부가 내륙형 입지의 제조업인 농기구나 내구소비재 생산에 종사한 것은 참으로 아이러니컬하다.

### 4) 전자혁명과 가사노동의 비숙련화

70년대 이후 가사노동의 기술혁신은 전력화에서 전자화(micro electronics)로 나아갔다. 그리고 경제 구조조정(restructuring)에 의한 정보화·서비스화와 유통과정의 혁신은 하나의 장치계(system)인 세대에도 영향을 끼쳤다.

전자혁명의 영향은 가전제품 구석구석까지 파고들었다. IC반도체(집적회로)를 적용하지 않은 가전제품은 거의 찾아볼 수 없거니와, 그중에서도 전자레인지 같은 새로운 가열기기의 사용은 숙련 가사노동을 비숙련화하고 개별화하는 데 일조했다. 이 과정은 보온기능이 갖추어진 전기밥솥(현재는 IC반도체가 조립되어 전기보온밥솥이 되었다)이 등장할 때 이미 준비되고 있었다. 전기밥솥은 누가 밥을 하더라도 균질의 밥을 지을 수 있고 보온기능까지 겸비되어 불 관리를 할 필요가 없다. 또한 전자레인지의 등장으로 미리 만들어놓거나 사둔 반찬을 언제든지 식탁에 올릴 수 있게 되었다. 냉동냉장고·전자레인지·전기보온밥솥, 이 3종신기는 온 가족의 식사와 음식 분배권을 거머쥔 주부의 권리와 의무를 무의미하게 만들었다. 야나기다 쿠니오(柳田國男)가 『메이지 다이쇼 사 세태편』(明治大正史世相篇, 柳田 1931; 1976)에서 말하는 "작은 냄비에 보글보글 끓고 있는 전골요리"는 '개별식사'로 추세가 바뀌어버렸다. 시스템이 변화하면서 가족이 제각각 식사하는 것이 가능해졌다. 수도권을 대상으로 한 조사에 따르면, 고용인 가정에서 온가족이 함께 저녁식사를 하는 횟수는 평균 주 2회에 불과하다. 개중에는 4인가족이 다 각자 저녁을 먹는 사례도 보고되고 있는데, 전자레인지가 도입되면서부터는 이렇게 따로 식사를 해도 주부가 부엌에 머무는 시간이 늘어나지 않게 되었다(上野·電通ネットワーク研究會 1988).

전기보온밥솥과 전자레인지는 주부의 고유 권한을 빼앗아갔고 가사를 '남편·자녀'도 가능한 노동으로 만들었다.

가사 숙련도와 남편·자녀의 가사참여 정도를 기술혁신 단계와 연관시켜서 생각해 보면, 재미있는 발견을 할 수 있다. 남성의 가사 참여도가 일본에 비해 매우 높은 사회로는 중국과 미국을 들 수 있는데, 이를 단순히 두 나라 남성의 남녀평등 의식이나 집안살림에 대한 여성의 기여도가 높기 때문이라고만 설명할 수 없다. 중국과 미국처럼 문화배경이 사뭇 다른 두 사회가 동일한 가정관이나 여성관을 공유하고 있다고는 보기 어렵기 때문이다.

중국 남성의 가사참여를 보면, 우선 중국은 따뜻한 음식을 끼니마다 제공하는 습관이 있다는 점, 둘째 그런 까닭에 집안일이 복잡하고 손이 많이 간다는 점, 셋째 가정의 전력화가 그다지 진행되지 않은 단계에서는 집안일이 중노동이기 때문에 남성이 돕지 않으면 안 된다는 상황이 그 배경에 있다. 한편 미국은 '식사 후 뒷정리는 자신의 몫'으로 인식하는 남편이 많

|  | 전년도대비 판매증가율(%) | | |
|---|---|---|---|
|  | 1984 | 1985 | 1986 |
| 무점포판매 | 5.6 | 6.2 | 8.2 |
| 편의점 | 22.3 | 21.2 | 17.5 |
| 서비스업 | 8.6 | 9.5 | - |

* 자료:「各業種有力企業中心」

〈그림 5〉 신장세의 편의점

| | 보급률(%) | 100세대당(대) |
|---|---|---|
| 전기세탁기 | 99.2 | 106.3 |
| 칼라TV | 98.7 | 180.2 |
| 전기냉장고 | 97.8 | 115.2 |
| 전기청소기 | 98.1 | 124.7 |
| 전기난로 | 91.0 | 147.4 |
| 석유스토브 | 82.8 | 157.8 |
| 카메라 | 83.8 | 129.4 |
| 자동차 | 81.7 | 145.7 |
| 라디오카세트 | 74.9 | 106.5 |
| 카펫 | 67.4 | 144.4 |

\* 자료: 經濟企劃廳

〈그림 6〉 주요 내구소비재 : 한 집에 2대 시대

지만 고작해야 다 먹은 그릇을 식기세척기에 집어넣는 일 정도이기 십상
이다. 게다가 음식문화 수준이 낮고 가공식품이 널리 보급되어 있어서 '요
리' 하면 비숙련노동이라는 관념이 두드러진다.

중국과 미국 사례를 일본과 비교해 보면, '가사전업자'의 출현을 시스
템의 기술로도 설명할 수 있다. '주부'라는 가사전업자의 존재는 가사 테
크놀로지가 중국의 로테크(low-tech)와 미국의 하이테크 중간단계, 가사가
숙련을 요하는 노동에서 비숙련노동으로 바뀌어가는 중간단계에 과도기
적으로 형성된다 해도 좋을 것이다.

가사혁명이 가져온 또 한 가지 결과는 세대 내에서 해결했던 일을 외부에 맡기게 된 것이다. 구체적으로 우선 의식주, 육아, 교육, 노인 등 환자 간호 등 대부분의 가사노동 서비스가 상품화 및 사회화된 점, 둘째로 유통혁명에 의해 유통형태가 크게 변한 점(택배 · 편의점 · 24시간영업점 등)을 들 수 있다(〈그림 5〉).

세대 내에서도 가전제품은 '개별 전력화'되어서 2대가 있거나 개인용 TV와 냉장고가 보급되었다(〈그림 6〉). 전기밥솥도 밥솥 하나로 된밥 · 진밥 혹은 맛이 다른 밥을 골고루 지을 수 있는 분리형과 시차조리가 가능한 제품이 나왔다. 애초에 가족이 '한솥밥을 먹는' 것을 기대하지 않는 조리기구의 등장이다. 각자의 방에 기본적인 가전제품 세트가 갖추어져 있다면 그대로 세대를 분리하여, 독신세대를 만드는 일도 간단하다. 우메사오 타다오가 1959년에 발표한 '아내 무용론'은 이 변화를 예견한 것이었다. 가미시마 지로(神島二郎)는 일본의 도시화는 주로 독신자들이 떠받쳐왔다는 '독신 도시화론'을 주장했는데, 지금까지의 도시 독신자 이미지는 한마디로 비참했다(神島 1962).

특히 생활기술이 떨어지는 독신남성에게는 쓸쓸한 이미지가 따라다니게 마련이고 '지내기가 불편해서' 결혼을 결심했다는 사람도 생겨난다. 그러나 시스템의 기술혁신과 가사서비스의 상품화가 진행되면서, 생활기술이 부족한 독신자도 생존(survival)이 가능해졌다. 달리 표현하면 독신세대에 요구되는 생활기술의 수준이 크게 비숙련화된 것이다. 수도권의 독신세대 비율이 30%라는 데이터에는 남성 독신자 세대도 상당히 포함되어 있다. 이중에는 '현대형 타지생활자'인 중장년 단신부임자(business bachelor)도 들어 있는데, 이들의 독신생활이 가능한 이유 역시 가사의 물질적 기반의 변화에서 찾을 수 있다.

## 5) 개별 가족화의 진행

가족의 개별화(個族化) 현상—구몬(公文)·무라카미(村上)·사토(佐藤)의 말대로 '개인화'(individualization)보다 '개별화'(individuation)가 더 어울린다[8]—이 최종으로 완성된 것은 쌍방향 통신기기, 구체적으로 개개인 방에 무선전화가 놓이면서부터이다. 전화회선은 대부분 1세대에 1회선으로 수화기는 주로 거실에 두고 세대 외부와의 교신은 가족 전체의 관리 아래 있었다. 그러나 무선이 보급되면서 순식간에 통신의 개별화가 진행되었다. 자녀들을 각자 자기 방으로 들여보내는 것은 더 이상 외부와의 격리를 의미하지 않는다. 오히려 퍼스널AV기기 때문에 외부정보에 직접 노출될 뿐 아니라 송신기능이 있는 통신기기로 다른 가족들의 통제를 받지 않고 외부와 직접 소통할 수 있다. 자녀들은 초등학교 고학년 무렵부터 자기 방이 생기면 거실이나 부엌에 있는 시간보다 자기 방에 머무는 시간이 길어져 가족보다는 외부와 더 많이 접촉한다. 주택구조상으로도 '거실'은 특별한 일이 있을 때만 가족들이 모이는 장소가 되어버렸다.

'불의 공유'→'음식의 공유'로 상징되는 세대의 공동성은 개별화와 함께 새로운 의미를 지니게 되었다. 부부 모두 직장을 나가는 세대의 경우

외식은 주중의 바쁜 시간을 절약하기 위해 일상적으로 하는 일에 불과하며 오히려 주말에 가족이 모두 모여 집에서 음식을 만들어 먹는 것이 특별한 식사가 되어가고 있다. '온 가족이 다 모이는 것'이 특별한 의미를 띠게 되었다. 그리고 또 하나의 의미를 부여하는 것이 가장 가까운 친족, 부모세대와 함께하는 식사이다. 핵가족화로 세대분리가 상당히 진행되었지만 부모세대는 지금도 여전히 자녀세대가 찾아올 때를 대비해 충분한 크기의 공간과 그릇을 마련해 놓아야 한다고 생각한다. 부모-자녀 친족세대의 만남이 새로운 명절을 만들어내고 있다.[9]

가정의 기술혁신으로 개별화의 진전이 촉진되었다. 가족은 이미 '한솥밥'을 먹는 제약에서 해방되었고, 한 식탁 위에서 서로 다른 기호들이 공존하고 통일된 '우리 집 입맛'의 공유라든가 강요 또한 사라졌다. 이런 가족문화의 쇠퇴나 부모권위의 하락을 가족 구성원 개개인의 개성 존중 또는 그 밖의 여러 가지 의미로 해석할 수 있겠지만, 시스템 입장에서 보면 간편화를 추구한 결과이기도 하다. 의식주의 세대 내 세대분리는 상당 정도 진행되었다. 여기에서 스탠더드 패키지가 완벽하게 갖춰진 원룸맨션 같은 공간(satellite)으로 완전한 세대분리로 나아가기까지는 금방일 것이다. 같은 맥락에서 수험생 자녀에게 독립된 공부방을 얻어준다거나 남편 혹은 아내가 집 가까운 곳에 개인 사무실을 마련하는 경우도 있다. 건축가 구로사와 다카시는 가족 구성원 수 n의 각자 방에다 공유공간을 추가해 짓는 '개실군(個室群) 주거'를 제안했지만(黑澤 1987), 가정은 그보다 더 나아가 독신주택복합 같은 구조가 될지도 모른다. 이를 가능하게 만드는 것은 의식의 변화만이 아니라 시스템의 변화도 있다.

개별화가 진행된다고 해서 가족의 응집력이 반드시 약해진다고는 볼 수 없다. 첫째, 수도권의 비정상적인 지가상승으로 부모에게 육아노동의 지원을 기대하는 심리가 자녀가정(특히 딸의 경우)에 있고, 둘째로 고령화에 따른 노후의 불안으로 개호노동 기대가 부모가정에 있는 것이 그 이유이다. 이 육아노동과 개호노동은 몇 가지의 공통점이 있다. 첫째 가사로봇화가 감당하기 어려운 대인(對人)노동이라는 점, 둘째 서비스상품으로 구입하기에는 그 가격과 임금수준이 너무 높다는 점, 셋째 세대 외부의 공공서비스는 그 수준이 낮아 안심할 수 없다는 점, 마지막으로 외부에 맡기는 것에 대한 도덕적인 제재가 따른다는 점이다. 이중에서 어떤 이유가 가장 높은 결정요인인지 쉽게 단언하기는 어렵다.

종종 도덕적인 이유가 육아와 개호의 외부화를 가로막았다고는 하지만, 베이비시터를 싼값에 쉽게 구할 수 있다면 당장 맡기겠다는(오히려 유모라는 존재는 상류사회의 상징이기도 하다) 유럽 복지선진국의 경우를 보더라도 고령자를 위한 복지는 세대분리를 촉진한다고 예상할 수 있다. 흔히 도덕적인 이유는 현실을 정당화하는 데 이용되는데, 종이기저귀 사용을 둘러싼 '모성'논쟁이 그 사례가 될 것이다. 일본인의 일회용 젓가락 사용을 비난하는 미국의 자원보호단체나 환경보호에 열성적인 유럽의 단체들도 자국 내 종이기저귀 사용을 놓고 '모성'이라는 이름으로 도덕적 비난을 삼간다. 종이기저귀의 단가가 상대적으로 높고 그 보급률이 한정된 일본에서만 "종이기저귀는 아이에게 나쁘다"는 논리를 내세운다. 하지만 동일한 도덕적 비난이 노인용 종이기저귀에는 적용되지 않으니, 이러한 사회적 제재가 얼마나 일관성이 없는지 알 수 있다.

### 6) 가까운 미래의 가사노동

지금까지 살펴보았듯이, 기술혁신과 산업구조의 변화로 가사노동은 큰 변화를 겪었다. 그러면 앞으로 가사노동 변화를 촉진할 만한 요인으로는 어떤 것이 있을까.

첫째로, 기술혁신이 더욱 가속화되어 생활기술의 상당 부분이 비숙련화될 가능성이 있다. 이미 청소와 세탁은 그렇게 되었다. 요리도 IC반도체를 이용한 프로그램화가 진행되고 있다. 물론 음식문화 수준을 어느 정도로 유지할 것인가 하는 선택이 관건이겠지만, 예컨대 프로 요리사가 만든 요리를 전자레인지 프로그램으로 만드는 방식이 될 수도 있다. 포장식품을 비난하는 주부도 백화점의 완전조리 반찬에는 저항감이 별로 없는 것처럼, 갈수록 입맛이 까다로워지는 사람들에게 가정요리는 아마추어 솜씨를 맛보는 기회가 될 수 있다. 일본 가정에 침투하기 어려운 대형 가전제품의 하나로 자동세척기가 있는데, 그 이유는 복잡하고 다양한 음식문화와 여성의 시간자원이 아직은 남아돌기 때문이다. 나무그릇이나 비실용적인 도자기의 사용을 포기하고 기술에 적합하게 그릇을 단순화하거나 아니면 일본어 워드프로세서처럼 식기세척기가 일본 식생활에 맞게 고도의 기술적 발달을 하는 등의 가능성을 고려해 볼 수 있다. 하지만 어떤 경우든 여성의 시간자원이 희소해질 때 비로소 기술혁신의 동력이 생겨날 것이고, 그렇게 되면 귀한 그릇이나 손수 만든 요리는 주말이라든가 온 가족이 다 모이는 특별한 곳에서나 볼 수 있을 것이다.

우선, 남편과 자녀의 가사참여는 그들의 의식이 변혁된 결과라기보다는 오히려 기술혁신에 따른 가사의 비숙련화에 의해 촉진되는 것 같다. 즉 현재의 가사노동 숙련도를 남편과 자녀에게 강제하기는 어렵지만, 그들이 현재의 생활기술 수준을 향상시키지 않아도 충분히 가사노동을 담당할 수 있을 정도로 기술혁신이 이루어질 것이기 때문이다.

둘째로, 가사노동의 상품화 진행과 그 가격수준의 문제이다. 가사노동의 상품화는 앞으로 더욱더 활발하게 진행되겠지만, 가격이 높으면 접근하기 쉽지 않다. 가사노동 상품에 접근 가능성을 결정하는 것은 여성노동의 기회비용(opportunity cost)이다.[10] 만약 여성들이 밖에서 구입하는 가사노동 상품의 가격보다 높은 임금을 받는 직장을 구한다면, 그 상품의 구매자가 될 것이다. 여성노동력의 단가를 결정하는 것은 학력·자격·직종·능력 등이므로, 여성들 사이에서도 가사노동 상품을 부담 없이 구입할 수 있는 층과 그렇지 못한 층의 격차가 생길 것이다.

셋째로, 외국인 노동자의 존재이다. 메이지·다이쇼 시기에는 농촌이 가사도우미의 공급원이 되었던 것처럼, 노동력 개방이 크게 진전되면 외국인 노동자가 가사도우미의 공급원이 될 가능성은 이미 서구 여러 국가들의 예에서 확인된다. 학력이 낮거나 혹은 언어장벽 때문에 본국의 학력이 전혀 쓸모가 없어진 외국인 노동자는 대부분 하층의 서비스노동직에

종사한다. 미국에서 난민여성들이 맨 처음에 종사하는 임금노동은 베이비
시터(baby seater)이다. 이 일이라면 자격도 언어능력도 필요 없기 때문이
다. 그러나 자녀가 언어능력을 습득할 연령에 접어들면 이상한 말투의 모
국어를 배우게 될까 봐 외국인을 기피하는 어머니들도 있다. 외국인 노동
자가 가장 환영받는 직종은 환자나 노인을 돌보는 개호노동이다. 스웨덴
에서도 현실적으로 부족한 복지노동자를 외국인 노동자로 충원한다. 일본
처럼 노인을 시설에 보내기를 꺼려 재택간호를 선호하는 사회에서는 세대
내의 개호서비스 노동자의 수요가—만약 공급만 될 수 있다면—많을 것
은 쉽게 예상할 수 있다. 좁은 집이 그 보급을 가로막는 요인이 되지 않는
다는 것은 다이쇼기의 하녀 방이 딸린 도시주택을 보더라도 설명된다. 1
인당 주거공간은 다이쇼 시기보다 오히려 넓어졌다. 프라이버시 관념이
보급된 덕에 개인에게 필요한 물리적 · 심리적 공간이 이전보다 커졌다 해
도 출퇴근하는 간병인이나 가정부에 대한 수요는 충분히 존재한다. 여기
서는 일본인과 외국인, 가사노동과 기타 노동 간의 격차가 발생한다. 외국
인이 저임금 노동에 종사하고 가사서비스 노동이 최저임금 노동에 속한다
는 '차별'이 여전히 존재한 채로 말이다.

넷째로 가사노동 공공화의 옵션이다. 특히 로봇화가 불가능한 육아노
동과 개호노동을 공공서비스로 전환하는 복지사회화의 옵션이지만, 가령
제도적인 기반이 충실하다 해도 운용 차원에서 곧바로 노동력 부족에 부
딪힐 것이다. 이를 해결하는 방법은 저임금으로도 일하는 외국인 노동자
를 활용하든가 아니면 노동단가를 인상할 수밖에 없다. 후자의 경우는 당

연히 비용부담이 늘어나 복지확대에 걸림돌이 될 테니 '집에 가사전업자를 두는 것'과 비교해서 결정하게 될 것이다.

아무튼 '주부노동'이 '가사노동'의 긴 역사 속에서 어느 한 시기의 과도기적 산물이라는 것은 분명하다. 가사노동의 질과 양·범위가 앞으로 어떻게 변화할지 또 그것을 누가 부담할지는 지금까지 말한 요인들이 서로 작용하면서 역사적으로 결정될 것이다. 그러나 그전에 가사노동은 인간이 수행하는 노동 가운데 가장 가치가 낮은 노동으로 서열이 매겨져 있다는 것—'누구나 할 수 있는' '원래 무상으로 해야 하는' 노동이라는 잘못된 인식이 박혀 있는 가사노동의 '자연성'을 탈신화화할 필요가 있다.

[ 주 ]

1) 통로를 사이에 두고 좌우에 집이 배치되는 집단주택 형식—옮긴이
2) 일본의 민속용어에는 '일가의 주부'(家刀自)나 '집주인'(家主), 유럽어에도 Hausfrau나 housewife가 있다.
3) 안타깝게도 가사노동사의 실증연구는 빈약하고 여성학의 영향을 받아 영어권에서 조금씩 진행되는 정도이다. '주부'의 역사적 연구에 관해서는 앞에서 말한 오클리의 것 외에 몇 개가 있다(Matthews 1987). 가사노동의 정치성에 관해서는 Delphy 1984 외에 Mallos 1980 참조.
4) 스트라서는 1980년 세제광고(타이드)의 예를 들고 있다. 클라우디아 포스턴 부인이 새하얘진 빨래를 들고 "시어머니를 이겼어" 하고 외치는 장면이다. 여기서도 기술혁신이 시어머니와 며느리의 세력관계에 영향을 주었다는 것을 암시한다(Strasser 1982, p. 272).

5) 일본인의 속옷 갈아입는 빈도가 '일주일에 2~3번' 수준에서 '하루 한번'으로 바뀐 것이 1960년대라는 점, 그리고 그 변화는 연령층과 거의 관계없다는 사실은 전후(戰後) 속옷의 역사를 연구하는 과정에서 이루어진 인터뷰에서 확인되었다(上野 1989a).

6) 梅棹忠夫, 「妻無用論」, 『婦人公論』 1959年 9月号. 上野編 1982, Ⅰ, 203쪽에서 재인용.

7) 가사대행업체의 이용자 조사에 따르면 무직주부가 취업주부보다 많다는 결과가 나와 있다.

8) '개인화'에 관해서는 目黑 1987; '개별화'는 公文·村上·佐藤 1989 참조.

9) 이상의 관찰은 아트리에 F와 공동으로 실시한 「クリエイティウヴ·ミズ調査」(미발표)에 자세히 나와 있다.

10) 여성의 직장진출과 기회비용의 관계에 관해서는 上野 1990a 참조.

# 제4부 고도성장과 가족

1. 전후(戰後) 어머니의 역사
2. 포스트사추기(思秋期)의 아내들

# 1. 전후(戰後) 어머니의 역사

## 1) 일본인과 윤리

루스 베네딕트(Ruth Benedict)의 고전적인 일본문화론 『국화와 칼』(Benedict 1946, ベネディクト 1967)에서 그녀가 '죄의 문화'와 '수치의 문화'를 구별하고 부터 일본인은 초월적인 내적 규범이 결여된 민족으로 간주되었다. 베네 딕트는 원래 프로이트의 영향을 받은 프란츠 보아스(Franz Boas)와 함께 '문화와 퍼스낼리티' 학파에 속했으나, 프로이트 및 융 학파의 정신분석 방법론을 일본문화론에 적용하여 '모성사회' 일본을 밀착형 모자관계에 부성의 개입이 결여된 사회, 따라서 '초자아'란 이름의 초월적인 윤리의 내면화에 실패한 미성숙 사회로 파악했다. 이런 식의 논의가 끼친 영향은 오늘날 90년대까지, 포스트모던파의 일본론, 가라타니 고진(柄谷行人)의 '쌍계제'(双系制) 논의, 아사다 아키라(淺田彰)가 말하는 '모성 콤플렉스 (mother complex) 사회'의 소프트한 억압에 관한 논의에 이르기까지 길게 이어지고 있다. 이들 논의의 공통점은 일본은 서구 사회와 윤리 형성과정

이 다르기 때문에, 서구의 이론으로는 설명할 수 없다, 하나로 정리된다.

물론 일찍부터 이런 식의 논의에 반론은 있었다. 베네딕트에 대해서는, 1967년에 사회학자 사쿠타 게이치(作田啓一)가 『수치의 문화를 다시 생각하자』(恥の文化再考, 作田 1967; 1981)에서 '죄의 문화'와 마찬가지로 '수치의 문화'도 내면화된 규범 중 하나라고 논했다. 사실 민속 카테고리에서 보면, '수치'나 '체면' 중시는 지중해 문화권에서도 친숙한 것이다. 수치는 '세상의 눈'을 의식하는 일종의 상황이론일 뿐 내면화된 초월이론일 수 없다는 주장은 서구적인 자문화 중심주의(ethnocentrism)와 그에 동조한 일부 일본인 논자들에게서 나온 것일 뿐이라는 점을 사쿠다는 논증했다.

프로이트 학파의 심리학자들 사이에서도 오래 전부터 오이디푸스 콤플렉스를 일본인에게 적용시키는 것에 대해 의문이 제기되었다. 프로이트의 발달이론을 기계적으로 적용하면, 일본인을 초자아가 결여된 민족으로 간주하는 것은 자명했기 때문이다. 이미 전전(戰前)의 1930년대에 프로이트 밑에서 유학을 했던 고사와 헤이사쿠(古澤平作)는 오이디푸스 콤플렉스 대신 '아자세(阿闍世) 콤플렉스'[1]라는 개념을 창안했다. 아버지를 죽이고 어머니에게 근친상간의 욕망을 품은 그리스 비극의 주인공 오이디푸스 대신, 아버지 죽인 것을 꾸짖는 어머니를 감옥에 집어넣어 괴롭히는 불교설화의 주인공 아자세가 일본인의 심리를 설명하기에 훨씬 더 적합한 모델이라 생각한 것이다. 여기서는 '벌하는 아버지' 대신 '고통당하는 어머니'가 일본인의 초자아 형성의 계기가 된다. 일본인의 경우, 개인의 행동을 감시하는 내면화된 '작은 신' '양심의 소리'('부모의 목소리'이기도 하다)

는 자식의 악덕을 벌하기보다 스스로를 책하며 고통을 겪는 어머니에 의해 형성된다. 이는 일본의 가부장적 가족 내에서 자녀들의 비행이나 실패를 대신 책임짐으로써, 때리고 발로 차는 남편의 폭력을 감수하는 어머니의 자학적인 모습을 일상적으로 목격하는 경험 속에서 키워진다.

프로이트 이론이 보편적이거나 역사 전체를 관통하는 것이 아니라 서구 근대가족에 고유한 '아들이 아버지가 되는 이야기'라고 '탈구축'된 이후에는 오이디푸스 콤플렉스의 보편성 역시 부정되었다. 고사와의 주장은 전후(戰後) 오코노기 게이고(小此木啓吾) 등에 의해 재발견·재평가되었는데(小此木 1978), 일본인에게는 일본인 나름의 '초자아' 형성 메커니즘이 있으며 그것은 가족의 존재양식에 따라 다를 뿐 우열을 매길 수는 없다는 게 이들의 입장이다.

이상의 주장은 일본인에게 가족, 특히 그 안에서 '어머니'의 위치에 주목할 것을 요구한다. 그리고 가족이 흔들림 없는 문화전통이 아니라 역사 속에서 변화하는 것이라면, 그 변화된 모습을 살펴볼 필요가 있을 것이다. 여기서는 전후문학에서 나타나는 '어머니'의 표상을 실마리로 해서 일본인과 윤리를 살펴보기로 한다.

## 2) 지배적인 어머니와 부끄러운 아버지

전후 일본문학에서 '어머니'의 표상을 논하는 데 에토 준(江藤淳)의 『성숙과 상실』(成熟と喪失, 江藤 1967; 1988; 1993)만큼 적절한 것은 없다.

『성숙과 상실』은 "어머니의 붕괴"라는 부제를 달고 있다. '어머니의 상실'이 아니라 '붕괴'다. 이것만으로도 이 책이 프로이트의 오이디푸스 콤플렉스처럼 어머니로부터 자립하는 이야기나 데라야마 슈지(寺山修司) 식의 '어머니 죽이기' 이야기가 아님을 알 수 있다. '성숙'이 모자동거의 유토피아를 '상실'함으로써 얻을 수 있다는 것은 너무 흔해 빠진 이야기이지만, 에토는 개인의 성숙을 '어머니 상실'의 서정적 이야기로 그리는 대신 시대가 강제하는 성숙을 회복 불가능한 '어머니의 붕괴' 이야기로 묘사함으로써 동시대 문학텍스트를 다루면서도 작품론을 뛰어넘는 문명비판에 이른다.

흔히 일본문화는, 기독교 문명 같은 아버지가 있는 사회와 비교해 모성원리의 사회, 자식의 자립과 성숙을 허용치 않는 모성지배의 사회로 일컬어진다. 그렇지만 문화, 문명이라는 것이 융 학파가 말하는 원형처럼 시간적 변용의 영향을 받지 않는 비역사적인 것일까? 적어도 메이지 시대까지는 일본이 유교적인 부성원리, 하늘을 받드는 사회였다는 것은 『나쓰메 소세키』(夏目漱石, 江藤 1956)의 저자인 에토가 너무 잘 알고 있었다. 그리고 에토에게 성숙의 과제는 '구로후네(黑船)의 충격' 이후 '서양'을 맞닥뜨린 일본 지식인의 역사적 과제였다. 그리고 패전으로 '아메리카의 충격'을 경험한 에토 세대는 소세키에게서 이 과제를 이어받는다.

에토는 거듭 모성원리를 '농경사회적인 것'이라고 표현한다. 부성원리와 모성원리를 유목민 문화와 농경민 문화의 관계와 연결시켜 대비하는 방식은 너무나 진부하다. 그러나 에토는 농경사회가 결코 '근대'의 세례를 피할 수 없었다는 사실을 잊지 않았다. '지배하는 어머니'의 배후에는 '부끄러운 아버지'가 있고, 바로 그 때문에 부끄러운 아버지를 남편으로 삼을 수밖에 없었던 어머니와 아들 사이에 암묵적인 약속이 맺어진다.

에토는 야스오카 쇼타로(安岡章太郎)의 『해변의 광경』(海辺の光景, 安岡 1959)에 나오는 모자관계를 언급하면서 이렇게 지적한다.

> 만일 그들이 전통적인 농민·정주민의 감정 속에 안주했다면, 어머니와 아들에게 이렇게 극단적으로 아버지를 부끄러워하는 마음이 생길 리 없다. 그런 정적인 문화에서는, 이른바 아버지를 꼭 닮은 자식으로 키우는 것이 어머니의 역할이고, 바로 그 때문에 모자 사이에 밀착된 유대감이 생기는 것이다. (江藤 1993, 13쪽)

그러나 아들은 어머니와의 평화로운 동맹관계를 지킬 수 없다. 아들에게 아버지는 어머니가 수치스럽게 여기는 '비참한 아버지'이고, 어머니는 그런 아버지를 받들고 사는 길 말고는 살아갈 방도가 없는 '짜증나는 어머니'다. 그렇지만 아들은 언젠가 아버지가 될 운명임을 받아들임으로써 아버지를 완전히 미워하지 못하고 비참한 아버지와 동일시되어 '칠칠치 못한 아들'이 된다. 짜증나는 어머니를 궁지에서 구해 주길 바라는 기대에 부응할 수 없기 때문에 아들에게는 자책의 마음이 깊이 내면화된다. 동시에 아들은 '칠칠치 못한 아들'로 그대로 지내는 것이, 마치 공모자처럼 자신의 지배권에서 벗어나길 원치 않는 어머니의 숨겨진 기대에 부응한다는 사실을 암암리에 자각하고 있다. 이것이 '근대 일본' 고유의 왜곡된 '오이디푸스 이야기'다. 에토가 야스오카 문체의 '육감성과 유연성'을 평하면서 "그가 할 수 있는 최대한 유아적 세계의 '자유'를 다 맛본 데서 나온다"(같은 책, 17쪽)고 말할 때 그 속에서 어머니를 일찍 여읜 에토 자신의 부러워하는 목소리도 들을 수 있다.

참고로 에토는 프로이트와 마찬가지로 '아들 이야기'에만 관심을 두어서 '딸 이야기'에 관해서는 언급이 없기 때문에 에토를 대신해서 딸 이야기도 살펴보고자 한다. 딸은 '비참한 아버지'와 동일시할 필요는 없지만 아들처럼 자기 힘으로 그 비참함에서 빠져나올 능력도, 기회도 가지지 못한다. 자신을 기다리는 인생이 결국에는 자기가 생각하는 그런 남자가 아닌 남자에게 의지하여 모든 것을 다 맡기고 살아가는 '짜증나는 어머니'처럼 될 거라는 막연한 생각에 '불만투성이 딸'이 된다. 아들과 달리 딸은 짜증나는 어머니에게 책임이나 동정심을 느끼지 않기 때문에 그 불만은 훨씬 가차 없다.

그녀가… 남편을 부끄러워하는 마음을 뒤집어보면 그대로 그런 남자하고밖에 결혼할 수 없었던 자신을 부끄러워하는 마음이 자리 잡고 있다. …게다가 그녀는 남편과는 다른 사람이 되길 원하는 아들이 다름 아닌 남편의 아들일 따름이라는 사실 때문에 아들을 완전히 믿을 수도 없다. 그리고 아들이 잘 자랄수록 그는 어머니가 속한 문화를 떠나 '출세'해야 하며 어머니는 확실히 뒤에 남겨진다. (같은 책, 14쪽)

더구나 "이런 어머니의 심리적 동요는 계층질서가 고착화되어 있는 사회에서는 결코 일어나지 않는다"(같은 책, 14쪽)고 에토는 지적한다. 에토가 어렴풋이 깨달은 것처럼 '농민사회'에서는 '모자밀착' 같은 것은 일어나지 않는다. 어머니는 일에 치여서 아들에게 집착할 여유가 없을 따름이다. 어찌되었건 전통사회에서 자식들은 그리 큰 보살핌을 받지 않고도 자라나게 마련이다. 일곱 살만 되면 남의집살이하러 보내거나 고도모쿠미(子供組)[2]에 가입시켜 부모 품에서 떠나보낸다. '출세'할 기회도 없으니 '부모처럼' 살아가는 데 특별한 재능이 필요한 것도 아니다.

'모자밀착'은 '근대'에 들어와 중산계급에서 나타난다. 생산의 장에서 쫓겨나 오직 어머니로서 자신의 존재를 증명하는 길밖에 없는 '전업 어머니'가 생겨나면서부터 나타난 현상이다. 더욱이 이런 '자녀 양육하는 어머니' '교육하는 어머니'는 처음부터 자신의 **작품**, 즉 자식이 얼마나 잘되었는가 하는 것으로 평가받게 되었다(小山 1991). 교육이란 장을 통한 어머니와 자식의 이인삼각(二人三脚) 구조는 중산계급이 출현한 초기부터 짜여 있었다. 그리고 그것은 나중에 하스미 시게히코(蓮見重彦)와의 대담 『올드패션』(オールドファッション, 江藤·蓮見 1985; 1988)에서 에토 자신이 술회하듯이 "친구집에 놀러 갈 때는 먼저 전화를 걸고 찾아가는" 전전(戰前)의 야마노테(山の手) 지역 중산계급의 고립 속에서 자라난다. 이런 모자밀착은 어머니라는 불안정한 토대와 핵가족의 고립 그리고 그 속에서 아버지의 소외와 처음부터 구조적으로 이어져 있다.

일반적으로 일본 남성들 속에 '어머니'가 언제까지나 살아 있는 그 뿌리 깊음에는 경탄을 금할 수 없다. 그것은 농경사회에 학교교육제도가 도입되어 '근대'가 어머니와 자식 관계를 위협하기 시작한 뒤로도 변함이 없었으며 오히려 더 한층 강화되었다고 말할 수 있다. 근대 일본에서 '어머니'의 영향력 증대는 대개 희미해진 '아버지'의 이미지와 반비례한다. 학교교육의 확립과 동시에 아버지는 많은 어머니와 자식들에게… '부끄러운' 존재가 된다. (江藤 앞의 책, 37쪽)

모자밀착은 전통사회의 잔재 따위가 아니다. 그 정도의 모성숭배라면 지중해 지역 남자들이나 힌두교 속에서도 찾아볼 수 있다. 여기서 논하는 것은 근대가족 고유의 모자관계, 나아가 근대화의 속도가 비정상적으로 빠름으로 해서 자식들에게는 오직 "부모처럼 되지 않는 것"만이 '출세'를 의미하는 그런 불행한 근대화를 강요받은 사회의 현상이다.

그와 같은 근대에서 '모성'은 양면성을 지닐 수밖에 없다. "용서하고 받아들이는 어머니"와 "질타하고 거부하는 어머니"다. 『성숙과 상실』에서는 야스오카 쇼타로의 '어머니'와 고지마 노부오(小島信夫)의 '아내'가 주도면밀하게 대비되고 있다. 전자는 "용서하고 받아들이는 어머니"를 대표하고, 후자는 "질타하고 거부하는 어머니"를 대변한다. 야스오카의 '어머니'는 어머니 말고는 선택지가 없기 때문에 자식과의 사이가 절대적인 관계로 맺어진다. 그렇지만 고지마의 '아내'는 남편에게 어머니의 역할을 강요받지만 이미 '연애결혼'으로 남편을 선택한 상대적 관계를 형성한다. 첫머리에서 에토가 야스오카의 『해변의 광경』을 인용하는 것은 의미심장하다. 그것은 설령 살인을 저질렀어도 내 자식을 받아들일 수밖에 없는, "달갑지 않기"까지 한 어머니의 사랑을 그리지만, 단지 에토는 그런 무조건적인 '모성', 좀더 정확하게 말한다면 그 같은 '모성'의 존재에 대한 무조건적인 신뢰가 이미 사라져 버렸다는 사실을 증명하기 위해서 인용하고 있을 뿐이다. 야스오카의 '어머니'와 고지마의 '아내' 사이에는 전후(戰後)의 '민주화'라는 단절이 가로놓여 있다.

## 3) 칠칠치 못한 아들과 불만투성이 딸

그렇게 생각하고 둘러본다면 세상은 '부끄러운 아버지'와 '짜증나는 어머니'로 넘쳐난다. 그리고 그 자식들인 '칠칠치 못한 아들'과 '불만투성이 딸'이 결혼하면, 고지마 노부오의 『포옹가족』(抱擁家族, 小島 1965)에 나오는 슌스케(俊介)와 도키코(時子)가 된다. 에토는 이를 "어머니와 함께 아버지를 '부끄러운' 존재로 생각한 아들이 성장해서 그 아내와 아들에게 '부끄럽게' 여겨지는 '아버지'가 된다는 심리적 메커니즘"(江藤 앞의 책, 71쪽)으로 설명한다. 도키코는 아내가 되어서도 여전히 '불만투성이 딸'이어서 자신의 '행복'에 대한 책임을 상대방에게 떠맡긴 채 선택지를 바꿀 수 있을지도 모른다는 환상을 계속 품고 있다.

　사실 『포옹가족』의 미와 슌스케(三輪俊介)만큼 '매력 없는 가장'도 드물다. 이 주인공의 인물유형은 『포옹가족』이 처음 출판되었을 때 직업적 문예비평가들 상당수가 그 평가를 잘못했을 정도로 힘을 지녔다. 비평가들 (대부분이 남자이다)은 남자 주인공에게 자신을 오버랩시킴으로써 그토록 적나라한 자화상을 '비평'한 것이 아니라 그저 '혐오'했을 뿐이다. 예를 들어 『포옹가족』이 나온 직후에 가와카미 데쓰타로(河上徹太郎)는 『신쵸』 (新潮)의 「문학시평」에 이렇게 쓴다.

내가… 이 소설의 적극적인 지지자가 될 수 없는 이유는 이 남자가 매력이 없기 때문이다. (河上 1966)

『도쿄신문』(東京新聞)의 「문예시평」에서 혼다 슈고(本多秋五)도 마찬가지 발언을 한다.

이 주인공의 손이 닿으면 뭐든지 다 분열하고 동요하며 자신을 어떻게 할 수 없게 되어 그 모든 것이 고스란히 주인공에게 돌아온다. 재앙의 근원은 모두 그에게 있다. (本多 1965)

혼다는 『군상』(群像) 1965년 8월호에 실린 야마모토 겐키치(山本健吉), 후쿠나가 다케히코(福永武彦)와의 「창작합평」(創作合評)에서도 다음과 같이 되풀이한다.

"쇼노(庄野) 군의 가장이 가장다운 가장이라면 이 사람은 너무나도 가장답지 않은 쪽을 대표하지 않을까 싶습니다."

"역시 부인과 아이들 모두 어떻게 손쓸 수도 없이 형편없는 존재가 되도록 방치한 것은 주인공입니다."

"…이러면 가정을 수습 못하는 것도 당연하죠."

나라면 이렇게까지는 안 될 텐데 하면서, 나쁜 선례가 된 '칠칠치 못한 남편'을 조롱하는 혼다의 얼굴이 보이는 듯하다.

마찬가지로 「합평」에서 야마모토와 후쿠나가도 혼다에게 호응한다.

**야마모토** "…나는 부인 쪽이 전혀 매력이 없어요…."

**후쿠나가** "이처럼 매력 없는 여자와 함께 맺어진 이상, 역시 부부란 정말 대단한 것이란 느낌을 주는군요.(웃음)" (本多·山本·福永 1965)

'매력 없는 남편'과 '매력 없는 아내'의 조합을 이들 '문예비평가'들은 작품의 매력 없음과 등치시키지만 그것이 작가의 비평의식에서 나온 것이란 데는 생각이 미치지 못한다. 아무리 자학적으로 보이는 자전적 소설이라 해도 역설적으로 그 작가는 '자기폭로'(日地谷キルシュネライト 1992)라는 영웅적인 행위를 통해서 은밀하게 자기변호와 나르시시즘을 작품에 담는다. 그에 비하면 작가의 자화상이라 볼 수 있는 주인공이 이렇게까지 희화화되어 그려지는 것은 작가의 명석한 비판의식의 표현임을 '비평가'라면 알아차렸어야 한다. 하지만 그것이 불가능한 만큼, 이 작품에 그려진 부부의

리얼리티에 그들이 당황하여 허둥댄다는 것을 알 수 있다. 이것이 그들이 보고 싶지도, 듣고 싶지도 않은 현실인 것이다. 작품이 '혼탁'해서가 아니다. '혼탁한 리얼리티'(江藤 앞의 책, 90쪽)를 정확하게 묘사하고 있는 것이다. 에토가 말하듯 작가는 "불투명한 세계의 모습을 예리하게 파악하고"(같은 책, 93쪽) 있다. 바로 이 점이 이 작품의 힘일 것이다.

고지마의 『포옹가족』은 1965년 제1회 다니자키 준이치로(谷崎潤一郎)상을 받았다. 그 심사평에서 이토 세이(伊藤整)는 다음과 같이 고지마를 높이 평가했다.

> 단적으로 말하면 남성 작가들은 진지하게 아내란 존재를 생각해 보지 않았던 것이다. 혹은 생각하기를 두려워하고 있었던 것이다.
>
> …가정에 뿌리를 내리고, 가정을 자신의 보금자리로 여기며 게다가 여자라는 의미에서의 아내의 모습은 이 작품을 통해 처음으로 일본인들의 마음속에 자리 잡았다고 해도 좋을 것이다. (伊藤整 1965)

히라노 겐(平野謙)처럼 처음엔 낮게 평가하다가 나중에 그것을 취소하는 낭패감을 솔직하게 토로하는 비평가도 있다.

> 나중에 생각해 보니까 아무래도 내가 이 뛰어난 작품을 잘못 비평한 것 같다는 생각이 들었다. 한마디로 나는 이 작품이 남녀의 본질적 차이를 그린 것으로 보고 주로 남성의 희화화에 주목했는데, 그런 추상적인 분석방법이 아

니라 현대 가정생활에서 남녀의 모습을 그린 것으로 보다 구체적으로 비평했어야 했다. (平野 1971)

히라노는 같은 해 『문학계』 12월호의 「1965년 문단 총결산」에서도 같은 발언을 한다.

자신의 '부끄러운' 자화상을 이렇게까지 철저하게 보여주었다고 하면서도 작품의 평가보다 자기혐오를 느낄 정도로 낭패감을 드러내는 대부분의 남성 비평가들에 비하면, 이토 세이의 혜안은 한마디로 군계일학이다. 비평가의 역량은 시간을 두고 살펴보면 잘 알 수 있다. 이토는 심지어 "이 작품으로 말미암아 일본 여성의 윤곽은 변해 갈 것"이라 말한다. 이토가 그렇게 말할 수 있었던 것은 전후(戰後) 일본 여성의 변모를 모더니스트로서 확실하게 느끼고 있었기 때문이다.

나는 에토를 통해서 고지마의 『포옹가족』을 읽었다. 비평가의 '읽기'에 의해 그 시대의 금자탑이 되는 작품이 있다. 고지마는 에토라는 독자를 얻는 행운으로 말미암아 60년대를 대표하는 작가로서 오랫동안 기억될 수 있었다.

### 4) 지워진 타자

그렇지만 같은 해 『군상』(群像) 10월호에 실린 이토 세이, 야스오카 쇼타로, 에토 준 세 사람의 좌담회 「문학의 가정과 현실의 가정」에서 이토는 자신이 생각하는 '현실 가정'을 이렇게 표현한다.

아내를 자기 내면에 동화된 형태로 가두어두고, 자신은 가족의 대표로서 오로지 혼자라는 입장에서 쓰는 경우가 많지 않은가? …아내의 슬픔에 대해 우리는 타인으로서 이를 다루기보다 자신의 아픔으로 다루지 않았을까? 그렇기 때문에 아내는 결코 타인이 아니며 자기 안에 동시에 존재하기도 한다. …우리에게 아내는 이른바 서양의 와이프가 아니다.

세 사람 가운데 가장 연배가 낮은 에토가 곧바로 되받는다.

**에토** "지금 이토 씨께서 말씀하신, 자신 속에 아내를 가둬두고서 애지중지한다는 것은 역으로 말하면 오직 자기만을 소중하게 여긴다는 것이겠죠."

**이토** "말씀하신 그대로입니다. 아무래도 그 부분이 확실하게 정체를 알 수 없어 제대로 얘기할 수 없군요." (伊藤·安岡·江藤 1965)

'정체는 확실'하다. 거기에 아내라는 타자는 존재하지 않는다. 이것이야말로 에토가 거듭 지적하고 있는, '아내'에 '어머니'를 동화시키려는 일본 남성들의 유아성 혹은 이 말이 너무 심하면 에고이즘의 표출이다. 이때 아내는 어디까지나 "용서하고 수용하는 어머니" 역할을 강요당한다. 심지어 남자는 아내의 '용서'를 시험하기 위해 이런저런 식으로 자기가 할 수 있는 최대한의 방탕을 일삼으며 아내를 괴롭힌다. 아내는 타인이 아니라 남자의 일부이기 때문에, 아내를 괴롭히는 행위는 바닥을 모르는 자학행위를 닮아간다. "부부가 되면 상대방의 실수는 모두 자신의 상처"라고 말하는 이토 세이 같은 남자에게 아내의 고통은 자책, 일종의 자학이 된다. 그리하여 남자의 에고이즘은 찜찜한 색조를 띠면서 윤리적으로 면죄를 받아왔다. 적어도 지금까지의 사소설(私小說) 속에서는 그러했다. 이 점을 에토는 정확하게 지적한다.

> …애초부터 슌스케와 도키코의 관계는 '부부'라는 윤리적 관계에 앞서 '모자'라는 자연적 관계를 회복하려는 충동으로 유지되어 왔는데, 여기서는 농밀한 '어머니'와 '자식' 간의 정서가 존재하는지 이외에는 아무런 가치기준이 없기 때문이다. '부부' 사이에 '모자'의 육감적인 관계를 요구하는 것은 말할 나위도 없이 근친상관적인(incestuous) 욕구다. 그것은 '어머니'를 성적으로 바라보는 것이며 성적 쾌감으로써 '어머니' 품속의 편안함이라는 환상을 느끼려는 것이다. 이를 혈연 이외의 것을 혈연으로 동화시키고자 하는 충동이라 해도 좋을지 모르겠다. 즉 여기에 '타인'이라는 존재는 없다. (江藤 앞의 책, 86~87쪽)

이 또한 에토가 일본의 부부관계에 존재하는 '자연'적인 관계의 함정을 간파하고 있기 때문에 가능하다. 이런 '자연'적인 관계 속에서는 남편이나 아내 모두 서로에게 '타자'가 될 수 없다. "다름 아니라 그것은 그들이 '부부'라는 윤리적 관계이기에 앞서 '모자'라는 자연적 관계를 회복하고자 하는 욕구로 맺어져 있기 때문이다."(같은 책, 47~48쪽) "서로에게 더할 수 없이 '외로움'을 느끼게 하면서도 결코 '고독'에 익숙해지지 않는 일본 부부의 현주소"(같은 책, 48쪽)를 에토는 익히 알고 있다.

『성숙과 상실』에서 에토는 요시유키 준노스케(吉行淳之介)의 『별과 달은 하늘의 구멍』(星と月は天の穴, 吉行 1966)을 언급하는데, 그것은 '자연'이 배제된 남녀관계에서도 마찬가지로 남자에게 '타자'가 배제되고 있음을 논증하기 위해서다. 에토는 요시유키에게 엄격했는데, 이는 "여자를 한낱 '도구'로만 본다는 것은 여자 속의 '자연', 즉 모성을 부정하는 것"이며 그렇게 해서 형성된 요시유키의 '인공적 세계'는 '상실'을 자각조차 못하는 '작가의 비평의식 결여'를 드러냈기 때문이다. 주인공은 '모성이 결여된 여자', 다시 말해 오로지 '창녀'하고만 혹은 창녀처럼 여겨지는 여자하고만 성적 접촉을 할 수 있으며, 이는 '어머니의 거부' '여자의 배신'을 경험했던 남자의 흔해 빠진 '여성혐오' 이야기에 불과하다. 그후 전후(戰後)에 태어난 세키네 에이지(關根英二)는 요시유키를 논한 저서의 제목을 『지워진 '타자'』('他者'の消去, 關根 1993)라 붙였는데 확실히 명언이라 할 만하다. 이 책이 미국인 아내를 둔 젊은 일본인 남성이 썼다는 점도 시사하는 바 크다.

## 5) 산업화와 여성의 자기혐오

그렇지만 아내에게는 남편에게 당한 고통이 결국 타인한테서 받은 고통이다. 괴로움을 겪는 쪽은 남편이 아니라 바로 자기 자신이기 때문이다. 남편에게 아내는 '타인'이 아닐 수 있다 해도, 아내 입장에서 남편은 생각할 것도 없이 '타인'이다. 타인의 존재를 거부하는 남편과 달리 아내는 타자가 없는 '모자'관계 속에서는 자신이 착취당하는 쪽임을 이미 알고 있다. 야스오카 쇼타로의 '어머니'와 달리, 도키코는 '어머니'말고는 더 이상 받아들일 선택지가 없는 여자가 아니다. 요시유키의 '창녀' 역시 자학을 통해서 성적 쾌락을 느끼는 여자로 그려지고 있지만, 이 또한 결국 남자들의 편의주의적인 꿈에 지나지 않는다. 남자가 그린 시나리오에 공범으로 함께 공연할 여자가 더 이상 없을 때, 비로소 여자는 기분 나쁜 타자로 변모한다. 고지마는 타자가 되어버린 아내와 마주쳤을 때의 당혹함과 놀라움을 "그곳에 한 여자가 있다는 사실에 압도당했다"고 솔직하게 묘사한다.

그보다도 도키코에게는 '어머니'를 받아들일 준비도, 능력도 없다. 그것은 '근대'가 그녀 내면의 '모성'을 죽였기 때문이다. 그리고 당연히 어머니를 목 졸라 죽일 때 기꺼이 손을 빌려준 사람은 도키코 자신이다. '모성의 자기파괴'는 이른바 근대화 과정과 "떼려야 뗄 수 없는 관계에 있는 본질적인 주제"(江藤 앞의 책, 108쪽)라고 에토는 지적한다.

[남편에 대한] 경쟁심의 저 깊은 곳에 감추어져 있는 것은 남자가 되고 싶다

는 도키코의 욕구다. 그녀는 남자처럼 '집'을 떠나고, 남자처럼 '출발'하고 싶어한다. 그것은 바꿔 말하면 여자인 자신에 대한 자기혐오에 다름 아니다. …즉 그녀가 '어머니'이고 '여자'라는 사실은 혐오의 대상이다.

이것이 '근대'가 일본 여성에게 심어준 가장 뿌리 깊은 감정이라 한다면, 문제를 지나치게 일반화하는 건지도 모르겠다. 어떤 의미에서 여자라는 것을 혐오하는 감정은 근대 산업사회를 살아가는 모든 여성들에게 보편적인 감정이라고도 할 수 있다. (같은 책, 64쪽)

여성적인 농경사회를 온통 휩쓴 이 '출발'이 현실의 여성에게 가장 큰 영향을 끼쳤다는 것도 당연하다. 만일 여성이고 '어머니'이기에 '방치되었다'면 자기 안의 자연=어머니는 자기 손으로 파괴하지 않으면 안 된다. 더욱이 산업화의 속도가 빠를수록 그만큼 여성의 자기파괴는 철저해야 한다. (같은 책, 113쪽)

"나라는 망해도 산천은 여전하네"라고 사람들이 노래할 때, 아직 그들은 '자연'의 존재를 믿을 수 있었다. 그러나 산업화 과정에서 일본인은 자신의 손으로 자연을 파괴해 간다. 여성 속의 자연 또한 예외는 아니었다.

산업화가 여성원리를 최종적으로 파괴하는 문명과정이란 것은 일리치(Ivan Illich)의 『젠더』(Illich 1982. イリイチ 1984)를 기다릴 필요도 없었다. 산업사회는 추상적인 '개인'이란 이름 아래, 사실은 성인남성을 모델로 한 인간관을 만들어냈다. 사회의 모든 구성원 스스로는 그것을 닮고자 하든가,

아니면 그렇게 될 수 없는 자신을 부끄러워해야 했다. 프로이트의 '페니스 선망'이라는 허황한 이야기는 여기서 생겨난다. 여성은 이미 거세된 상태로 태어나기 때문에 남성과 비교해 불완전한 생물이고 남성을 선망할 수밖에 없는 운명이라는 저 '근대'의 파렴치한 '남성 신화'가 그것이다. 프로이트의 설은 결코 보편이론이 아니다. 바로 '근대가족' 이야기이기 때문에 그토록 여성의 자기혐오에 관해 잘 설명할 수 있는 것이다. 에토가 근거로 삼고 있는 에릭슨 또한 프로이트 학파란 점에서 예외는 아니다.

근대 산업사회에서 '문화'에 대해 '자연'으로 배정받은 여성은 자신의 열등성을 감수하든가, 아니면 자신의 여성성을 스스로 혐오할 수밖에 없다. 그리고 여성성을 혐오하는 여자는 프로이트에 의해 '남자가 되고 싶어 하는 여자' '페니스 선망'의 소유자로서 '신경증'을 선고받는다. 정신분석가에게 이 신경증의 '치료'란 여성을 원래 존재해야 하는 열등성 소유자로 되돌려놓는 것, '이류시민'인 자신의 운명을 감수하게 하는 프로세스에 지나지 않는다. 여자에게 이 '적응'은 '문화'에 의해 이미 거세된 자신을 다시 한번 자기 손으로 거세하는 '노예의 행복'을 의미한다. '근대주의'를 깊이 내면화한 보부아르(Simone de Beauvoir) 같은 여성에게, 여자를 모성에다 묶어두는 임신이나 출산은 '암소의 굴욕'(ボーヴォワール 1953)과 다를 바 없었다. 1960년대의 페미니즘이 파이어스톤(Shulamith Firestone)에 이르기까지 오로지 여성의 몸을 중성화하려고 했던 것은 산업화가 여성에게 각인시킨 이 자기혐오와 관계가 있다. 그렇지만 자기정체성(identity)의 확립이 구조적인 자기파괴로 이어지는 그 같은 '해방'은 이치에 맞지 않는

다. 여성해방사상이 '근대주의'의 주술적 속박 자체로부터 벗어나기까지는 70년대 리브[3]의 등장을 기다려야만 했다.[4]

여자도, 남자도 '근대화'와 '산업화'의 가치를 전혀 의심치 않았던 60년대 중반에, 산업화 한가운데 있는 여성의 이 같은 구조적 부조리를 일찌감치 지적했던 에토의 식견에 놀라지 않을 수 없다. 에토는 70년대 이후 뚜렷하게 나타나는 일본 여성의 변모와 페미니즘의 존재이유를 이미 싹도 틔우지 않은 그 씨앗으로부터 적확하게 읽어냈던 것이다.

그렇지만 여기에 또 한 가지 일본 고유의 상황이 등장한다.

… '근대'가 미와 도시코의 경우처럼 무조건 반짝반짝 빛나는 것, 반드시 손에 넣어야만 하는 행복이라고 생각하는 것은 아마 일본 여성 특유의 감정일 것이다. 그리고 이 근대에 대한 동경이 자기혐오의 이율배반적인 표현이란 것도 아마 일본 특유의 현상임에 틀림없을 터이다. (江藤 앞의 책, 64쪽)

더욱이 이 '근대'는 '아메리카'의 얼굴을 하고 있다.

…도키코가 이렇게까지 '근대'에 혼이 빼앗기지 않았다면 자기 손으로 조지라는 근대를 '집' 안으로 받아들여 자신의 태내에까지 '끌어들이려'고 했을 리가 없다. 그것은 한편으로 근대를 자신의 내면에 소유하고 싶다는 욕구의 표현이고, 또 한편으로는 결코 근대에 도달할 수 없는 자신을 처벌하는 의식이라고 해야 할 것이다. (같은 책 66쪽)

## 6) 아메리카의 그림자

'근대'는 반드시 '아메리카'의 얼굴을 해야만 하는 것일까? 확실히 아메리카에 대한 이 같은 집착에는 고지마가 겪은 패전 그리고 그런 고지마의 집착을 집요하게 재생산하는 에토 자신의 북아메리카 체험이 그림자를 드리우고 있다. 그것은 전쟁에 '패배한 남자들'에게 공통된 세대적 체험일지 모르지만, 에토나 고지마 두 사람에게 공통된 세대적 체험을 여자에게도 강제함으로써 또 한 가지 측면을 놓치고 있다.

여자는 '출발'하기 위해 다시 남자를 선택했고 '패배한 남자들'을 가차없이 내팽개치고 떠날 수 있었던 것이다. 전후(戰後) 폐허에서 '전쟁신부'가 된 여성들, 거대한 몸집의 미군병사에게 매달려서 가족을 부양했던 매춘부들은 '패전'의 길목에서 남자와 동반자살하는 의리 따위는 지키지 않았다. 이를 탐탁지 않게 여기는 일본 남성들도 많을 터이다. 도키코에게 조지와의 간통은 자신을 '출발'하지 못하게 막는 남편에 대한 '복수'란 측면을 지닌다. 사실 작가는 도키코의 입을 빌려 "내가 조금만 더 젊었더라면 이 따위 집구석 박차고 나가 조지와 함께 떠날 텐데"라고 말한다. 그 속에서 도키코의 '미성숙'을 봐도 좋다. 하지만 자신을 '근대'에 이르게 해줄 수 없는 '칠칠치 못한 남편'에 대한 '처벌'을 '자기에 대한 처벌'과 등치시키는 에토의 표현에서, 아내를 남편에게 동일화시키는 이토 세이의 부부관을 엿볼 수 있다. 아니면 '승자'에게 꼬리치는 여자의 변절이 너무도 못마땅한 나머지, 보고도 못 본 척하는 남자들의 본심이 무심코 드러난 것인지도 모른다.

'정사'(情事)의 일본어 발음(조지 じょうじ)과 똑같은 이 '조지'는 정녕 '아메리카 사람'이 아니면 안 되었던 것일까? 80년대의 '중앙난방식 주택'에서는 '금요일의 아내들'이 간통과 진배없는 불륜을 탐하고 있다. 도키코의 욕망은 이미 '자기처벌'에 이르기도 전에 쉽사리 달성된다. 정사는 주부의 일상에 대한 불만 해소, 아내들의 일종의 기분전환일 뿐, 그것이 빌미가 되어 가정이 파탄 나지는 않는다. 정사현장이 발각되자 "당신이 이런 걸 못 참으면 안 되죠. …그저 희극쯤으로 여기고 넘겨버릴 정도는 돼야죠. 외국 문학작품에서는 흔해빠진 거잖아요"라는 대꾸하는 도키코의 유럽적 퇴폐는 희화화되어 일본 가정생활 깊숙이 뿌리 내린다. 아내들은 '출발'한 그 앞길에도 그다지 큰 차이가 없는 일상이 기다린다는 사실을 이미 잘 알고 있다. 그렇게 생각하면 '금요일의 아내들'은 20년 후 도키코의 모습이며, 이 '정사'는 상대방의 국적과 관계없이 어떤 보편성을 지니는 듯하다.

그렇지만 또 하나 60년대 주부 도키코와 '금요일의 아내들' 사이에는 고도성장이 가져다준 차이가 가로놓여 있다. 일본은 미국을 '쫓아가 추월'을 달성했고, 이제 '아메리카'는 도달해야 할 모델의 지위를 상실했다. 60년대 미국 유학생들은 손잡이를 틀면 뜨거운 물이 콸콸 나오는 수도꼭지에 놀라 홀딱 반했고, 80년대 교환학생으로 간 고교생들은 똑같은 현상을 두고 "미국에 가서 감탄한 것은 일본과 생활수준이 같다는 사실이었다"고 감상문에 쓴다. 미일 경영논쟁에서 일본은 승리를 거뒀고 미국은

'이류 자본주의'의 대명사가 된다. 일찍이 이런 사태를 예측이나 했겠는가?

아메리카는 일본에게, 아니 그보다는 에토에게 운명적인 '타자'이다. 에토의 아메리카에 대한 집착은 그후에도 1976년 무라카미 류(村上龍)의 『한없이 투명에 가까운 블루』(限りなく透明に近いブルー, 村上龍 1976)나 1980년 다나카 야스오(田中康夫)의 『어쩐지, 크리스탈』(なんとなく, クリスタル, 田中 1981)에 대한 평가에서 되풀이해서 나타난다. 풍속으로서의 아메리카가 전후(戰後) 일본의 역사에서 수행한 역할의 전환점에 대해 에토는 그때마다 민감하게 반응한다. 이를 에토 세대의 아메리카 콤플렉스라고 칭해 버리기란 쉽다.

그렇지만 에토가 아메리카라는 상징에서 본 것은 '아버지의 문화'다. 고지마는 주인공으로부터 아내와의 간통을 힐문당하는 조지라는 청년에게 "책임? 누구에게 책임을 느낀다는 건가? 나는 우리 부모님과 국가에 대해서만 책임을 느낄 뿐이다"라고 말하게 한다. 도통 교양이란 없어 보이는 이 청년의 입에서 '국가'라는 단어가 튀어나왔다는 데서 주인공은 물론이고 에토 역시 허를 찔렸다. '신'을 대신해서 '국가'라는 초월적인 주체를 바다 건너에서 짊어지고 온 이 '카우보이'에 대해 『포옹가족』의 가장은 "예를 들어 아내가 남자랑 뭔 짓을 했다고 해서 그건 있을 수 없는 일이라고 말할 근거는 없어. 다만 불쾌할 뿐이지. 그렇다면 그때 이 불쾌함을 없앨 방법만 있다면 그걸로 됐다는 뜻이기도 하지"라고 말함으로써 초월적인 윤리의 부재를 드러내버린다.

여기서 우리는 '어머니의 붕괴' 그늘에 숨겨져 있는 주제, '아버지의 결핍'과 마주친다. 일본이 처음부터 초월적인 윤리가 결여된 '모성원리'의 사회가 아니었다는 것은, 에토가 소세키 소설의 구성을 떠받치고 있는 것은 '유교의 초월적 · 부성 원리'인 '하늘'[天]이며, 런던 이후의 소세키에게서 '하늘'은 빠졌지만 "그래도 오히려 그의 내면에는 초월적인 시각의 결핍을 고통으로 느끼는 감각이 있었다"(江藤 앞의 책, 148쪽)고 지적하는 데서도 알 수 있다. 에토가 보기에 그 주제는 "안으로도 밖으로도 '아버지'를 상실한 자가 어떻게 계속 살아갈 수 있었을까 하는 문제"(같은 책, 152쪽)이다. 이 문제는 "도키코 자신이 구하던 것도 '아버지'였다"며 정당화되지만, 이 무렵부터 『성숙과 상실』의 주제는 기묘하게 뒤틀린 모습을 보이게 된다. 에토는 1962년부터 2년 동안 미국생활을 경험한다. 그 배경에서는 그 자신이 말한 '아메리카의 그림자'(같은 책, 156쪽)가 꼬리를 늘어뜨리고 있는 듯하다.

전체적으로 전후(戰後) (남성) 지식인들의 북아메리카 체험에 공통적으로 드리워져 있는 '아메리카의 그림자'를 단순히 승자에게 느끼는 콤플렉스라 말할 수는 없다. 그들은 미국에서 '아버지의 문화'를 발견했고 자신들이 패배한 것은 이 '아버지'의 부재 때문이라고 간단하게 연결시키고 싶어하는 듯하다. 에토는 미와(三輪) 집안의 가장, 슌스케의 '아버지'로서 '통치능력 결여'를 지적하면서 슌스케가 '갖추어야 할 것'은 결국 '아버지가 되는 것'이라 단언한다. 마치 미와 집안의 문제는 슌스케가 '아버지'가 되기만 하면 모두 해결되기라도 하는 듯이. 그렇지만 도키코가 진짜 추구했던 것이 과연 '아버지'였을까?

소세키로부터 반세기를 지나서 고지마 노부오를 비롯한 '제3의 신인들'에게서 "'어머니'에 대한 민감한 감수성과는 정반대로 '아버지'의 배후에 있는 초월적인 '하늘'을 보는 감각"(같은 책, 152쪽)을 찾아볼 수 없는 것은 유교적인 '통치자' 문화에서 우매한 농경민 문화로 바뀌었기 때문일까?

> 슌스케와 도키코를 대표로 하는 문화는 [『명암』의] 쓰다(津田)와 오노부(お延)라는 젊은 부부로 상징되는 문화보다 훨씬 낮은 계층의 문화다. 거기서는 뒷골목 셋방살이 아낙네처럼 걸쭉한 욕설을 퍼붓고 싸우는 부부가 캘리포니아식 냉난방 시설이 갖추어진 집에서 살려고 한다. (같은 책, 73쪽)

몰락해 가는 '통치자'의 입장에 서서 근대화가 탄생시킨 이런 '벼락부자'를 '우민화'라고 탄식한다면 호이징가(Johan Huizinga) 흉내를 내는 니시베 스스무(西部邁)의 '보수주의'가 성립한다. 북아메리카 체험은 전후(戰後) 민주주의와 개혁 이념을 위해 한때 온몸을 던졌던 이 젊은 사회주의자도 '전향'시켰다. 떠나기 전에 『소시오 이코노믹스』(西部 1975)라는 뛰어난 책을 집필했던 근대 경제학의 수재는 1976년부터 78년까지 2년 동안 서구를 체험하고 와서 『신기루 속으로』(蜃氣樓の中へ, 西部 1979)라는 서정성 넘치는 체류기를 쓴 후, 완고하고 시니컬한 보수주의자가 되어 논단에 등장한다. 이 '전향'에는 기묘한 공통점이 있다.

에토도 마찬가지로 2년 동안 북아메리카에서 지내고 돌아와서 마치 일본 문화에서 '아버지'의 결여를 새롭게 발견한 것처럼 숨 가쁘게 『성숙과 상실』을 써내려갔고, 그후 주옥같은 에세이 『한밤의 홍차』(夜の紅茶, 江藤 1972)로 짧은 휴지기를 가진 후 『일족 재회』(一族再會, 江藤 1973)라는 자기 뿌리 찾기에 나선다. 한마디로 그것은 통치자를 향한 길이었다.

## 7) 통치자의 회복

여기서 『나쓰메 소세키』 이후 에토의 일관된 주제가 명료하게 드러난다. 그것은 '근대'로 인해 뿌리째 뒤흔들렸던 일본이 어떻게 스스로 회복하는 가라는 메이지 이후 지식인들에게 너무나도 익숙한 과제다. 에토는 『나쓰메 소세키』에서 '하늘'의 상실을 탄식하며, 에토와 동시대인인 야마자키 마사카즈(山崎正和)는 모리 오가이를 소재로 해서 '기분 언짢은 가장'을 논한다(山崎正和 1972). 그들에게 메이지 이후 일본 지식인의 투쟁은 '가장'이 되려다 성공하지 못한 역사인 것이다.

그러나 '통치자'가 되었든 '가장'이 되었든 남성 지식인에게 그러한 자기회복의 길이 언제나 서둘러 '아버지'가 되는 것은 왜일까? 남성 지식인, 감히 이렇게 말하겠다. 남자가 성급하게 아버지가 되었을 때, 여자는 어디에 있는 것일까? '칠칠치 못한 아들'이 '믿음직한 아버지'만 된다면 도키코의 문제는 해결되었을까? 남자가 '통치자'를 지향할 때 여자는 안심하고 '피치자'가 되면 될까? 참으로 프로이트의 '히스테릭한 여자'에 대한 '치료'와 닮았다. 근대가 여자를 자기혐오하게 만드는 장치란 것을 그만큼 정확하게 파악한 에토가 그것을 '해결'이라 생각할 리가 없다. '어머니의 붕괴'를 '아버지의 결핍'으로 대체해 버리는 문제설정 방식은 왠지 문제를 전도시키는 듯한, 그도 아니면 교묘하게 회피해 버리는 것 같은 느낌이 든다.

남자가 통치자가 되었을 때 여자도 똑같이 통치자를 지향하려 한 것이 페미니즘이라는 오해가 있는데, 만일 그렇다고 한다면 페미니즘은 처음부터 '근대'가 꾸며놓은 덫에 빠져버린 게 된다. 당연한 말이지만 모든 사람이 통치자가 된다는 것은 정의상 불가능하다. 모두 다 통치자가 되었을 때, 피치자는 어디에도 없기 때문이다. 남자가 통치자를 지향할 때 여자는 더 이상 통치자를 찾지 않는다. 남자가 통치자가 되어서 둘러보았을 때 자신을 뒤따르는 사람이 하나도 없다는 우스꽝스런 상황이, 서둘러 아버지가 되려는 남자들에게 기다리는 운명이다. "그 누구도 당신에게 아버지가 되어달라고 부탁한 적 없어요." 이렇게 90년대의 도키코는 말할 것이다. '통치자의 불행'을 받아들이겠다는 남자들의 비장한 각오는 이로써 혼자만의 희극으로 전락해 버린다.

니시베의 보수주의가 아이러니로 가득 찬 것은 그가 "누구한테도 부탁받은 적 없는" 아버지의 역할을 자기 멋대로 연출한다는 해학을 자각하고 있기 때문이다.

'근대주의'의 세례를 받은 일본 남성 지식인이 북아메리카 체험을 계기로 '보수주의'로 전향하는 모습을 에토의 예를 들면서, 가토 노리히로(加藤典洋)는 그 이름 그대로의 저서 『아메리카의 그림자』(アメリカの影, 加藤

1985)에서 쓰고 있다. 전후에 출생한 이 남성은, 역시 북아메리카를 체험한 적이 있지만 보수주의로 전향하지 않은 쓰루미 슌스케와 더불어 몇 안 되는 예외적인 사람이다. 가토에게도 에토의 이러한 '변절'은 남의 일이 아니라 어떻게 하면 덫을 피할 수 있을지를 배우기 위한 절실한 관심대상이었음에 틀림없다.

가토는 이렇게 지적한다.

> 만일 한편으로 확고한 일본적 자연, 내셔널리즘의 원천이라고도 할 만한 것을 믿었다면, 그 [에토]는 '의회제 민주주의의 옹호'를 주장하는 근대주의자로서 세상에 설 수 있었을 것이다. 또 한편으로 일본의 '근대'란 것이 확고하게 존재한다고 판단했다면 그는 『일족 재회』를 계속 쓰면서 보수주의자의 한 사람으로서, 잃어가는 것을 깊이 애석해하는 사람으로서 세상에 존재했을 수도 있을 터이다.

현실의 에토는 그 어느 쪽도 되지 않았다. 어찌 되었건 보수주의자가 되기 위해서는 야마자키처럼 시대로부터 떨어져 나와 미의식 속에 파묻히든가 아니면 니시베처럼 시대착오적인 역설 속에서 살아가는 길밖에 없다. 에토가 어느 길도 택할 수 없었던 것은 시대에 대한 예민한 감수성 때문이다. 그리고 『성숙과 상실』 이후의 에토는 그 시대의 혼란을 진지하게 마주 대했다. 다나카 야스오나 야마다 에이미(山田詠美)는 슌스케와 도키코의 아들과 딸들이다. '칠칠치 못한 아들'들은 더 이상 '아버지'가 되려 하지 않으면서 '불만투성이 딸'들에게 이리저리 끌려다니고, '불만투성이 딸'들은 불평불만을 숨기지 않고 일본 남성들을 쉽게 차버린다. 남자나 여자 모두에게 '성숙'의 과제 따위는 어디론가 날아가 버린 70년대 이후의 일본을 에토는 어떻게 볼까?

## 8) 다시 '어머니의 붕괴'에 대해

에토가 파헤친 '어머니의 붕괴'는 '아버지의 결핍' 같은 유사한 문제로 치환되지 않은 채 그대로 남아 있다. 초월적인 논리의 부재는 '부성원리'가 '모성원리'로 대체된 데서 비롯된 것은 아니다. 초월의 계기는 모성원리에도 내재해 있다.

프로이트의 오이디푸스 콤플렉스에 대해, 프로이트 밑에서 공부한 일본인 분석가들은 전전(戰前)부터 '아자세 콤플렉스', 즉 '벌하는 아버지'가 아니라 '고통받는 어머니' 이야기를 들고 나왔다. 일본인은 모성사회 속에서 '초자아'의 형성을 제지당한 채 성인이 된다는 서구 중심적인 일본 문화론에 대해, 그들은 자식의 실패를 자책하는 '고통받는 어머니'의 존재를 통해서도 초월적인 규범의 형성이 가능하다고 논한다. 하지만 『가정의 갱신을 위해: 홈드라마론』(家庭の甦りのために: ホームドラマ論, 佐藤 1978)에서, 60년대를 거치면서 여자들에게 일어난 변모를 논하는 사토 다다오(佐藤忠男)는 '어머니의 붕괴'는 '고통을 감내하는 어머니'의 붕괴라고, 훨씬 무서운 선고를 내린다.

"근대가 여자에게 심어준 자기혐오"나 '자기처벌' 같은 에토의 표현은 자학적이고 자책하는 '고통받는 어머니'의 이미지와 잘 어울린다. 그러나 도키코 안에 있는 것은 보다 직접적인 욕망이다. 70년대 들어와서 그 욕망이 여자들을 가정 밖으로 뛰쳐나가게 하는 모습을 야마다 다이치(山田太一)의 『물가의 앨범』(岸辺のアルバム, 山田 1977)은 그리고 있다. 더 이상 여자들이 고통을 감내하지 않으면서 자신의 욕망을 주저 없이 추구하기 시작하자 '근대'는 그 내부에서부터 서서히 무너져 내린다. 이제 더 이상 근대는 달성해야 할 목표도 아니거니와 극복해야 할 억압도 아니게 되었을 때, '통치자'가 되려는 남자들의 노력은 보는 이 한 사람도 없는 무대 위의 우스꽝스러운 모노드라마처럼 되었다.

에토는 쇼노 준조(庄野潤三)의 『저녁구름』(夕べの雲, 庄野 1965)에 실린 「코요테의 노래」(コヨーテの歌)를 언급하면서 '통치자의 불행'을 받아들인 주인공의 존재감 상실이 "그의 집이 있는 언덕이 단지(団地)조성 때문에 헐린다"는 자연파괴와 이어지고 있음을 지적한다. 가토 노리히로는 『아메리카의 그림자』에서 갑자기 도미오카 다에코(富岡多惠子)의 『파도치는 토지』(波うつ土地, 富岡 1983)를 논하지만, 도미오카의 소설은 이 단지조성 때문에 허물어진 언덕의 한복판에서 시작한다. 가토에게 『아메리카의 그림자』에서 『파도치는 토지』를 논하는 것은 필연적이다. 그것은 '어머니의 붕괴', 나아가 여자 스스로 협조한 '자연파괴'의 상징이기 때문이다. 가토가 말하듯이 밖에 있는 자연이 무너질 때 여자 안에 있는 자연 또한 무너지고 있기 때문이다. 그리고 물론 그것을 유도하고 추진했던 남자 안의 자연은

훨씬 전에 파괴된다. 에토의 『성숙과 상실』이 나에게 절실했던 것은 여자가 단순히 이 과정의 수동적인 피해자가 아니라 남자와 공범자였기 때문이다.

'어머니의 붕괴'는 결코 회복될 수 없는 문명의 과정이다. '아버지의 회복'이 이루어진다 해도 '어머니의 붕괴'가 멈춰질 리 없다. 누구한테서도 요청받은 적 없는 '아버지의 회복' 따위는 공허한 허장성세든가 혼자서 열 내는 원숭이연극에 불과하다. 오히려 90년대의 아들들은 이제 '아버지'가 되려는 생각 따위는 하지도 않으며, 딸들은 '고통을 감수하는 어머니' 같은 건 이미 오래전에 자신의 손으로 죽여버렸다. 여자를 '신경증' 안에 가두어버렸던 '근대'에 당연히 페미니즘은 저주의 목소리를 높이지만 포스트페미니즘의 여성들은, 야마자키 고이치(山崎浩一)의 『남녀론』(男女論, 山崎 1993)에 따르면 "이미 성적 주체가 될 의사도 능력도 모두 갖추고 있음에도 이 상태에서는 성적 주체이기를 포기한 남자들에게 끝까지 이용당한다는 것을 잘 알기 때문에 군이 주체가 되려고 하지 않는" 상황에 놓여 있다. 이런 사회에서 소세키 이후의 '성숙' 과제 같은 것은 어디론가 날아가버린 듯이 보인다.

그것이 남자나 여자 모두 바라던 근대의 귀결이었다고, 일본인은 스스로 소망하던 바를 손에 넣었다고, 에토는 고통스러운 각성의 의식으로 말하려는 것일까.

## 9) 근대가족을 넘어서

80년대 들어와서 아동문학이나 만화 세계에서는 붕괴가족의 이야기가 자주 그려지고 있다. 이토이 시게사토(糸井重里)가 『해체된 가족』(家族解散, 糸井 1986)에서 묘사하듯이, 가족은 만들 수도 있지만 동시에 해체할 수도 있는 불안정한 것이 되어버렸다. 이런 가족의 허약함을 누구보다 뼈저리게 느끼는 것은 가족 없이는 살아갈 수 없는 어린아이들이다. 쓰무기 다쿠(紡木たく)의 만화 『핫 로드』(ホットロード, 紡木 1986~87)에서는 폭주족 남자친구를 둔 감수성 예민한 소녀가 오로지 자신의 연애만을 걱정하는 단괴(團塊)세대의 이혼한 어머니를 향해 "좀 엄마답게 처신하라"며 주문한다. 아동문학 세계에서도 이혼이나 붕괴 가족은 예사이다. 히코 다나카(ひこ田中)의 『이사』(お引っ越し, ひこ田中 1990)에서는 이혼한 부부는 자기들 일에만 매달려서 벅차고, 『캘린더』(カレンダー, ひこ田中 1992)에 이르러서는 더 이상 부모마저 없는 소녀가 조부모와 떠돌이를 하숙인으로 둔 비혈연적 확대가족 속에서 살아간다.

'아버지의 상실'과 '어머니의 붕괴'는 근대가족의 종언과 함께 일상화되어 가고 있다. 만일 헤겔이 말한 것처럼 가족이 인륜의 기본이라면 이토록 허약해진 가족에서 윤리의 기원을 찾는다는 것은 불가능해 보인다. 그렇지만 가족에서 인격과 윤리의 기원을 추구한 프로이트의 이론 자체가 '근대가족'을 낳았다고 한다면 어떻게 할 것인가?

'세상'이 윤리의 기초였던 시대가 끝나고 이번에는 '가족'이 윤리의 기초로 회자되었다. 그 '가족이야기'의 유효기간이 끝난 듯이 보이는 오늘날, 우리는 새로운 이야기를 엮어낼 수 있을까? 아니면 아노미(무규범 상태)에 빠져 그 반동으로 광신(狂信)과 근본주의(fundamentalism)의 발자국 소리를 듣지 않으면 안 되는 것일까?

[ 주 ]

1) 일본 고유의 정신분석 이론으로, 태어날 아들에 대한 어머니의 사랑과 불안, 이런 갈등을 알아챈 아들의 어머니 살해 충동과 죄책감 · 용서 등의 심리과정—옮긴이
2) 전통 무라(村)에 존립했던 7세부터 14~5세까지의 어린이조직으로 마을 행사나 축제 등에 참여했다.—옮긴이
3) 우먼 리브(Women's Lib/eration)는 1960년대 후반부터 미국에서 일어나 세계적으로 확산된 여성해방운동을 일컫는다.—옮긴이
4) 70년대의 리브에서 시작된 제2차 페미니즘은 항간에서 오해하고 있는 의미처럼 "남자처럼 되고자 하는 여자들"의 '여권신장 사상'이 아니다. 그것은 남성원리로 쌓아올린 근대 산업화 사회를 비판하고 "남자처럼 되고 싶지 않다"며 근대사회와의 동일화를 거부했던 '여권해방 사상'이었던 것이다.

# 2. 포스트사추기(思秋期)의 아내들

사이토 시게오(齋藤茂男)의 『아내들의 사추기』(妻たちの思秋期, 齋藤 1982; 1993)는 하야시 이쿠(林郁)의 『가정 내 이혼』(家庭內離婚, 林 1985)과 함께 1980년대 가족과 여성의 변모를 잘 드러내는 획기적인(epochmaking) 조어였다. 이혼율도 높아지지 않고 혼외자식의 출생률도 증가하지 않는, 발군의 제도적 안정성을 과시하는 일본의 가족이 그 내부에서부터 붕괴하는 상황을 이 두 단어는 아무런 설명도 필요 없을 만큼 예리하게 지적한다.

『아내들의 사추기』는 1982년 교도통신사(共同通信社) 배급으로 각 신문에 장기 연재된 「일본의 행복」 제1부 타이틀이다. 사이토의 작업이 저널리즘에서 획기적이었던 것은 "평범한 여성의 일상이 사건이 되었다"는 점이다. 이것은 아무리 강조해도 다할 수 없을 정도다.

첫번째 사건은 '여성용' 기사들이 신문 사회면에서 다루어졌다는 점이다. 당시 사이토는 사회부 기자였다. 그는 동료기자와 함께 「일본 주식회사의 '강력함의 비결'」을, 그 자신의 말을 빌리면 "경제부 기자가 경제면에 써야 할 경제기사가 아니라 사회부 기자가 사회면에 쓸 경제기사"로 기획했다. 그 출발을 '아내들의 사추기'로 시작한 것은 의도한 결과는 아니다. 그의 이야기를 들어보자.

> 취재를 계속해 나가는 동안 처음의 구상이 점차 변해 가고 경제적인 색채가 많이 희석되면서 '일본 주식회사 상(像)'은 멀찌감치 뒤로 밀려나는 형국이 되었다. …취재라는 것이 늘 그렇듯이 취재를 거듭할수록 자신이 몰랐던 세계와 마주치고 그 신선한 충격과 흥미에 빨려 들어가면서 어느새 생각지도 않던 지점으로 빠져 들어갔다 — 이렇게 말하는 것이 맞을 것이다. (齋藤 1984a, 61쪽)

그때까지 여성관련 기사라면 신문의 가정란에서 다루는 것이 보통이었다. 부엌이 여자들이 머무는 장소인 것처럼 신문에서는 가정면이 여성용 '게토'였으며, 일반적으로 남성 독자들은 이 가정면을 건너뛰고 읽게 마련이었다. '여성용'이 신문의 가정면에서 사회면으로 옮겨갔다는 그 사실만으로도 획기적인 사건이었다.

1984년 9월 24일자 『아사히신문』(朝日新聞)은 "여성 3명 중 1명 이혼 긍정—5년 사이에 1.4배로"라는 기사를 1면 톱기사로 다룬다(大阪本社發行). 곧 이어서 지면비평을 담당했던 가와가쓰 덴(川勝伝)은 사안의 경중을 구분하지 못한다며 "아사히의 식견이 의심스럽다"고 비판한다. '여자와 아이들의 일상생활'이 '사건'이 되기까지는 이런 사회통념과 싸워야만 했다. 사이토 역시 그것은 자신에게 '발견'이었다고 고백한다.

…여성의 삶과 존재방식이 남성의 삶과 관계있으며, 기업의 존재방식과 관계가 있고, 사회 전체의 존재양식과도 국제정치 사건에 필적할 만큼 중대한 관련이 있다는 것을 일찍이 한번도 생각해 본 적이 없었다. 한마디로 '여성문제'는 여자들의 문제라고 경시했던 것이다. (같은 책, 61~62쪽)

둘째로, 여성이 신문 사회면에 등장할 때는 뭔가 세상을 떠들썩하게 한 사건을 일으킨 여자라는 등식이 정해져 있었다. 사이토의 취재에 등장하는 여성들은 유명인도 아니고 범죄자도 아니다. 오히려 겉으로 보기에는 평범한, 아니 평범함을 넘어 행복한 생활을 하며 지내는 것 같은 여성들이다. 언뜻 보기에 '보통의 여성'들이 품고 있던 내면의 황폐함과 사방이 꽉 막혀버린 듯한 느낌을 사이토는 기사로 썼다.

'여성문제' 하면 '여성이 일으킨 문제'로 받아들이고 여성이 트러블 메이커로 간주되는 사회통념 아래서 여성이 사건이 될 때는 흔히 '여성문제'가 아닌 '문제여성'이 사건의 대상이 되곤 했다. 결혼하고 자식을 낳고 가정주부가 된 여성이 '문제(를 안고 있는) 여성'으로 여겨지는 일은 없었던 것이다.

'보통여성'이 사건이 되기 위해서는 '부인문제'에서 '여성학'으로 패러다임의 전환이 필요했다. '여성학'이라는 이름이 붙은 책이 일본에 등장한 것은 1977년 하라 히로코(原ひろ子)와 이와오 스미코(岩男壽美子)의 『여성학 시초』(女性學ことはじめ, 原·岩男 1977)가 최초다. 여성학이 등장했을 때, 여성을 대상으로 하는 학문분야에 이미 '부인문제론'(婦人問題論)이

있다며 의아하게 생각한 사람도 있었다. 그러나 부인문제론이 대상으로 삼는 것은 문자 그대로 '문제부인'들, 매춘 경력이 있는 여성들이나 편모 가정, 근로여성 등 어떤 의미에서는 '보통여성'의 생활규범에서 일탈했기에 문제를 안고 있다고 간주되는 여성들이었다. 이런 의미에서 부인문제론은 사회병리학의 한 분야였다. 결혼하고 자식 낳고 가정주부가 된 보통여성이 부인문제론의 대상이 되는 경우는 별로 없었다.

하라 히로코는 『여성학 시초』에서 「주부연구를 권함」을 쓴다. '문제여성'에서 '보통여성'으로의 시각전환, '여성'을 문제시하는 것에서 여성에게 '보통'을 강제하는 '사회'를 문제 삼는 문제의식의 전환은 여성학이 등장하면서 비로소 가능해졌다. 하라의 문제제기를 받아들여 그후 여성학 영역에서는 메구로 요리코(目黑依子)의 『주부 블루스』(主婦ブルース, 目黑 1980), 아마노 마사코(天野正子)의 『제3기의 여성』(第三期の女性, 天野 1979) 등이 잇따라 나온다. 1982년에 나 자신도 전후(戰後) 주부문제화의 역사를 살펴본 『주부논쟁을 읽는다』(主婦論爭を讀む, 上野編 1982)로 여성학 연구자의 길에 발을 내디뎠는데, 그것은 말하자면 하라의 문제제기를 받아들인 것이었다. 사이토의 작업은 이와 같은 새로운 동향과 궤를 같이한다. 심지어 그는 오로지 저널리스트의 직감에 기대어서 맨손으로 그 발견에 다다른 것이다.

사실 주부가 연구대상이 된다는 것 자체가 새로운 일이었다. 어느 책에서 나는 "주부는 암흑대륙"이라고, 그곳에서 거대한 존재로 있지만 보이지 않는 존재라고 쓴 적이 있다. 주부가 '보통여자'로서 문제시되지 않는 것뿐만이 아니다. 일단 가정에 들어가면 그것으로 마지막, 공식통계의 어디에도 주부는 등장하지 않는다. 근로여성이라면 그 건강상태는 해마다 직장검진으로 파악할 수 있지만 주부는 과로인지, 어떤 병을 앓고 있는지조차 통계의 망에서 빠져 있다.

셋째로, 보통여자의 '일상생활', 부부관계나 부모자식관계 등이 사건으로 다루어지는 경우다. '여자'나 '일상', 즉 사적 영역이 사건이 되기 위해서는 역시 그에 상응하는 패러다임의 전환이 수반되어야만 했다. 특히 신문처럼 공적 영역의 사건을 우선순위에 놓는 곳에서는 사적인 영역은 경시되기 십상이다. 사이토는 '일본 주식회사'를 탐구해 나가는 과정에서 예기치 않게 그 배후에 있는 '여성'과 마주친 것이다.

사실 '여자'가 문제되었을 때는 공적 영역에서 사건화된 것을 탐색하는 케이스가 많다. 미노우라 야스코(箕浦康子)의 역작 『아이들의 이문화 체험』(子供の異文化体験, 箕浦 1984)을 보면 제1장에만 그 어머니들이 등장한다. 귀국자녀들의 교육문제가 이미 매스컴을 떠들썩하게 하고 있었다. 교육학 연구자로서 재미 일본인 자녀의 이문화 적응을 연구과제로 선택한 미노우라는 자녀들의 배후에 있는, 해외주재원의 아내로서 고립을 강요당하는 어머니들의 비정상적인 상황에 관심을 갖는다. 더구나 그녀들에게는 남편의 장시간노동과 가정에 대한 불간섭을 그대로 해외로 가져온 일본형 부부관계 속에서 폐쇄된 느낌만 쌓여간다. 자녀들의 이문화 부적응 이전에 부모들의 이문화 부적응이 심각한 문제라고 미노우라는 경종을 울렸다. 비즈니스맨 남편은 회사가 보살펴주지만, 아내들의 문제는 그 누구도 거론하지 않는다. 나중에야 기업들이 주재원 가족의 이문화 적응에도 배려하게 되었지만 그 또한 남편들이 "자질구레한 집안일 걱정하지 않고" 일할 수 있도록 하기 위해서다.

그렇지만 미노우라를 비롯해 커닝햄 히사코(カニングハム久子)의 『해외자녀교육 사정』(海外子女敎育事情, カニングハム 1988) 등이 밝히고 있는 것은 자녀들의 이문화 적응은 부모의 부부관계와 밀접한 관계가 있다는 점, 해외생활이라는 위기(critical moment)에는 부부관계가 이전부터 지니고 있던 문제점이 확대되어 나타난다는 점이다.

최근의 사회사 연구는 공적인 정치사·사건사에 대한 비판에서 '보통 사람들'의 '일상생활'의 역사로 관심이 옮겨가고 있다. 역사는 날짜가 붙은 사건으로써 변하는 것이 아니다. 훨씬 저변의 이름 없는 사람들의 풍속이나 습관 등이 천천히, 그러나 확실하게 변화해 감으로써 바뀐다. 그와 함께 가족사 연구를 통해서, 사회의 공적 영역과 사적 영역의 분리 자체가 근대의 산물이란 점, 공적 영역은 사적 영역에 대한 깊은 의존관계 속에서 형성된다는 점이 분명하게 확인되었다. 사이토의 작업은 가족사의 새로운 발견에, 이 또한 혼자 힘으로 도달한다.

넷째로, 사이토가 부부관계에서도 성적 문제를 제기하려 했다는 점을 평가해야 한다. 가족연구에서도 성은 오랫동안 터부시되어 왔다. 사이토는 말한다.

…남편과 아내의 관계가 주요한 소재였기 때문에 성 문제를 다루지 않고 끝

낼 수는 없었다. 예를 들어 아내 쪽의 남편에 대한 불만이나 거부감정의 뿌리에 성적 문제가 얽혀 있지 않은지, 남편과 아내 두 사람 관계에서 성을 어느 위치에 놓아야 할지 등, 이런 것들도 부부관계를 알아보는 데 중요한 요소가 되는 셈이다. (齋藤 1984b, 25쪽)

이런 당연한 일 역시 연구자들은 오랫동안 하지 않았다. 사회사 분야에서 사생활에 대한 관심이 증대하면서 그에 발맞추어 마침내 성 영역은 제대로 된 연구대상으로 받아들여지게 되었다. '하체 영역'은 '여자와 아이들의 영역'과 함께 가장 사적이면서도 하찮은(trivial) 사항으로 멸시당해왔을 뿐 아니라 연구에서도 우선순위가 낮은 것으로 인식되었다. 성이 중요한 탐구대상이 되기 위해서는, 성은 남녀관계의 핵심이며 또 성관계는 사회와 문화의 산물임을 이해할 수 있어야 한다.

성을 훔쳐보기 취향의 주간지 기사거리가 아니라 신문 사회면에서 다룬다는 것은 그 자체가 모험이었다. 더욱이 사이토는 취재대상의 무거운 입을 열게 해야만 했다. 사이토가 남자고 취재대상이 여자란 사실을 생각하면, 상대방에게 여기까지 다가가기 위한 사이토의 드러나지 않은 노력은 마땅히 평가받아야 한다. 일본의 여자가 성을 입에 담는다는 것은 조신하지 못한 행동이라고 생각하던 시대였다. 여성이 자기 자신의 언어로 자신의 성을 말하기 시작하기까지는 여성해방운동 리브의 영향을 받은 『하이트 리포트』(ハイト・リポート) 일본판 『모어 리포트』(MORE編集部 編 1983)의 등장을 기다려야 했다.

사이토의 '아내들'이 남편으로부터 '가정 내 강간'과 다를 바 없는 섹스를 강요당하고 있다는 사실은, 하야시 이쿠의 『가정 내 이혼』의 아내들이 거의 이구동성으로 진절머리 나는 남편과 한 지붕 아래서 살아갈 수 있는 것은 성생활이 없기 때문이라고 토로하는 것과 좋은 대조를 이룬다. "여기에 섹스까지 한다면 훨씬 일찍 헤어졌겠죠"라고 '가정 내 이혼'의 한 아내는 말한다. 이때 섹스는 남자의 에고이즘을 강요하는 것에 불과하고 그래서 부부간의 성관계는 맨숭맨숭하고 빈약하기 짝이 없다는 사실이 수면 위로 부상한다. '가정 내 이혼'의 아내들은 무엇보다 성관계가 없기 때문에 무관계라는 관계를 지속할 수 있는 것이다. 이 배경에는 주로 주부들이 투고하는 잡지 『와이프』(わいふ)의 편집부가 실시한 기혼여성의 섹스 리포트 『성: 아내들의 메시지』(グループわいふ 1984)의 소름끼칠 정도로 오싹한 실태가 있다. 일본의 부부들은 손도 잡지 않고 키스도 하지 않고 스킨십 역시 거의 하지 않고서 성기결합만 한다는 것이다.

'보통여자'의 하체를 포함한 일상생활이 신문 사회면의 사건이 되었다 —그것이 일본이라는 사회의 거대한 병리와 불가분의 관계가 있음을 밝혀냈다는 점에서 사이토의 작업은 큰 의미를 가진다. 사이토는 저널리스트의 한 사람으로서 혼자 힘으로 이를 발견했지만, 그것은 동시대 지식세계의 지각변동과 예기치 않게 발걸음을 함께했다.

## 당사자가 말하게 하다

사이토가 여기서 취한 방법은 철저하게 "당사자가 말하게 한다"는 방식이었다. 저널리스트는 취재대상을 자신의 말로 기술하지만—이를 '객관성'이라고 잘못 부른다—사이토는 그 방법을 취하지 않는다.

> 「일본의 행복」에서는… 직접 당사자에게서 생생한 체험보고를 얻어내는 것을 기사작성의 전제조건으로 삼았다. (齋藤 1984b, 24쪽)

이것은 '주관적' 방법일까? '객관적'이라 여겨지던 현실이 동요하고 지금까지 본 적도 없는 이상한 현실이 등장할 때는 그것을 포착할 새로운 방법, 새로운 단어가 반드시 필요하다. 그 현실을 기술할 언어는 어디에 있을까? 다만 그 새로운 현실을 직접적으로 마주하면 된다. 현실 스스로가 말하게 하면 되는 것이다. 당사자가 아무런 수식 없이 자신의 현실을 표현하고자 하는 그 말, 그 속에 새로운 현실을 기술하는 새로운 언어가 존재한다. 필요한 것은 그냥 귀 기울여 듣는 일뿐이다. 거기에 '객관적'인 관찰을 들이미는 순간, 리얼리티는 무너지고 만다. '객관성'이란 낡은 현실을 기술하는 낡은 이야기의 다른 이름에 불과하다.

이 방법론은 사회과학의 패러다임 전환기에 새로운 현실의 징후를 파악하는 데 적용할 수 있는 적절한 방법이다. 패러다임의 전환은 곧 현실을 바라보는 시선의 변화를 뜻한다. 다시 말해 미지의 현실이 등장하고 있음을 의미한다. 이 방법론은 현장연구자(fieldworker)인 인류학자들에게는 이미 익숙한 것이다. 그들은 미지의 세계를 바라보면서 그것을 당사자들의 언어로 표현하려고 한다. 패러다임 전환기의 사회학이 인류학적 방법론의 영향을 받아 민족지적 방법론(ethno-methodology)을 발달시킨 것 역시 이유가 없지 않다.

이 방법론의 또 한 가지 특징은 철저하게 사례조사를 한다는 점이다. 따라서 대량조사와는 어울리지 않는 방법론이다. 정량조사(定量調查)는 객관성을 전면에 내걸면서도 사실은 이미 짜여 있는 이야기 속에 현실을 끼워넣는 절차에 불과한데, 이와 달리 정성조사(定性調查)에서는 항상 사례의 대표성이 문제가 된다. 사이토가 다룬 사례는 '보통여자'의 범주에 들어가면서도 알코올중독이거나 이혼을 했다거나 등등 조금씩 '보통'에서 벗어나 있다. 그렇지만 도대체 어디에 그림으로 그린 듯한 '보통여자'가 존재한단 말인가? 그 어떤 사람의 현실도 '보통'에서 조금씩 벗어난 고유성을 지니고 있게 마련이다. 역으로 현실 속에는 통계적인 평균의 구체적인 대응물이 없다. 사례 하나하나에 철저하게 집중함으로써 오히려 사이토는 보편성 있는 사회상을 그려나간다. 그리하여 개인사와 시대사가 맞닿는 접점을 그려냄으로써 시대의 전환기를 표현할 수 있게 된다.

사이토가 이 일을 시작했을 무렵, 픽션과 논픽션의 경계, 객관성과 주관성에 대한 재고찰을 둘러싸고 뉴저널리즘이 발흥한다. 사이토는 사와키 고타로(『木耕太』)처럼 '자기'를 드러내지 않고, 야마시타 가쓰토시(山下勝利)처럼 픽션 형식을 추구하지도 않으면서 어디까지나 '당사자의 리얼리티'를 바탕으로 해서 현실을 재구성하는 견실하면서도 품이 많이 드는 정공법을 사용해서 논픽션에 하나의 스타일을 만들어낸다.

사이토의 방법에 단 한 가지 흠이 있다면, 『아내들의 사추기』에서 그린 부부관계의 현실에는 반드시 두 사람의 당사자가 있다는 점이다. 하야시 이쿠의 『가정 내 이혼』도 그렇지만, 남녀관계를 다루면서 두 당사자 중 한 쪽 말만 듣는다는 것은 르포로서 일면적이라 할 것이다. 여성학은 성을 다루면서, 섹스라는 가장 친밀한 행위가 남녀 각자에게는 하늘과 땅만큼이나 차이가 나는, 별도의 현실을 살아가는 것임을 폭로했다. 그 격차는 강간의 경험이 있는 강간범의 현실과 피해자의 현실에서 드러나는 차이를 보면 알 수 있다. 부부간의 섹스가 끝없이 강간에 가까울 때 두 당사자는 한 이불 속에서 전혀 다른 현실을 살아간다. 어느 쪽 말이 옳다 혹은 틀렸다는 것은 없다. 하나의 현실 속에 있는—사실 그것은 '하나의 현실'조차 아니다—당사자 사이의 이 메울 길 없는 차이야말로 우리에게 현실의 무서움을 그 어떤 것보다도 웅변적으로 보여준다.

서로 어긋난 채로 일치도, 화해도 하지 않는 다원적인 현실을 오직 있는 그대로 거기에 드러낸 아쿠타가와(芥川)의 『나생문』(羅生門) 같은 방법, 오스카 루이스(Oscar Lewis)의 『산체스네 아이들』(*The Children of Sanchez*, 루이스 1986)에서 취한 그런 수법을 사용할 수는 없는 것일까? '하나의 현실'을 공유하는 것처럼 보이는 복수의 당사자들이 사실은 각자의 '현실'을 살고 있음을 알고부터 '성애'(性愛)나 '가족'의 신화 모두 해체로 나아가기 시작했다. 우리에게 필요한 것은 다양한 현실을 기술하는 방법이다.

## 여성과 가족의 변모

사이토의 작업은 한 시대의 어떤 변화를 응시했던 것일까?

사이토가 다룬 대상은 샐러리맨의 아내, 그것도 상당한 대기업의 지위와 소득도 높은, 말하자면 혜택받은 계층의 아내들이다. 결혼과 출산이라는 '여자의 행복'을 성취해 겉으로 보기에는 아무런 부족함도 불만도 없이 살아가는 아내들이다. 『아내들의 사추기』가 풍요로움의 결과로 등장하기까지 그 역사적 배경을 한번 돌아보기로 하자.

1960년대 고도 성장기는 일본 사회가 샐러리맨 사회가 된 역사적 전환기였다. 60년대 초에 고용인의 비율이 자영업자 및 가족종업인의 비율을 웃돈다. 50년대 무렵까지만 해도 아직 일본은 농가세대가 전국민의 40% 가까이 되는 농업사회였다. 남자가 샐러리맨이 된다는 것은 곧 여자에게는 샐러리맨의 무직아내가 된다는 것을 뜻했다. 실제로 60년대를 거치면서 기혼여성의 취업률은 계속 떨어진다. 농가세대 출신의 아들들에게는 고용인이 되는 것이, 또 딸들에게는 고용인의 아내가 되는 것이 메이지 이후 일관되게 일본 서민의 '출세'를 의미했다. 고도 성장기에 이들은 '출세'의 꿈을 이루었으며 국민의 80%가 자신의 생활수준을 '중류'라 답하는 시대로 들어섰다.

그렇지만 고도 성장기의 결과는 60년대 말부터 여러 가지 대항문화운동의 형태로 나타난다. 그 가운데 여성문제가 폭발한 것이 1970년의 '우먼 리브'였다.

일본 여성들이 스스로를 가타카나로 '우먼 리브'라 부른 이 운동은 갖가지 오해를 낳았지만, 그중에서도 보수파의 공격으로 리브는 미국 여성들의 영향을 받은 외래사상에 불과하다는 견해가 있다. 미국 '우먼 리브의

어머니'이자 나중에 NOW(National Organization of Women)의 초대 대표가 된 베티 프리단(Betty Friedan)의, 지금은 고전이 된 『여성의 신비』(*The Feminine Mystique*, Friedan 1963. フリーターン 1977)가 출판된 것이 1963년이다. 이 책에서 프리단은 교외 중산계급 아내들의 '행복'이 얼마나 폐쇄적인지를 그리면서 '보통여자'가 안고 있는 문제를 '이름 없는 문제'(unnamed problem)라고 불렀다. 일본의 리브는 주로 20대 젊은 여성들이 떠받치고 있었지만, 그런 리브에 대해 이미 결혼한 나이 많은 여성들은 '소리 없는 지지'를 보냈다. 리브는 '보통여자'의 '평범한 행복'으로 여기는 '주부의 상황'이라는 병리—그와 동시에 아내를 주부라는 무급 노동자로 만들고도 도무지 부끄러워할 줄 모르는 일본의 남편들—에 대해 거듭 문제제기를 했다. 60년대 말이 되면, 프리단이 1963년에 그렸던 '이름 없는 문제'는 이미 일본 여성들 사이에서 대중적인 공감을 얻는다. 일본 사회에는 1970년에 리브가 탄생할 만한 충분한 이유가 존재했던 것이다.

당시 리브가 고발한, 폐쇄적인 주부의 상황을 가장 잘 보여주는 현상으로 '자식 죽이는 어머니'가 있다. 물품보관함에 자식을 유기하는 일이 빈발하고 대중매체가 여성의 '모성상실'을 비난하고 있을 때, 리브의 대변자 다나카 미쓰(田中美津)는 과감하게 "자식 죽이는 어머니는 바로 나"라고 선언한 것이다. 사방이 꽉 막힌 주부의 상황에 갇혀서 고독을 강요당하고, 무거운 육아부담은 오로지 미숙한 여성 한 사람의 어깨에 매달려 있다. 뿐더러 일에 파묻혀 사는 남편에게 보살핌을 바랄 수도 없다—이것이 결혼해서 자식을 낳은 여성들을 기다리고 있는 '여자의 행복'의 실상이었다.

이 같은 상황에서는 누구든 잠재적으로 '자식 죽이는 어머니'가 될 수 있다면서, 자식을 죽인 여성을 책망하기보다 여성으로 하여금 자식살해라는 극한적 선택을 할 수밖에 없게 몰고 가는 사회적 상황을 리브는 고발했던 것이다. 자식살해의 비극은 '주부의 행복' 바로 옆에서 일어나고 있었다.

사이토가 80년대에 다룬 『아내들의 사추기』는 이런 '자식 죽이는 어머니'의 10년 후, 20년 후를 떠올리게 한다. 폐쇄된 주부의 상황은 조금도 바뀌지 않은 채 남편과의 관계는 점점 더 소원해진다. 그 속에서 자기정체성의 근거가 되었던 아이들은 어느덧 자립하기 시작한다. 눈앞의 목표가 사라지고 문득 고개를 들어보니 남편과의 황량한 관계만 곁에 남아 있다. 미국의 가족사회학자가 이름 붙인 '빈 둥지 증후군'이다. 심리학적으로는 '목표상실 증후군' 혹은 '주부증후군'이라고도 불린다. 주부증후군은 참으로 적절한 이름이다.

이런 사회에서는 주부라는 사실 자체가 병인 것이다. 70년대 말 무렵부터 주부들 사이에서 이른바 키친 드링커(kitchen drinker)라 불리는 알코올의존증이 종종 문제가 되곤 했다. 그 밖에 억울(抑鬱) 상태, 신경증 등 '갱년기 장애'로는 설명할 수 없는 문제군(問題群)이 등장했다. 생각해 보면 평균 25세에 결혼해서 자녀 둘을 낳고 35세에 막내가 취학한다는 라이프스타일 속에서 여자는 '너무 빠른 노후'를 겪는다. 살아 있는 자신을 매장하기에는 너무도 젊은 나이이다. '목표를 상실한' 아내들이 이런저런 심신증세로써 호소한 것은 이렇게 죽은 듯이 사는 것이 싫다는 단 한 가지 사실이었다.

70년대가 '여성의 시대'라 일컬어지고 특히 여성들의 직장진출이 활발했던 점을 생각하면, '사추기 아내들'의 존재는 참으로 기묘하다. 이런 아내들은 직장진출의 대열에서 낙오되어 주부의 상황 속에 내팽개쳐진 여성들이었단 말인가?

그러나 '여자의 직장진출' 실태를 살펴보면, 그 부조리함은 금방 드러난다. '앞서가는 여자'(とんでる女)라고 입에 침이 마르도록 찬사를 보냈지만, 사실 이 20년 동안 커리어우먼의 증가는 실로 미미하기 짝이 없다. '여자의 직장진출' 그 실상은 산업구조의 전환을 통해 새롭게 등장한 하이테크 분야나 서비스 부문에 여성을 일회용 노동력으로 동원하는 것에 불과했다. 일하는 주부가 등장했던 초기에 무직의 전업주부는 무능해 보이기만 한 자신을 부끄러워했지만, 80년대 들어서자 직장에 나가는 여성은 결국 일을 할 수밖에 없는 여자가 되었고 나가지 않는 여성은 일할 필요가 없는 여자들이라는 엄연한 사실이 분명하게 드러난다.

'여자의 직장진출' 시대에 자녀들이 다 컸는데도 가정에 머물러 있는 아내는 경제적으로 혜택받은 계층의 여성이다. 사이토는 대기업 샐러리맨의 아내들을 가지고, 풍요로운 일본을 지탱하면서 동시에 이를 향유하는 기간(基幹)노동자들의 뿌리 깊은 병리를 파헤쳤다. 그것은 허영과 체면을 중시하는 물질주의, 돈으로 모든 것을 해결하려는 배금주의, 물질소비로써 욕망을 충족하려는 소비주의 그리고 그 속에서 슬금슬금 진행되고 있는 가정의 공동화(空洞化)였다. 그 결과는 여자들에게만 돌아온 것이 아니었다.

가정에서 가장 약한 존재가 아이들임을 고려하면, 같은 시기에 가정폭력 소년이나 등교거부 아이들이 사회문제로 대두한 것은 전혀 이상할 게 없다. 사춘기를 무사히 마치고 부모와 똑같은 가치관을 체득한 젊은이들은 '신인류'(新人類)라 불리며 마침내 소비사회의 물결에 휩쓸려간다. 정신과 의사인 오히라 겐(大平健)이 『풍요의 정신병리』(豊かさの精神病理, 大平 1990)에서 묘사하는 '브랜드(brand)병' 환자는 이렇게 해서 탄생한다. 여기서 한 발 더 나가면 살아 있는 타인과 인간관계를 맺을 수 없는 M군(1988년 연쇄 여자아이 유괴살인 사건의 용의자 미야자키 쓰토무 宮崎勤의 머리글자를 따서 '오타쿠' 청년의 대명사가 되었다)이 된다. 사이토 시게오는 90년대에 들어와서도 당대의 새로운 병리를 끈질기게 추적해 『포식궁민』(飽食窮民, 齋藤 1991)이라는 책을 펴냈으니, 자세한 사항은 그쪽을 참조하기 바란다.

나는 사이토의 『아내들의 사추기』를 읽으면서 한 가지 위화감이 들었다. 당시 주부증후군이 처음 발견되어 때로는 가정파괴에 이르는 격렬한 병리현상을 보이곤 해서 사회의 주목을 받았다. 그리고 '사추기'란 말이 갑자기 유행어가 될 만큼 이 상황은 보편성을 지니면서 받아들여졌으며, 앞으로 '사추기의 아내들'은 더욱 늘어날 것이라고 예측되었다. 그러나 사실은 그렇지 않았다.

『아내들의 사추기』가 던진 충격과 그 리얼리티에 감탄하면서도 그와 동시에 나는 직감적으로 이 현상은 일과성에 지나지 않으리라 생각했다. 내가 그렇게 느낀 데는 근거가 있다. 1983년에 기혼여성 취업률이 50%를 돌파하면서 전업주부는 소수파가 되었다. 80년대 말이 되면 근로자세대의 맞벌이 비율이 60%를 넘는다. 전업주부가 일하러 나가지 않아도 생활이 가능한 특권적 계층이란 것은 앞서 지적했지만, 혼자의 소득으로 아내를 전업주부로 놔둘 수 있는 경제계층의 남성들 자체가 점점 감소하고 있다. 사회집단으로서의 전업주부층은 장기적으로 축소하는 추세이다.

그뿐만이 아니다. 내가 '아내들의 사추기'를 일과성 현상이라 생각했던 이유는 좀더 특별한 곳에 있었다. 사이토가 다루었던 아내들은 당시 40~50대, 고도 성장기에 결혼한 여자들이다. 남편과 함께 미국을 '쫓아가 추월하자'는 고도성장을 지탱해 왔던 세대이다. 내가 느낀 것은 그녀들은 여자인 동시에 그 세대의 일본인이기도 하다는 점이다. 그녀들은 장시간노동과 멸사봉공하는 남편들과 마찬가지로 성실하고 진지하다는 점에서 삶의 방식이나 가치관을 공유하고 있었다. 이른바 그녀들은 목표를 잃은 결과, 자기파멸에 이를 정도로 순진한 세대의 여성들이었다.

하지만 그 뒤를 잇는 세대에서 내가 본 것은 그녀들처럼 성실하지도 진지하지도 않은 여성무리였다. 여자를 둘러싼 상황은 그다지 변하지 않았다. 특히 내가 의아하게 생각한 것은, 육아상황이 전혀 개선되지 않고 과거와 다름없이 고립되어 있는데도 언제부턴가 자식살해 사건이 보도되지 않는다는 사실이다. 그 대신 매체에서는 아이들을 유기한 어머니에 관한 보도를 했다. 생각보다 사회의 반응은 아이를 유기한 어머니에게 관대했다. TV 아이돌 탤런트가 출산을 하고도 아이돌을 그만두지 않은 마쓰다 세이코(松田聖子) 같은 여성이 "결혼도 출산도 여자를 바꾸어놓지 못한

다"는 것을 증명하는 모델이 되었다. 육아보다 자신의 상황을 우선시하는 '푸층 마마'(プッツンママ, 과거의 자애로운 어머니가 아니라 기분 내키는 대로 쉽게 화를 내는 엄마들을 말함—옮긴이)의 시대가 된 것이다.

여자를 둘러싼 상황이 크게 개선되었다고 할 수 없음에도 과거와 같은 현상이 나타나지 않는다면, 그건 여자가 변한 것이다. 우리는 별로 진지하지도 않고 노는 방법을 알아서 50대 일본인처럼 노는 것을 죄악시하지 않는, 스트레스 해소 잘하는 여성들이 대거 등장하는 것을 목도한다. 그리고 소비사회는 그녀들에게 스트레스 해소의 기회를 얼마든지 제공한다.

80년대 후반에는 '불륜'이 유행어가 된다. 간통이 불륜으로, 나아가 새로운 버전의 '불륜'으로. 그때까지 불륜 하면 일반적으로 기혼남성과 미혼여성 사이에서 일어났는데, 불륜시장에 기혼여성이 뛰어든다. 주부들이 투고하는 『와이프』의 조사에 따르면, 기혼여성 6명 중 1명이 혼외 성관계 경험이 있으며 이들은 전혀 죄의식을 느끼지 않을 뿐더러 종종 아내 쪽 불륜은 발각되더라도 이혼사유가 되지 않는다. 오시마 키요시(大島淸) 같은 성과학(sexology) 전문가가 "혼외 성관계는 원만한 부부관계의 비결"이라고 발언하곤 한다. 이혼율은 눈에 띄게 상승하지 않는다 하더라도 결혼이나 가정의 공동화는 그 내부에서부터 서서히 진행되고 있다. 그것도 지금까지는 모름지기 성실하게 온몸으로 가정을 지키고자 고군분투해 왔던 여성들이 변모하면서.

'사추기의 아내들'은 시대와 세대의 교차가 낳은 전환기의 산물이다. 시대는 그녀들을 양산하는 방향으로는 진행되지 않았다.

## 남성 우위의 기업중심 사회 비판

사이토가 원래 의도했던 것은 여성을 계기로 해서 그 배후에 있는 거대한 남성 우위 기업사회의 병리현상을 부각시키는 것이었다. 그 뒤로도 그는 소수자의 시각에서 다수자를 예리하게 파헤친다든가 혹은 격렬한 병리현상으로부터 '정상'이라 불리는 것의 왜곡을 드러내는 수법을 일관되게 채택한다. '사추기의 아내들'은 시대 전환기에 제대로 적응하지 못하고 스스로를 속이지도 못해 적응장애를 일으켰던 순진한 사람들이다.

그러나 또 한편으로 거시적 동향을 살피는 사회학자로서 나는 동시대의 또 다른 측면도 본다. 같은 시대의 전환기를 살면서 알코올의존증에 걸리지 않고 자신을 책망하지도 않으면서 그럭저럭 하루하루를 보내는 대다수 적응자들은 대체 어떻게 하고 있을까? '적응'한다는 것이 곧 그들이 '정상'임을 뜻하는 것은 결코 아니다. 사이토가 다루었던 소수자인 사람들은 다수파인 그들과 그녀들이 지닌 문제를 극적으로 확대하여 생생하게 보여주었다고 해야 할까? 그렇지만 하루하루를 흘려보내고 있는 적응자들 속에 있는 퇴폐나 이상함을 그려낼 방법이 있다면 그건 어떤 것일까? 사이토의 작업은 우리에게 새로운 숙제를 던지고 있다.

# 제5부 성차별의 역설

1. 부부각성(各姓)의 덫

2. 살아온 경험으로서의 노후

3. 여연(女緣)의 가능성

4. 성차별의 역설: 이문화 적응과 성차

# 1. 부부각성(各姓)의 덫

## 1) 부부각성의 인류학

부부각성(各姓)이라면 예부터 일본도 그렇고 세계 곳곳에 있었다. 왜 요즘 들어 부부각성을 문제 삼는지, 이해가 안 된다. 오히려 부부각성이 일본에서는 언제부터 사라졌는지 묻는 편이 올바른 문제설정 방식일 것이다.

성은 남편과 부인 모두에게 자신이 속한 씨족을 나타내는 부호이다. 족외혼제도의 사회에서는 당연히 남편과 부인의 성이 다르다. 성이 같다면 족내혼, 다시 말해 근친혼이 되므로 부부의 성이 다르다는 것이 오히려 강조되어야 한다. 중국과 한국의 '동성불혼' 제도는 바로 이 족외혼제도의 규칙을 나타내는 것이다. 서로 전혀 모르는 사람들이라 해도 성이 같은 이씨라면 저 옛날 조상이 같았다고 해서 결혼이 허락되지 않는다. 따라서 모택동의 부인이름이 강청인 것처럼, 결혼 후에도 그대로 자기 성을 지키도록 되어 있다.

고대일본에서도 혼인으로 부인이 남편의 성으로 바꾸었다고는 보이지 않는다. 그보다 과연 여성에게 성이 있었는지도 의심스럽다. 남아 있는 기록에서는 '미치즈나의 어머니' 혹은 '미치나가의 딸' 등으로 어떤 집단에 속했는지를 나타내는 명칭만 확인할 수 있다. 다카무레 이쓰에(高群逸枝)가 말하는 '데릴사위제도'의 경우, 여성은 친가에서 살면서 자신이 소속된 집단의 성을 사용한다. 초서혼(招婿婚)이 일반적이었던 시대에도 천황 등 권력자들은 부인을 자기 집으로 맞아들이는 취가혼(取嫁婚, patrilocal residence)을 하였지만, 이때도 부인은 출산할 때마다 친가로 가서 산후조리를 하는 등 친가와의 교류가 매우 잦았고 '후지와라 온나'라든가 '모노베 온나'처럼 자기 씨족의 성을 그대로 썼다.

부인의 성은 그 부인의 출신집단과의 관계를 증명해 준다. 일본은 오세아니아권 사회와 여러 가지 면에서 공통점이 많은데, 그 한 가지로 폴리네시아에서 여성은 결혼해서 남편의 집단에 들어간 후에도 여전히 형제들과 교류하면서 자신의 출신씨족과의 관계를 유지한다. 이 사회에서는 결혼비용으로 많은 돈이 들어가며 남편이 그 돈을 다 지불하기 전까지는 자식이 태어나도 남편의 집단으로 넘기지 않는 경우까지도 있다. 부인이 죽으면 그 친가의 친족들이 장례식을 주도하며, 시신을 거두어가서 친가 쪽 묘지에 묻는다.

따라서 남편과 부인이 다른 씨족에 속하기 때문에 합장(合葬)하는 일은 없다. 결혼은 남편의 친족집단과 부인의 친족집단이 장기적으로 맺는 계약으로 부인이 죽으면 그 계약이 종결되며, 부인 쪽 씨족은 혼인한 자매에 대한 권리와 의무를 유지한다.

일반적으로 부인이 친가(=출신집단)와 강한 유대관계를 유지하는 지역에서는 시가(=혼인집단)에서 높은 지위를 누린다. 여기서 부인의 지위는 친가와 시가의 역학관계(balance of power)에 따라 결정된다. 흔히 부인은 남편과 자기 형제의 역학관계를 조종해 양쪽에서 이익을 취하려 하기도 한다. 이 같은 지역에서는 부인은 싫은 일이 있으면 곧바로 친가로 돌아가 버리기가 예사이며, 또 남편이 부인을 구타하는 폭력행위 같은 것은 친가의 간섭 때문에 좀처럼 일어나지 않는다.

이렇게 보면 부부동성으로 이행한 수수께끼는 간단하게 풀린다. 부인이 친가와의 관계를 끊는 것, 바로 이것이 부부동성의 핵심인 것이다.

이를 위해서는 두 가지 조건이 필요하다.

첫째, 결혼이 평생 단 한번이면서 동시에 불가역적인 지위의 이행으로 간주될 것

둘째, 부인 친가의 영향력이 미치지 못하도록 남편의 친족집단보다 지위가 낮은 친족집단에서 부인을 고를 것

"며느리는 부뚜막의 잿더미 속에서 고르라"는 옛 속담에 나오는 계층간 상승혼(上昇婚, hyper-gamy), 즉 신데렐라 이야기는 이렇게 해서 완성된다. 신데렐라 콤플렉스는 여성이 첫째 자신의 출신집단을 **완전히** 이탈하는 것 그리고 둘째로 남편의 친족집단에 **완전히** 동화되는 것, 이 두 가지 요소를 담고 있다. 지금도 여성들 사이에서는 결혼을 자신의 친족집단으로부터 도약(takeoff)하기 위한 발판(springboard)으로 받아들이는 사고방

식이 있는데, 이는 상승혼적 태도를 반영한다.

　이런 결혼관을 바탕으로 해서, 남편이 부인을 **완전히** 지배하는 가부장제는 완성된다. 남편에게는 부인 쪽 친족의 간섭이 무척이나 성가셨던가 보다. 어쩐지 6천 년에 걸친 가부장제의 역사는 모계친족의 영향력 행사를 막기 위해 온힘을 기울여온 시간처럼 보인다.

　결혼식 전날 밤 신부부모는 딸에게 일단 시집을 가면 무슨 일이 있어도 돌아와서는 안 된다고 못을 박는다. 결혼식에서 신부가 기모노 오비에 넣는 단도는 만의 하나 친가로 돌아와야 하는 일이 생기면 차라리 목을 베고 자살하라는 의미라고 한다. 일단 시집간 이상 주검이 되어서 돌아오는 것 말고는 친정으로 돌아오지 말라는 뜻이다. 게다가 처녀성을 중요하게 여기는 사회에서 첫날밤을 보낸 여성은 처녀성을 잃은 여자가 되기 때문에, 이제는 영영 되돌릴 수 없는 변화를 겪은 게 된다. 혼인을 둘러싼 언설은 하나같이 여자들을 향해, 이 이행은 단 한번뿐인, 되돌리려야 되돌릴 수 없는 변화라고 협박을 한다. 남자들에게는 그와 같은 협박성 언설이 없는 걸 보면, 필시 이는 비대칭적 관계임이 분명하다.

　이렇게 해서 남편은 결혼해서 맞이한 아내에게 마음대로 힘을 행사할 수 있게 되었다. 가풍을 강요하는 것은 물론이며 외도·폭행·유기 등 온갖 비인격적인 대우에 이르기까지, 아내에게는 '무슨 짓을 해도 괜찮은' 관계가 성립되었다.

## 2) 상승혼의 메커니즘

부부동성이 신분제 사회 및 그 내에서의 가부장제 완성과 밀접한 관계에 있다는 사실을 알게 되면, 기꺼이 남편과 같은 성을 쓰고 싶어하는 여성들의 심리는 한마디로 '이해할 수 없다'고 해야 할 것이다.

하지만 '성을 바꾸고 싶다'는 여성들에게도 나름의 이유가 있다. 우선, 결혼은 종종 자신이 태어난 지긋지긋한 가정으로부터 '도망치는' 것을 의미한다. 이탈을 꿈꾸는 마음은 신데렐라 콤플렉스로 인해 더욱 강해진다. 상승혼의 규칙 아래서는 여성이 혼인을 통해 들어가게 되는 집단은 자신의 출신집단보다 사회·경제적 지위가 높기 때문에, 결혼은 많은 미혼여성들에게 비참한 환경에서 벗어나는 천재일우의 기회인 것이다.

한 집안에서 딸은 '아버지의 권력' 아래서 가장 약한 위치에 놓인 존재이어서, 그로부터 도망친 곳에 '남편의 횡포'가 있다는 것을 알아채지 못하는 한 이탈의 유혹 앞에서 너무나 쉽게 친가와의 관계를 끊어버린다. 실제로 나는 자진해서 성을 바꾼 **자각한** 여성들 상당수가 "내가 태어난 가정이 싫어서 성을 바꾸고 싶었다"고 말하는 것을 적지 않게 들었다. 남성들은 결혼을 '자신이 태어난 가족을 버리는' 기회라고 여기지 않기 때문에 이런 상승혼적 결혼관은 오직 여성들에게서만 볼 수 있는 특징이다.

일본과 유럽에서는 가부장제하의 상승혼이 생겨나면서 그와 동시에 부부동성이 성립되었으나, 자신의 친가에 자부심을 가지는 귀족여성들은 종종 혼인 후에도 결혼 전의 성(maiden name)을 미들네임으로 지닌다. 예를 들어 메리 울스턴 그래프트 같은 식이다. 자식들 또한 어머니의 미들네임을 이어받아 자신이 어떤 아버지와 어머니에게서 태어났는지를 성으로써 드러낸다. 그 결과 명문가 자손일수록, 해리어트 윌리엄 스토 윈스턴 처칠 등과 같이 이름이 길어진다.

자신의 친가를 자랑스럽게 여기고 친가와의 관계를 끊으려고 하지 않는 여성은 자신의 성(family name)을 버리지 않는다. 사실 이런 여성들은 결혼 후에도 당당하게 친가의 가족 구성원으로서 재산 상속권을 가진다. 나아가 이것은 자기 자식으로 이어진다. 여성이 주저 없이 자신의 성을 버리는 것은 친정이 아무것도 줄 수 없을 만큼 가난하거나 혹은 친정이 그녀의 상속권을 박탈해 아무 이익도 얻을 수 없는 경우이다. 그리고 이러한 틀은 여성이 결혼에 의지해서 살아갈 수밖에 없는 사회상황을 만들어내어 여성에게 결혼을 강요한다.

## 3) 자녀 성의 부계주의

지금까지 살펴본 바로 무엇이 "여성으로 하여금 자진해서 자신의 성을 버리게 하는" 상황을 만들어내는지 충분히 알 수 있으리라 본다. 그렇지만 최근 부부각성을 요구하는 여성들이 생겨나는데, 이들이 친가와의 관계를 복원하기 위해서 그러는 것은 아니다. 이들은 '부부동성'에서 드러난 가부장제적 결혼관에 반발하는 것이지, 출신씨족의 꼬리표가 붙는 고대의 '각성(各姓)부부'로 돌아가려는 것이 아니다. 성은 항상 출신집단과의 연결을 의미하기 때문에, 친자관계가 재산관계 등의 권리(이는 곧 의무)를 의미하는 곳에서는 부모가 성이 바뀌지 않은 딸에게 언제라도 권리를 주장할 수 있다.

또 가부장제 사회에서는 부부각성이 억압적으로 기능하기도 한다. 부부각성을 주장하는 사람들 가운데는, 동아시아권에서 이웃의 중국이나 한국에서 부부각성이 시행되는 것을 보고 "여성해방이 앞서 있다"고 간단히 결부지어서 이해하는 이들이 있다. 하지만 중국이나 한국도 일본 못지않게, 아니 일본 이상으로 부계제도가 강한 나라이다. 이와 같은 사회에서 시집을 간 여성은 성이 같은 집단에서 자신만 성이 다름으로 해서 평생 그 집단에서 국외자라는 기호를 짊어지고 사는 셈이다.

부계집단에서는 시집온 여성만이 다른 성을 사용함으로써 '다른 씨족이라는 꼬리표'를 달고 있다. 이것은 부부와 자녀로 구성된 핵가족에서도 본질적으로 바뀌지 않는다. 자녀의 성은 아이들이 어느 친족집단에 속하는지를 표시하는 기호이며, 친족구조는 자녀들의 귀속을 둘러싸고 끊임없이 갈등을 되풀이해 왔다. 부부각성을 주장하는 사람들은 부계주의에 따른 자녀의 성을 그다지 문제 삼지 않는데, 성이 달라도 여성은 생물학적인 모자의 끈끈한 인연을 믿기 때문에 별로 관계가 돈독치 않은 부자관계에 성쯤은 양보하겠다는 것인가.

## 4) 늘어나는 각성가족

자녀의 귀속에 부계주의가 유지된다 해도, 아니 오히려 부계주의가 유지되기 때문에 앞으로 각성가족은 점점 더 늘어날 전망이다. 일부 '자립을 추구하는 여성들' 사이에서 부부각성을 요구하는 사람들이 있어서라기보다 이혼과 재혼이 늘어나기 때문일 것이다. 증가하는 이혼을 더 이상 막을 수도 없거니와 여성에게도 자식이 딸렸다는 사실이 재혼의 장애가 되지는 않는다.

자녀를 동반한 재혼가정의 경우 설령 여성이 남편 성을 따라도 자녀의 성은 바뀌지 않는다. 자녀의 성을 바꾸려면 그 아이와 새 남편이 별도로 양자관계를 맺어야 한다. 법적으로 친자가 되면 상속권을 포함한 권리=의무관계가 발생한다.

한편 부부가 이혼해도 친자관계는 유지된다. 앞으로는 면회권이나 친권을 포함해 헤어진 부인이 데리고 간 자녀와의 부자관계를 포기하지 않으려는 아버지들이 늘어나는 한편, 새 부인이 데려온 혈연관계가 없는 자녀와 양자관계 맺기를 주저한다거나 또는 그 필요성을 느끼지 않는 재혼남들도 늘어날 것이다. 이는 자녀에게 이미 아버지가 있기 때문이다. 이혼에 대해 좀더 관대해진다면, 부부가 갈라서는 것이 곧바로 자녀에게서 '친아버지'를 뺏는 것으로 이어지지는 않을 것이다.

그렇게 되면 설령 이혼할 때 자녀의 성을 어머니 쪽으로 바꾸었다고 해도 재혼가정에서는 데리고 온 자녀와 재혼해서 낳은 자녀의 성이 달라진다. 만약 자녀가 친아버지의 성을 따르고 어머니는 결혼 전의 성으로 돌아가서 재혼 후에도 부부각성을 택한다면, 한집안에 세 개의 성이 생기게 된다. 이렇게 되면 가족이라는 것은 더 이상 같은 성을 공유하는 것을 의미하지 않는다.

미국처럼 이혼하고 재혼했다가 또 이혼하고 재혼하기를 반복하는 사람이 많은 사회에서는 한집안에 성이 세 개 또는 네 개 있는 가족을 얼마든지 볼 수 있다. 첫 결혼으로 낳은 자녀와 두번째 결혼으로 낳은 자녀는 모두 성이 다르며, 또 이 자녀들을 데리고 재혼한 상대와의 사이에서 자녀가 태어나면 그 아이의 성은 또 다르다.

이런 것을 피하려면, 한 어머니에게서 태어난 자녀들은 모두 어머니의 성을 따르는 철저한 모계주의를 택하면 된다. 하지만 법적으로 부부각성이 가능한 미국에서도—적어도 결혼생활 동안 낳은 자녀에 대해서는—모계주의에 따른 자녀귀속을 요구하는 소리가 나오지 않는다. 부계주의 사회에서 아이가 어머니의 성을 따른다는 것은 사생아라는 낙인(stigma)을 짊어지는 것이다. 한편 모계주의를 선택한다 해도 이혼 때 아버지가 자녀를 데려가는 사례가 늘어난다면 마찬가지 문제가 발생할 것이다.

"가족은 같은 성을 쓴다"는 규칙을 관철시키려면 이혼 및 재혼 때마다 자녀에게 성을 바꿀 것을 강요해야 한다. 이름은 정체성의 바탕이므로 정체성의 혼란을 피하고자 한다면 단 하나, '한집안은 같은 성'이라는 믿음을 깨는 수밖에 없다. 한 가족에 성이 몇 개 있어도 된다는 분위기를 조성할 필요가 있다. 결혼은 평생 단 한번뿐, 다시 해서는 안 되는 것이라는 인식이 사라진 지금 '한집안에 하나의 성'을 밀어붙이는 것이 오히려 더 비현실적이다.

### 5) 법률혼의 장점은 무엇인가

부부각성은 법률혼과 마찬가지로 호적제도를 옹호하는 것일까.

법률혼은 부부간의 권리와 의무를 발생시킨다. 하지만 친자에 대해서는, 가령 양친이 법률상 부부가 아니더라도 권리와 의무가 발생하므로 자녀의 권리를 지키는 데 법률혼은 전혀 의미가 없다. 여성이 법률혼을 주장하는 것은, 그로 인해 여성의 권리가 지켜짐으로써 이득을 얻는 경우이다. 현행 법률에서 부인이 경제력이 없는 경우, 다시 말해 부인이 피부양자인 경우 법률혼은 여성에게 득이 되는 구조로 되어 있다.

그런데 부인에게 소득이 있어서 피부양자가 아니라면 법률혼은 아무런 득이 되지 않는다. 외국의 법률에서는 학생이나 심신장애자를 제외한 성인남녀에 대해 부양공제를 인정하지 않는 경우가 많다. 일본 법률은 역으로 무직인 부인의 권리를 지켜줌으로써 무직을 장려하고 있다. 만일 배우자 공제가 없어진다면 일본의 전업주부는 어떻게 바뀔까?

소득이나 재산을 둘러싼 권리와 의무 관계에 아무 도움이 되지 않는다면, 법률혼의 이점은 단지 부부·친자임을 사회적으로 공인받는다는 데 있다. 그렇다면 도대체 왜 성적인 관계를 '등록'한다거나 '공인'해 달라고 해야 하는 걸까? 나아가 적출자와 비적출자의 차별도 사라지면 법률혼이 지니는 의미는 거의 사라져 버린다. 남는 것은 "같은 성이 아니면 자식들이 불쌍하다"는 믿음 정도이다. '자식들이 불쌍한' 것은 성이 다르다고 해서 아이가 '괴롭힘'(이지메)을 당하기 때문이다. 하지만 그것도 그릇된 '믿음'에 지나지 않는다면? 또한 문제는 성이 다르다는 이유만으로 아이를 괴롭히고 따돌리는 사회에 있는 것이라면? 이렇게 생각하면 각성(各姓)을 선택하지 않을 이유는 대부분 사라진다. 여기서 문제가 되는 것은 상대방의 안색을 넘겨짚어 스스로 규제하는 일본 사회의 집단주의이다.

하지만 공인되고 등록된 '가족제도'를 사회의 근간으로 여기고 그것을 뒤흔들고 싶지 않은 사람들은 결혼중의 성과 혼외 성을 구별하고 적출자와 비적출자의 차별을 계속 유지할 것이다.

'부부각성'을 요구하면서 싸워야 할 상대는 가부장제적 가족제도라는 완강한 적인 것이다.

# 2. 살아온 경험으로서의 노후

## 1) 노년기의 문화이상과 현실

E. H. 에릭슨이 '정체성'(identity) 개념을 발달심리학에 도입했을 때 발달과제에서 가장 큰 문제인 '정체성 위기'(identity crisis)는 청년기에 집중된다고 보았다(Erikson 1963, エリクソン 1973). 에릭슨은 원래 청소년 심리학 임상연구자로 출발해 그 과정에서 정체성이라는 키워드를 발견했다. 처음에는 에릭슨도 '발달'(development)이라는 과제를 청소년기 이후에는 적용하지 않았고, 청소년기라는 질풍노도(storm wind drunk)의 위기를 넘어서면 성인의 정체성은 대체로 안정된다고 생각했다.

하지만 그후 성인이 되어도 30대는 30대 나름의, 40대는 40대 나름의 발달과제가 기다리고 있다는 견해가 널리 퍼졌다. 예를 들어 결혼, 출산, 자녀의 출가, 은퇴 등은 그때마다 정체성 변화를 요구하는 인생의 발달과제라는 것이다. 정체성 재편기에는 그때까지 지니고 있던 정체성이 유효성을 잃는다. 이 재편이라는 과제를 잘 해결하면 '성숙'해지지만 제대로 못하면 정체성 위기에 빠진다. 정체성 재편기를 넘어선다는 것은, 성공하든 실패하든 많은 어려움이 따르는 일이다.

인생의 모든 단계를 끊임없는 '발달'로 파악하는 관점은 지극히 미국적이라고도 할 수 있다. 이 같은 인생관은, 예를 들어 『논어』에서 말하는 "서른이 되어 독립하고 마흔이 되어 흔들리지 않는다"[三十而立 四十而不惑]하고도 매우 다르다. 하지만 이 논어의 언설도 인생관이라기보다 인생의 가르침이라는 점에서, 이렇게 되고 싶다는 삶에 대한 일종의 문화이상을 말한 것이다. 대부분의 사람들은 나이 서른이 되어도 '독립'도 못하고 마흔이 되어도 '불혹'에 이르지도 못하는 자기 삶의 '현실'이 이런 '문화이상'과 멀어도 한참 멀다는 것을 실감할 거다.

성인기를 '불혹'이라고 보는 인생관에서, 삶은 끝없는 정체성 변동의 연속이라는 관점으로 자리바꿈이 된 한 가지 이유는 성인기 심리현실에 관해 많이 알려졌기 때문이기도 하지만, 또 한 가지는 성인기에 대한 '문화이상'이 붕괴된 데 있다. 그 가장 큰 이유는 고령화이다.

공자가 『논어』를 쓴 시대에는 아마 평균수명이 50세도 채 되지 않았을 것이다. 일본도 전후(戰後)에 급속한 인구 고령화가 진행되기 전까지는 평균수명이 40대인 시기가 오랫동안 이어졌다. 오다 노부나가(織田信長)가 임종 때 읊었다는 "인생 겨우 50년. 천상계의 밑바닥인 하천계 시간에 비하면 꿈만 같도다"는 구절을 보더라도 당시 사람들이 일반적으로 '인생 50년'이라는 관념을 가지고 있었음을 추측할 수 있다. 죽음을 각오하고 여행에 나선 마츠오 바쇼(松尾芭蕉)는 『오쿠노 호소미치』(奥の細道)라는 기행문집 첫머리에서, 여생이 길지 않은 자신에게 이번이 마지막 여행이라는 감회를 밝히는데 이때 바쇼의 나이 겨우 마흔다섯 살이었다.

일본 각지의 민속이었던 은거관행도 마흔 살이 기준이었다. 호주는 마흔이 되면 가독(家督), 즉 호주에게 부여된 모든 권리와 의무를 후계자에게 넘겨주고 이후로는 집안을 대표해서 '공적 업무'—공동체 회합이나 씨족모임 참여—를 담당했다. 가업유지라는 세속의 업무는 후계자에게 맡기고 성스러운 영역으로 옮겨가는 것이다.

이렇게 보면 '사십이불혹'(四十而不惑)은 성인기의 문화이상이라기보다 노년기 문화이상이라 할 수 있다. 하지만 청년기가 길어지고 고령화가 진행되는 오늘날에는 그 의미가 전혀 달라진다.

예를 들어 '사십이불혹'을 노년기 문화이상으로 간주하고 인생 80년 시대에 맞추어 환산해 보면 어떻게 될까? '육십이불혹' '칠십이불혹'이라고 바꿀 수 있을까? 결국 '사십이불혹'이라는 문화이상에 담겨 있는 생각은 인생의 일정 단계에는 성장이나 변화의 종점이 있으며 그 목적을 달성한 뒤에는 편안한 마음으로 지내야 한다는, 말 그대로 이상이다. 이 문화이상은 노년기의 심리적 현실과 다를 뿐 아니라, 고령자가 현실에서 흔히 부딪히는 갈등이나 장애에 대한 인식을 억누르고 볼 수 없게 만든다. 노년기를 심리적으로나 사회적으로 안정기로 여기기보다 오히려 정체성 재편기로 받아들여서 그 단계의 발달과제라든가 장애의 현실에 역동적으로 접근할 필요가 있다.

## 2) 정체성 위기와 그 이론

에릭슨은 청소년 심리학 분야에서 매우 큰 공헌을 했다. 그는 청소년기를 '정체성 위기'라는 관점에서 파악했는데, 위기의 양상은 '자기정체성'(self identity)과 '사회적 정체성'(social identity)의 어긋남으로 표출된다. 청소년기는 한 개인이 '아이의 (자기)정체성'에서 '어른의 정체성'으로 이행하는 과도기이다. '아이의 정체성'을 지닌 사람이 '어른으로서의 사회적 정체성'을 요구받게 되면, 두 정체성 사이에 갈등이 일어난다. 또 반대로 자신은 '어른의 자기정체성'을 지니고 있는데 '아이의 사회적 정체성'만 부여받는 경우도 있다.[1] 에릭슨은 청소년기를 이런 두 정체성 사이의 어긋남이 갈등과 조정을 반복하면서 마침내 조화로운 "어른으로서의 자기정체성=사회적 정체성"에 도달하기까지의 과도기라고 본다.

모든 전통사회에는 집단 구성원을 나누는 범주에 '어른'과 '아이'의 구별이 있다.[2] 보통 성인식(initiation)을 치르기 전까지는 그 집단의 정식 구성원으로 인정하지 않는다. 성인식은 그 집단에 들어가는 '신고식'이기도 하다. 성인식은 범주를 나누는 경계를 단숨에 뛰어넘는 절차이며 대부분 사회에서는 곤경과 시련을 경험하게 하지만, 여기서는 범주이행의 전과 후에 '자기정체성'과 '사회적 정체성' 간의 어긋남이 보이지 않는다. 아이는 '아이'이고 어른은 '어른'이므로, 성인식 전과 후의 개인은 이중 한쪽에 속해 있게 마련이다.

에릭슨은 근대사회에 들어와서 아이와 어른 사이의 이행기가 인생의

한 단계로 자리 잡고 장기화되었다고 지적한다. 이것이 다름 아닌 '청소년기'이다. 따라서 전통사회에서는 아이와 어른은 있어도 '청소년'은 없었다. 근대는 청소년기가 성립된 시대이기도 한 것이다. 청소년기는 '아이의 자기 및 사회적 정체성'이 '어른의 자기 및 사회적 정체성'으로 완전히 바뀔 때까지 겪는 '자기정체성'과 '사회적 정체성' 사이의 불안정한 이행기라고 할 수 있다.

근대사회에서 청소년기가 늘어난 이유는 '성성'이라는 과제에서 어긋남이 생기기 때문이다. 개인의 성숙을 생리적 성숙, 심리적 성숙, 사회적 성숙, 문화적 성숙이라는 네 차원으로 나누어서 보자. 전통사회에 비해 근대사회는 영양상태가 좋아지고 성관련 정보가 넘쳐흐르는 바람에 생리적 성숙(몽정이나 초경 연령)은 빨라지고 있는 데 비해, 사회적 성숙(법률적인 성인이나 경제적 자립)과 문화적 성숙(결혼이나 출산)은 오히려 늦어지는 경향을 보인다.

청소년기가, 시작시점은 빨라지고(12~13세) 종료시점은 늦어지는 (25~30세) 두 가지 이유로 해서 약 10여 년으로 길어졌다. 아이도 아니고 그렇다고 완전히 어른도 아닌 이 불안정한 시기를 에릭슨은 '모라토리엄' (moratorium, 집행유예 기간)이라고 이름 붙였다. 이 시기는 누구나 거치지만 그렇다고 쉽게 극복할 수 있는 것은 아니다. 마치 출산이나 죽음은 누구나 겪는다 해도 결코 용이한 경험이 아닌 것과 같다. 에릭슨은 이런 정체성 재편시기에 정체성 통합에 실패한 젊은이들의 임상사례를 제시하면서 '모라토리엄 증후군'이라고 명명했다. 인생에서 이 단계의 위기에서

는 우울증이나 노이로제, 정신분열증, 자살 등이 다른 어떤 단계보다 집중
적으로 나타난다(笠原 1977).

### 3) 노인이행기의 정체성 위기

'늙음'을 다루는 논문에서 '청소년기'에 관해 장황하게 늘어놓은 이유는
다름이 아니다. 청소년기에 관한 이야기는 그대로 노년기에도 적용할 수
있기 때문이다. 지금까지 발달심리학자들은 청소년기를 인생 최대의 발달
과제로 보았다. 그 이후에도 위기는 있지만 청소년기만큼 심각하지 않다
고 여겼다. 그러나 이 같은 태도는 인간의 생애에 아이와 어른이라는 두
범주밖에 없다고 가정했을 때만 해당한다. 만일 어른이라는 범주가 인생
의 종착역이 아니라 이후에도 또 하나의 범주가 기다리고 있다면 어떻게
될까?―다름 아니라 '노인'이라는 문화범주이다.

어른의 정체성 또한 계속 변동한다. 그 과정에는 인생의 각 단계에 따라
몇 가지 위험요소가 있다. '액년'(厄年)에 담겨 있는 사고방식은 이런 위기
의 시기를 큰 탈 없이 넘기기 위한 전통사회의 지혜이다. 하지만 그 뒤에
범주 자체의 변화가 기다리고 있다. 우리는 어느 날 자신의 사회적 호칭이
바뀌었다는 것을 깨닫는다. '할아버지' '할머니'라고 불리면서 자신의 자
기정체성과 사회적 정체성 사이에 큰 틈이 생긴 것에 놀란다.

어른에서 노인으로 범주이행을, '성숙'이라는 이름 붙임에 맞추어 '노
화'라고 하자. 그리고 정체성 재편이 요구되는 이 이행기를 '청소년기'에

맞추어서 '노인이행기'라고 부르자. 노인이행기에서 노화의 과제는 청소년기의 성숙이라는 과제와 마찬가지이다. 분석적으로 레벨을 나누면 노화는 생리적 노화, 심리적 노화, 사회적 노화, 문화적 노화라는 네 가지 차원에서 진행된다.

청소년기 성숙의 과정처럼 가장 먼저 경험하게 되는 노화는 생리적 노화일 것이다. 노화의 징후는 치아·눈·생식기부터 나타난다는 속설처럼, 일반적으로 신체의 쇠약이 맨 처음 스스로 부정할 수 없는 노화를 알려준다. 생리학적 견해에 따르면, 18세를 정점으로 신체의 능력은 떨어지기 시작하며 더 거슬러 올라가면 대뇌세포는 4세까지 완성된 후 해마다 세포가 파괴된다. 이처럼 생리적 노화는 초경이나 몽정처럼 언제부터라고 명시할 수 없다. 그래서 최근 연구자들은 노화라는 용어를 쓰지 않고 '나이 드는 현상'(aging)이라고 부른다.

아무튼 근대사회에서는 영양상태가 향상되어 생리적 노화가 눈에 띄게 늦추어지고 있으며, 생리적 노화는 개인마다 큰 차이가 있다는 사실은 이미 알려져 있다. 가령 생물로서의 성숙기간을 생식가능 연령(암컷이라면 초경부터 폐경까지)으로 보더라도, 여성의 폐경기는 전반적으로 늦어지고 있거니와 40대부터 60대까지로 개인차도 심하다.

오늘날 노인이행기의 정체성 위기는 오히려 '사회적·문화적 노화'와 그외 노화의 어긋남에서 비롯된다.

가장 큰 사회적 노화는 성인으로서 사회·경제적 지위의 상실, 다시 말해 정년이다. 일본 사회의 고용인 비율은 이미 전국민의 50%를 넘어섰지만, 정년제를 채택하고 있는 기업은 전체의 70%이며 대기업은 99%에 이른다(1976년 노동성 조사). 게다가 대부분이 오랫동안 55세 정년제를 실시해 왔다. 최근 고령화의 영향을 받아 정년연령 연장을 검토하는 움직임이 보이지만, 같은 조사에서 60세 정년제를 실시하는 곳은 아직 전체 사업장의 30%에 불과하다.[3]

국제적으로 유명한 일본의 노동관행의 하나인 종신고용제가 55세 정년제를 채택하고 있는 것은 확실히 기이한 일이다. 미국의 정년은 65세, 노르웨이는 60세, 일본보다 평균수명이 짧은 타이도 70세이다.[4] 서구에는 그야말로 죽었을 때가 정년인 예도 있다. 법률이 정의하는 노년은 65세 이상을 가리키며 이는 노령연금 개시연령과 일치한다. 법률이 규정하는 노년의 정의는 55세 이후 경제적 기반을 잃은 사람들에 대해서 65세까지 10년간 스스로 노력할 것을 바라면서 사회보장을 적용하지 않는다는 정책적 판단 이외의 의미는 없다. 이 문제는 차치하고, 55세 정년제는 어떻게 해서 정착된 것일까?

55세 정년제는 메이지 시대에 일부 사업소에서 실시하기 시작해서 그 후 확산된 것으로 추정하고 있다. 메이지 시대 일본인의 평균수명이 40대였으니까, 이 시기의 55세 정년제는 그야말로 '종신'(죽을 때까지) 고용을 뜻했다. 전통문화에는 40세 전후에 은거하는 관행이 있었으므로, 55세까지 일한다면 그후 은퇴를 해도 충분히 오랫동안 일했다고 여겼다. 현대 정년제의 문제는 전후(戰後) 고령화가 급속히 진행되고 평균수명이 80세에 육박하고 있음에도 불구하고 정년연령은 시대의 변화와 동떨어져 고정된 채로 있다는 점이다.[5] 게다가 영양수준을 고려하면, 반세기 전의 55세와 현대의 55세는 건강상태 면에서 현격한 차이가 난다.

고용인은 정년이 되면 경제적으로 자립한 '성인'이라는 범주에서 방출된다. 설령 경제적 자립에 문제가 없다 해도 직업인이라는 사회적 정체성은 잃게 된다. 정년 후의 나날을 그린 소설 『매일 매일이 일요일』의 저자 시로야마 사부로(城山三郎)는 정년을 '사회적 죽음'이라며, 정년퇴직한 날을 사회적 '장례일'이라고 불렀다(城山 1976) 정년 후의 삶은 사회적 의미에서는 '사후'세계이며 여분의 시간들이다. 전통사회의 은거관행에서는 은거를 '공사'(公事), 현역을 '속사'(俗事)라 부르면서 이른바 성·속 영역으로 나누어 사회적 영역의 '분할공존'(今西錦司)을 꾀한 것에 비하면, 현대의 정년은 사회로부터 쓸모없다는 선고를 받는 훨씬 가혹한 경험이다.

더욱이 정년과 함께 일반적으로 경제규모가 축소될 뿐 아니라 활동공간이나 대인관계까지도 잃는다. 이러한 경향은 직장생활에 전력투구한 사람일수록 강하게 나타난다. 사회활동이나 대인관계 영역이 직업과 밀접히 연결되어 있기 때문에 직장생활을 마감하는 것과 동시에 사회관계도 잃게 되는 것이다.

'사회적 죽음' 이후를 살아가기란 힘들다. 가령 미개사회의 예에서 볼 수 있듯이, 주술(witchcraft)로써 죽음을 선고받고 공동체가 죽은 것으로 간주한 개인은 죽임을 당할 필요도 없이 생리적으로 죽어버린다. 정년퇴직한 사람이 갑자기 늙어버린다든가 치매에 걸리는 것은 이 사회적 죽음이 던지는 충격과 관계가 있을 터이다.

문화범주는 '여분의 인생'에 어느 정도 적절한 지위(梅棹忠夫)를 부여했다. 환갑이 그러한 예이다. 60세 생일에 붉은 조끼를 입고 환갑을 축하하는 것은 사람으로서의 생을 마치고 갓난아이로 돌아가는 것—이른바 '신선의 세계'에서 노는 것을 허락하는 문화적 장치였다. 그러나 60세에 환갑, 70세에 고희를 맞이하던 시대에는 사실 이 나이가 되는 사람들 자체가 얼마 없었거니와, 이 같은 문화이상을 내면화한 사람은 60세 이후의 삶을 어떻게 살아가면 되는지 알고 있었다. 하지만 인생 80년 시대, 누구나 당연히 환갑을 맞이하는 시대에는 이런 문화이상이 좌절당하게 마련이다. 더구나 60세 이후 20년은 여분의 인생이라고 하기에는 너무 길며 요즘 60세는 너무 젊다.

문화범주 중에서 노년을 보여주는 최대 지표는 가족사의 변화이다. 많은 전통사회와 마찬가지로 일본에서도 남녀를 불문하고 독신이면서 단지 경제적으로 자립한 것만으로는 어엿한 성인으로 인정하지 않는다. 책임감 있는 집단 구성원으로 인정받으려면 결혼을 해야 한다(경우에 따라서는 자식을 낳아 부/모가 될 필요도 있다). 성숙이 가족사에서 아이로부터 부/모로 범주이행을 하는 것이듯, 노화는 이제 부/모에서 조부/모로 이행하는 것을 의미한다. 자녀세대의 성숙이 부모세대의 노화를 정의한다. 좀더 일상적으로 표현하자면 손자손녀가 태어난 순간 친족 사이의 호칭이 할아버지할머니로 이행한다. 일본의 친족호칭은 최연소자(이 경우는 손자손녀)를 기준으로 한 '자녀중심의 용법'(鈴木孝夫 1973)이므로 손자손녀가 태어나자마자 자녀는 물론 배우자마저 아버지어머니라고 부르지 않고 할아버지할머니라고 부른다.

물론 결혼연령이 낮았을 때는 40대 초반에 첫 손자손녀를 보는 젊은 조부모도 많았다. 결혼연령이 높아지고 있는 오늘날에 와서야 비로소 조부모가 되는 나이가 늦어지고 있다. 하지만 전전(戰前)의 일본인 라이프사이클을 보면, 40대 초반에 첫 손자손녀를 볼 무렵이면 자신의 막내는 아직 학생이라서 막내가 성인이 되는 것도 기다리지 못하고, 다시 말해 부모의 범주에서 최종적으로 벗어나기도 전에 죽음을 맞이했다. '자식은 둘만' 낳는 현대사회의 평균적 라이프사이클 모델에 따르면 남자는 57.7세에, 여자는 55.1세에 막내 결혼식을 보게 된다(總理府編 1983). 평론가 히구치 게이코(樋口惠子)는 자녀의 결혼식을 '부모 정년퇴임식'이라고 부른다. 부모는 최종적으로 성숙의 과제를 달성한 자녀를 더 이상 책임질 필요가 없으며 지나친 간섭은 오히려 갈등을 부른다.

부모로서의 역할을 마치는 것은 단지 친족호칭상의 변화만을 의미하지는 않는다. 자녀의 결혼은 대개 세대분리를 동반하므로 보호자·감독자로서 부모의 역할을 잃는 것을 의미한다. 동시에 성숙한 자녀와의 관계에서 역학관계가 바뀐다. 남녀 모두 부모로서 누렸던 가정 내 지위와 역할을 잃어버리므로 정년퇴직과 마찬가지로 이 변화가 불러일으키는 정체성 위기는 심각하다. 특히 가정 내 역할에 혼신의 힘을 다했던 여성일수록 그 정도가 심하다.

현대인은 '부모'의 범주에서 물러난 뒤의 삶이 무척이나 길다. 더욱이 손자손녀를 돌보아야 했던 전통사회의 노인들과 달리, 생리적으로나 사회적으로도 충분히 활동적이다. 할아버지, 할머니라는 호칭은 더 이상 이전의 범주로 돌아갈 수 없는 이행이 이루어졌다는 것을 의미하지만, 현대의 젊은 조부모들은 저항감을 느낀다. 그리하여 이들은 고육지책으로 가정 내에서 독창적인(original) 친족호칭을 만들어낸다. 예를 들어 손자손녀에게 할머니와 어머니를 각각 '큰어머니' '작은어머니' 혹은 '어머니' '마마'로 구별해서 부르게 하는 것이다. 하지만 이 또한 손자손녀가 사회적 친족호칭을 배움에 따라 가정 내 호칭과 다른 데서 오는 혼란을 느끼게 된다.

정체성 문제에서 친족 내 친족호칭보다 더 치명적인 것은 친족 이외의 타인들이 부르는 호칭이 '아저씨' '아주머니'에서 '할아버지' '할머니'로 바뀌는 것이다. 이것을 친족호칭의 의제적 용법이라고 부른다. 많은 사람들은 전혀 알지도 못하는 사람에게서 처음으로 '할아버지' '할머니'라고 불리었을 때를 당혹스럽고 언짢고 비참한 경험으로 기억한다. 이 경험은 자신의 모습이 누가 보더라도 영락없는 노인이며 노인으로서 자신의 '사회적 정체성'과 '자기정체성'이 크게 괴리되어 있다는 고통스러운 자기인식을 동반한다.

노인이행기의 정체성 위기는 대부분 앞서가는 사회적 정체성을 자기정체성이 따라가지 못해서 생기는 간극에 그 원인이 있다. 두 정체성의 갈등은 청소년기와 유사한 위기상황을 연출한다. 중·장년기에 증가하는 자살, 우울증, 노이로제, 노인성 분열증 등은 이 시기 정체성 재편이 청소년기와 마찬가지로 쉽지 않다는 것을 보여준다(金子·新福編 1972).

## 4) 노인의 부정적 자기이미지

노인이행기는 청소년기와 유사한 '정체성 위기'의 시기라고 할 수 있는데, 문제는 여기서 그치지 않는다. 노인이행기에는 청소년기와의 공통점만이 아니라 더 어려운 과제가 기다리고 있다. 청소년기와 마찬가지로 노인이행기 역시 근대의 산물인데, 근대사회에서 노인이행기를 극복하기란 청소년기를 극복하기보다 훨씬 더 어렵다. 왜냐하면 아이에서 어른으로 범주이행은 일반적으로 지위상승과 활력증대가 수반된다. 이처럼 청소년기는 사회가 성숙을 격려하고 당사자도 그것을 긍정적으로 받아들이지만, 어른에서 노인으로 이행하는 과정은 청소년기 상황과 정반대이다. 지위가 낮아지고 권리와 자유가 축소되며, 무엇보다도 당사자가 부정적으로 사고하는 변화가 나타나기 때문이다. 당연한 이야기지만 긍정적인 정체성으로 동일화하는 것은 쉽지만 부정적 정체성으로 동일화하기란 어렵다.

도쿄도노인종합연구소 이노우에 가쓰야(井上勝也)의 충격적인 보고서는 노인들이 부정적인 자기이미지를 얼마나 강하게 갖고 있는지를 보여준다(井上勝也 1978).

나라 현 이카루가(斑鳩)의 시미즈(清水) 산에는 기치덴샤(吉田寺)라는 덜컥(ポックリ) 신앙으로 유명한 절이 있다. 이노우에는 이 절에 참배하러 온 노인들을 인터뷰했다. 평균연령은 70.3세, 남성 7명과 여성 37명해서 모두 43명의 참배객들은 "왜 덜컥 사찰에 참배하러 오는가?"라는 질문에 "중풍 등으로 자리보전하게 되어 다른 사람들에게 폐를 끼치고 싶지 않아

서"라는 대답이 93%였고, 그 밖에 "암 같은 병고를 견딜 수 없어서" "나이를 먹어 살아갈 희망을 잃어서" "젊은 사람들이 귀찮게 여겨서"라는 대답이 있었다. 이노우에는 이와 같은 답변 속에 "돌봐주는 사람의 어려움에 대한 배려"와 "상대방이 자신을 귀찮게 여기는 데 대한 슬픔이나 분노" 등 두 가지 요소가 함축되어 있음을 간파한다. 그리고 이어서 또 한 가지 질문을 던진다.

"만약 댁의 가족들이 자리보전하여 지내도 조금도 귀찮아하지 않고 하루라도 좋으니 오래 사시기를 간절히 바라며 진심어린 간호를 해준다면 당신은 더 이상 덜컥 돌아가시는 것을 바라지 않겠는가?" 하는 질문에 대해, 82%의 노인이 "만일 그렇다면 무척 기쁘겠지만 그래도 역시 덜컥 가고 싶다"고 대답했다. '다른 사람들에게 폐가 된다'는 요인을 제거해도 여전히 '자리보전한 노인'이 되기를 거부하는 참배자들의 내면에는 다른 사람의 신세를 지는 '무력한 자신'을 강하게 부정하는 자존심과 그 이면의 공격성이 깔려 있다고 이노우에는 파악한다.

이노우에는 "덜컥 가기를 소망하는 것은 결코 죽음을 바라는 게 아니다. 표면적으로는 죽음을 바라는 것 같지만, 사실은 죽음을 통해 보다 나은 생을 유지하려는 인간적 자존심이 충만한 생에 대한 열망"이라고 결론내린다. 이렇게 해서 비로소 외견상 장수 기원과 모순되는 것 같은 덜컥 기원이 사실은 조금도 모순되지 않으며 장수 기원의 부정적 발현임을 알 수 있다. 장수 기원은 단순히 "자리보전해도 좋으니 오래 살고 싶다"는 생명에 대한 집착이 아니라 인간으로서의 존엄성을 지키면서 오래도록 생을 영위하고 싶은 바람인 것이다.

종종 '장수'와 '불로'는 함께 언급되는데, 이때 불로가 단지 '젊음'으로 회귀하는 것이 아니라는 사실은 이노우에의 다른 조사에서 잘 드러난다. 이노우에는 70세 이상 고령자 105명(남성 31명, 여성 74명)에게 "젊은 시절로 돌아가고 싶은가" 물었다. 결과는 "젊은 시절로 너무 돌아가고 싶다"는 응답과 "가능하다면 돌아가고 싶다"는 응답이 80%였다. 이번에는 더 깊이 파고들어 "몇 살로 돌아가고 싶은가"를 물었다. 대답은 놀랍게도 '30대'와 '50대'에 집중되었다.

'젊음' 하면 10대나 20대를 떠올리지만, 이 연령대를 꼽은 응답자는 소수였다. 30대는 이미 젊다고 할 수 없는 나이이고, 50대는 초로에 해당한다. 하지만 응답자들에게 30대의 이미지는 "정신력과 체력이 균형을 이룬 인생의 절정기"이며, 50대 이미지는 "사회적·경제적 지위가 정점에 이른 시기"이다. 이렇게 보면 고령자들의 회귀욕구는 단순히 회춘만을 바라는 것이 아니라 심신 양면에서 자신이 사회·경제적으로 힘을 발휘했던 나이로 돌아가고 싶은 것임을 알 수 있다.

이 같은 기준에 비추어보면 현재의 자신이 얼마나 무력하고 제약을 많이 받으며 비참한 존재인지 부정하지 못한다. 일반적으로 고령자가 갖는 자기이미지는 매우 부정적인데, 이는 고령자가 스스로를 30대나 50대의 눈으로 바라보기 때문이다.

하다 아이코(波田あい子)는 흔히 사회적 소수자의 자기이미지는 사회적으로 우위에 있는 집단이 자기 집단에 대해 내린 평가를 수용한 것이라고

말하면서, 이를 여성차별에 응용한 해커의 연구를 소개한다(波田 1976). 예를 들어 아메리카 흑인이 자신들에 대한 백인의 이미지를 내면화하는 것처럼, 사회적 소수자인 여성 또한 남성들이 가진 여성 이미지—감정적이고 변덕이 심하고 미숙한 어린애 같고 남자보다 지능이 떨어진다 등—를 내면화하여 부정적인 자기이미지를 만든다. 여성에게 '여자가 된다'는 것은 이런 부정적인 자기정체성을 획득하는 것을 의미하므로, 당연히 여기에는 갈등과 고통이 뒤따를 수밖에 없다. 성차별적인 사회에서 성숙이라는 과제는 청소년기의 여성에게 또래 남성보다 격렬한 위기로 경험되는데, 이는 일종의 '성숙 거부증세'라고 할 수 있는 '사춘기 거식증'이 남자에게는 나타나지 않고 오로지 여자에게만 나타나는 데서도 알 수 있다.

아메리카 흑인이나 여성의 부정적 자기이미지 형성 메커니즘은 마찬가지로 사회적 소수자인 노인에게도 적용된다. 예를 들어 30~40대 사람들을 대상으로 '노인'이라는 말이 주는 이미지를 물으면 다음과 같은 답이 돌아온다. "노인은 능력이 없다. 나이를 먹는다는 것은 가치가 저하되는 것이다. 사회에 짐이 된다. 나이를 먹고 싶지 않다…" 그런데 고령자에게 같은 질문을 던져도 역시 답은 같다. 다만 고령자의 경우는 타자의 이미지가 아니라 자기이미지라는 점이 다르다. 결국 고령자가 자신을 보는 시선은 여전히 30대나 40대 감각인 것이다.

그런데 백인 사회 속의 흑인 내지 남성 사회 속의 여성의 경우와 젊은이 사회 속의 노인의 경우는 한 가지 큰 차이가 있다. 다름아니라 백인이 흑인으로 혹은 남성이 여성으로 변할 일은 전혀 없지만, 젊은이는 결국 노인이 되게 마련이라는 사실이다. 자기가 부정적 이미지를 부여한 존재로 자신이 변해 가는 경험—바로 이 같은 경험을 사람들은 노인이행기에 겪게 되는 것이다. 이런 경험이 당사자에게 분노, 절망, 비애를 가져다준다는 사실은 어렵지 않게 상상할 수 있다.

아라이 야스오(荒井保男)는 미국의 노년학자 레이처드가 제시한 노년기 적응상태를 유형별로 소개하고 있다(荒井 1978). ① 원숙형(mature group, 미래지향적 유유자적형) ② 안락의자형(rocking chair group, 소극적 은둔 의존형) ③ 장갑차형(armoured group, 젊은이에게 적의를 드러내는 자기 방어형) ④ 분개형(angry man group, 인생의 실패를 남의 탓으로 돌리는 침울자폐형) ⑤ 자책형(self-haters group, 비관적 고독형으로 자살하는 경우도 있음)

이상의 유형은 '늙음'의 카탈로그 같은 것으로, 예를 들어 『소공자』에 나오는 주인공 세드릭의 고집불통 할아버지 드린코트 백작은 이 가운데 장갑차형에 해당한다고 할 수 있다. 그러나 이야기에 등장하는 통속적인 노인의 스테레오타입이 보여주듯이, 다섯 유형은 첫번째 유형을 제외하고는—이 역시 '유유자적'이라는 용어에서 타자가 지닌 노인 이미지에 신경 쓰지 않는다는 것 이상의 의미는 없다. '미래지향'이라는 것 자체가 '노인 답지 않은' 속성이다—모두 부정적 · 소극적 성격, 즉 노후 적응이라기보다 노후 부적응을 나타낸다. 이러한 유형들을 보면, 노년의 여생에는 결코 맞이하고 싶지 않은 미래가 기다리고 있다고 결론 내려도 무리가 아닐 듯싶다.

물론 노후에 부적응을 일으키기보다는 적응하는 편이 좋으므로, 문제는 적응하기 위한 조건이다.

클라크와 앤더슨은 고령자가 긍정적인 자기평가를 유지하면서 노후를 보내기 위한 조건 여섯 가지를 다음과 같이 제시한다(Clark & Anderson 1967). ① 자립능력(필요한 것을 스스로 해결할 수 있는 능력) ② 타자들의 수용 ③ 경제적 자립과 건강 ④ 지위와 역할 변화에 대한 저항력 ⑤ 자기이미지 변화에 대한 저항력 ⑥ 노후의 목표와 삶의 보람. 이 여섯 가지 가운데 ④와 ⑤를 제외하고는 자립한 성인이 되기 위한 조건과 같다. 결국 "노후에 적응하기 위해서는 노인이 되지 않는 것"이라는 전혀 이치에 맞지 않는 불가능을 요구하는 것과 진배없다. 클라크와 앤더슨의 설을 소개한 노년인류학자 가타타 준(片多順)은 이를 비판하면서 다음과 같이 말한다.[6] "청소년기와 장년기의 가치체계를 그대로 노후에도 유지하려는 데 노후 부적응의 원인이 있다."

### 5) 노인에 대한 문화권간의 비교

지금까지 살펴본 내용에 따르면 노후에 적응하기 위해서는 먼저 노인이행기의 정체성 재편과제를 잘 해결해야 하며, 더불어 노인의 사회적 정체성을 부정적인 것에서 긍정적인 것으로 전환할 필요가 있다고 결론지을 수 있다.

노인의 사회적 정체성이 긍정적이기 위한 사회적 조건은 있는 것일까?

가타타는 비교문화적 관점에서 근대 산업사회 이후 노인은 부정적 이미지와 연결되었다고 지적한다. 나아가 코길의 노인지위에 대한 문화권간의 비교를 소개하면서 노인의 지위가 상대적으로 높은 사회의 공통된 특징을 다음과 같이 정식화한다(Cowgill 1972). ① 사회에서 노인의 지위는 근대화 정도와 반비례관계에 있다. ② 노령인구 비율이 낮을수록 노인의 지위는 높아진다. ③ 노인의 지위는 사회변화 비율에 반비례한다. ④ 정착은 노인의 높은 지위로 연결되고 이동은 낮은 지위로 이어진다. ⑤ 노인의 지위는 문자가 없는 사회일수록 높다. ⑥ 대가족일수록 노인의 지위는 높다. ⑦ 개인주의화는 노인의 지위를 떨어뜨린다. ⑧ 노인이 재산 소유권을 가진 곳에서는 노인에게 위신이 갖춰진다.

이상과 같은 문화권간의 비교에서 보면, 일반적으로 농업 중심의 전통사회에서는 '노인문제'가 생기지 않는다고 할 수 있다. 전통사회의 시간은 순환적이며 정지된 시간이어서 현재 상황의 모델을 과거에서 찾는다. 이러한 사회의 의사결정은 필연적으로 전례에 의존하게 되므로 과거의 예를 알고 있는 노인이 '지혜'의 상징으로서 의사결정권을 쥔다. 이를 장로지배형 사회라고 한다.

일본은 전통적으로는 장로지배형 사회였다. 지위와 나이가 결부되어 있었다는 것은 '도시요리'(年寄)나 '로죠'(老女)가 직책명이라는 사실에서도 알 수 있다. 미국과 일본은 청년 지향과 장로 지향이라는 측면에서 대조적인 사회이다. 미국 사회는 젊음이나 새로움에 가치를 둔다. 여기에는 두 가지 이유가 있는데 하나는 제도나 기술상의 혁신(innovation)이 활발한 사회에서는 새로운 것을 오래된 것보다 우위에 놓기 때문이며, 또 하나는 미국과 같은 이민사회에서는 젊은 세대일수록 보다 '완전한 미국인'에 가깝기 때문이다. 미국에서는 자녀가 부모를 흉내 내는 것이 아니라 1세대가 2세대를, 2세대는 3세대를 따라한다.[7] 하지만 장로사회는 경험을 중시하고 오래된 것일수록 좋다는 가치관이 지배적이다. 청년 지향과 장로 지향의 차이는 풍속 면에도 영향을 끼친다. 미국 사회는 젊은이 같은 날씬한 몸을 아름답고 건강하게 유지할 것을 요구한다면, 일본에서는 오랫동안 다소 비만기가 있는 풍만한 중년 체형이 지위의 상징이었다. 미국 사회에서 날씬하고 건강한 몸은 '쓸 만하다'는 증거가 된다.

익히 알다시피 일본형 장로사회는 전후(戰後)에 급속히 붕괴된다. 이전에 가치를 지녔던 '오래되었다'는 말이 이제는 그 한마디로 치명적인 피해(damage)를 주는 마이너스 부호로 바뀌었다. 이렇게 보면 청년사회와 장로사회의 차이는, 사실 미국과 일본의 문화적 차이가 아니라 단지 전통사회와 산업사회의 차이에 지나지 않음을 알 수 있다. 일본이 전통적인 농업사회에서 공업사회로 전환했듯이, 유럽 역시 같은 역사적 과정을 거쳤다고 볼 수 있다. 실제로 중세유럽과 근세일본 성인남자의 풍속은 기묘하게 일치한다.

근세일본의 성인남자 풍속 가운데 '촌마게'라는 머리모양은 몽고인의 변발과 더불어 세계적으로 특이한 두발풍속인데, 성인이 되면 이마에서부터 정수리까지 머리카락을 깎아내고 정수리 주위에 남은 머리카락으로 상투를 트는 이 머리모양은 이른바 풍속 면에서 젊은이가 노인의 대머리를 미리 연출한 것으로 볼 수 있다. 일본인의 촌마게를 특이한 풍습이라고 한다면, 중세서구에서 남성이 공적인 장소에 갈 때 하얀 가발을 쓴 것도 촌마게 못지않게 특이하다고 할 수 있다. 서구의 가발풍속은 지금도 재판정의 판사복장에 남아 있는데, 이는 백발이 지혜의 상징임을 잘 보여주는 풍속이다. 그런데 일본은 최근 100년 사이에 촌마게 시대에서 가발의 시대로 급격히 변화했다. 노인의 지위저하는 풍속 면에서도 '늙어 보이는 것'의 가치를 플러스적인 것에서 마이너스적인 것으로 일변시켰다.

그러나 일본형 장로사회는 단지 노인이 권력을 쥐는 사회를 의미하지 않는다. 세계적으로는 지금도 일본은 '노인을 존중하는 사회'라는 평가를 받고 있지만, 노인에 대한 사회의 관대함에는 일정한 문화적 장치가 숨어 있다. 루스 베네딕트는 『국화와 칼』에서 일본과 미국을 비교하면서 생활곡선이라고 부를 수 있는 도표(〈그림 1〉)를 제시하면서, 일본 사회가 노인과 아이에게 최대의 자유도를 허용하는 것은 '환갑'에서 볼 수 있듯이 노인과 아이가 동일시되기 때문이라고 말한다(Benedict 1946. ベネディクト 1967). 미국에서 자유란 책임능력에 따라 주어지는 권리이므로 책임능력이 없는 아이와 노인은 제약을 감수하고 부자유를 한탄해서는 안 되지만, 거꾸로 일본에서는 책임능력이 없는 아이와 노인이 최대한의 자유를 누린다는 것이다. 아이와 노인은 인간세계가 아닌 일종의 선경에서 노는 신이며 노인의 행동은 "아이라고 생각하면 이해할 수 있는 것"이다. 따라서 일본인이 지니고 있는 노후의 문화이상은 '존경받는 노인'보다 '사랑받는 노인'이다.

산업화된 현대 일본 사회가 노인의 자기정체성 보장을 위해 장로형 사

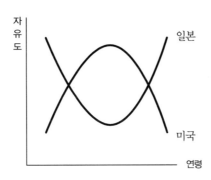

자
유
도

일본

미국

연령

**〈그림 1〉 자유도 곡선**

회의 문화전통에서 가져온 범주가 바로 '귀여운 노인'이었다. 산업사회는
노인의 문화이상에서 위엄을 제거하고 '유아성'만 받아들였다. '사랑받는
노인'이라는 문화이상은 노인의 자기정체성과 사회적 정체성의 조정을 위
해 문화장치로서 동원된다.

예를 들어 다음의 시를 보자.[8]

**노인의 바람** (가도 미요, 61세)
노인은 대화가 아쉽다.
말을 하면 반응을 보여줘.
말했던 걸 잊고서 또 얘기하면
성가실지 몰라도 반응을 보여줘.
밥을 흘려도 화내지 말아줘.
오줌을 눠도 혼내지 말아줘.

나이 들면 애기처럼 되는 거야.

(…)

몸도 작아져 버렸어

점점 아기로 돌아가는 거야.


이노우에 가쓰야는 치매를 고령노인의 '정상적인 나이든 모습'으로 보고 일종의 유아퇴행이라고 해석한다(井上勝也 1978). 치매노인은 유아와 마찬가지로 과거도 미래도 아닌 현재만을 살아간다. 치매는 죽음을 눈앞에 둔 사람에게 '신이 준 구원'이라고 보는 이노우에의 해석은 분명 탁견이지만, 이 또한 노인과 아이를 동일시함으로써 노화와 타협하려는 문화적 의도를 품은 '일본적인, 너무나도 일본적인' 인식이다.

노화는 정녕 유아화일까? 노인과 아이를 동일시하는 문화장치는 오히려 노인의 현실을 제대로 보지 못하게 한다. 노인의 치매는 단순한 유아퇴행이 아니다. 영화 〈하나이치몬메〉(花いちもんめ)[9]는 치매가 심해지는 자신의 모습을 자각하는 노인의 굴욕감과 비애를 그리고 있다. 또한 모든 노인이 치매를 거쳐서 죽음에 이르는 것은 아니다. 치매에 걸리는 노인과 걸리지 않는 노인의 차이가 분명해지면 노후에 치매를 피하는 조건을 알아낼 수 있을 것이다.

노인과 아이를 동일시하는 것은 노인에게 관대한 것처럼 보이지만 실은 노인에게 책임능력이 없다는 것을 인정한다는 점에서, 노인의 존엄을 빼앗는 사고방식이다. 존경받는 노인이 부정되고 사랑받는 노인만이 노후의 생존전략으로서 문화적으로 공인받는 사회에서는 역설적이게도 남자 노인이 여자노인보다 살아가기 힘들다. 남성은 자신이 내면화한 남성적 가치로 인해 '사랑받는' 존재가 되는 데 익숙지 않아서, 노후에 갑자기 정체성을 전환할 수 없다. 남성사회에서 시종일관 '사랑받는' 수동적인 존재로 살아온 여성이 노후의 문화이상에 동화하기가 쉽다. 이 또한 성차별이 낳은 역설의 하나이다.

## 6) 노인문제와 노후문제: 가치전환을 추구하며

지금까지의 논의를 정리하면 첫째 성숙에서 노화에 이르는 과정을 일관된 정체성 발달과정으로 보는 것, 둘째 노화가 부정적인 정체성으로의 동화를 의미하는 한 '늙음'을 수용하는 것은 어려움과 고통으로 가득 찬 과정 밖에 되지 않는다는 것, 셋째 노화가 부정적인 정체성으로의 동화가 되는 것은 근대 산업사회가 지지하는 '젊음'이라는 가치를 내면화할 때에 한정된다는 것이다.

이러한 점들을 알지 못하면 현대의 노인이 왜 그토록 '노인'이라고 불리는 것을 싫어하는지를 이해할 수 없다. 정부가 노년 초기를 '실년'(實年)이라고 부르자고 주장한 우스꽝스러운 호칭논의도 같은 맥락에서 이해할 수 있다. 하지만 실태는 그대로 둔 채 호칭만 바꾸자는 것은 일종의 기만이다. 정말 필요한 것은 '늙음'을 연약함과 존엄이라는 양의성(兩義性)을 포함하여 긍정적으로 수용하는 가치전환이다.

하나무라 다로(花村太郎)는 '노인문제'와 '노후문제'를 구별해서, 지금 논의해야 하는 것은 노후문제라고 주장한다(花村 1980). 노인문제란 노인을 객체, 즉 성가시고 돌보아야 하는 대상으로 취급한다.[10] "노인문제는 아무리 복지를 향상시킨다 해도 늙음이라는 인간의 숙명을 혐오하고 은폐하는 (가능한 눈감아버리고 싶어하는) 문화시스템을 온존시켜 간다…" 이에 대해 노후문제는 노인이 주체로서 경험하는 늙음의 문제를 다루는 것이지만, 하나무라는 노후문제 역시 "아직은 혐오스러운 노년기의 비참함을 어떻게 완화 내지는 피할 것인가라는 틀을 벗어나지 못했다"고 말한다. 그가 생각하는 노후문제의 진정한 과제는 다음과 같은 것이다.

늙음이라는 문제의 근본적인 해결은 늙는다는 숙명을 정면으로 받아들이는 것, 늙음이라는 현실에 인간적 의미와 가치를 둘 수 있는 일종의 '노숙(老熟)문화'를 창출하는 것밖에 없다.

이 과제는 '마음가짐' 내지 '개인적 노력' 같은 지엽적인 조작으로 달성되기에는 한계가 있다. 노후문제는 노후에 대해 부정적 정체성만을 부여하는 근대 산업사회의 가치체계 전체를 재고해야 한다는 사실을 우리에게 제기하고 있는 것이다.

## [ 주 ]

1) 청년기에는 '이제 어른'이라는 의식과 '아직 어린아이'라는 의식 사이에서 정체성의 일관성을 잃어 고생한다.

2) 일반적으로 '인(간)'을 표현하는 민속범주는 성인식을 거친 성인에게만 적용된다. 아이는 민속어휘로 '인간' 이전의 존재이다. 성인이 되기 전에 죽은 아이는 장례를 치르지 않거나 성인과는 다른 형태의 장례를 치르는 경우가 많다.

3) 60세가 되어 정년퇴직해도 연금수급 때까지는 시간이 필요하므로 이 기간은 무보장상태에 해당한다.

4) 미국이나 노르웨이 모두 정년연령은 연금수급 개시연령과 연동된다.

5) 종신고용제는 연공서열 급여체계와 연계되어 있기 때문에, 일본 기업에서 정년제는 연령급의 상한을 설정하는 기능을 한다. 예를 들어 기업이 정년연령을 1년이라도 늘이기 어려운 이유는 연령급의 상한을 더 올려서 고령자에게 높은 급여를 지급해야 하기 때문이다. 고령화의 압박으로 연령급을 유지할 수 없는 곳은 점차 능력급 내지 직무급으로 전환하고 있는데, 이러한 연공급여의 붕괴는 회사에 대한 귀속의식과 충성심을 북돋워온 일본의 기업체질 자체를 위협할 가능성이 있다. 기업은 연공급여 시스템을 좀처럼 포기하지도 못하고 정년연장 요구에 응할 수도 없는 딜레마에 빠져 있다.

6) 가타타는 고령자의 통문화적(通文化的) 연구를 '노인인류학'이라는 이름으로 제창하고 있다 (片多 1979).

7) 언어사용은 일종의 '정치'인데 이민사회에서는 세대를 거듭할수록 '완벽한 영어'를 구사한다. 자녀세대는 부모세대가 구사하는 이상한 억양의 서툰 영어를 웃음거리로 삼는다.

8) 1974년 11월 '여성들의 시(詩)콘서트'에서.

9) 몬메(もんめ)는 꽃 살 때의 단위, 금화 한 냥의 양. 〈하나이치몬메〉는 상대편을 우리 편으로 끌어오는 아이들 놀이에서 부르는 노래의 후렴구. 꽃을 사고파는 상황 설정에서 유래—옮긴이

10) 소에다 요시야(副田義也)는 "노인을 사회의 주체 혹은 객체로 설정한 논의를 노후문제론이나 노후보장론과 구분해서 노인세대론이라고 부를 것을 제안"하고 있는데(副田, 1981), 여기서는 객체로서의 '노인', 주체적 경험으로서의 '노후'라는 하나무라의 구분을 따르겠다.

# 3. 여연(女緣)의 가능성

## 1) 사연(社緣)에서 선택연(選擇緣)으로

사연(社緣)의 세계에 이변이 일어나고 있다.

사연은 원래 '결사연'(結社緣)이라는 뜻이다. 사회학 분야에서 오랫동안 사용해 온 퇴니스(F. Tönnies)의 게마인샤프트(Gemeinschaft, 공동체 사회)와 게젤샤프트(Gesellschaft, 이익사회), 매키버(R. M. Maciver)의 커뮤니티(community, 공동체)와 어소시에이션(association, 결사)에 대응하는 용어로서, 요네야마 도시나오(米山俊直)가 만든 탁월한 명칭이다. 원래 게젤샤프트와 어소시에이션은, 근대에 접어들면서 이전과 같은 구속적이고 포괄적인 혈연 · 지연 관계가 해체되고 새롭게 출현한 보다 인위적이고 부분적인 인간관계를 지칭하는 개념이다.

구조상 이와 같은 개념쌍은 분류체계로서 모든 영역을 포괄할 것을 기대한다. 따라서 '사연'이란 혈연 · 지연을 배제한 모든 인간관계를 가리킨다. 그러나 혈연 · 지연 영역이 축소되고 그외 인간관계 영역이 대폭 확대된 지금, 그런 것들을 모두 사연이라는 용어로 한데 묶는 것은 무리이다. 사연이라는 개념은 현재 혈연·지연 이외의 모든 인간관계를 떠안은 일종의 범주 쓰레기통이 되었다.

사연 개념의 내용을 세분화하려는 움직임은 도시사회학자들 사이에서 일어났다. 이소무라 에이치(磯村英一)는 도심형 커뮤니케이션을 연구하면서 일찍이 '제3공간'론을 제창했다(磯村 他編 1975). 쿨리(C. H. Cooley)는 인간관계를 '제1차 집단'(가족이나 이웃처럼 태어나면서 생기는 관계)과 '제2차 집단'(학교와 기업처럼 성장해서 맺게 되는 관계)로 나누었는데, 이소무라는 이 두 개념 각각에 제1공간과 제2공간이라는 용어를 대응시킨 후 도시에는 두 공간 어디에도 속하지 않는 새로운 영역이 있다고 지적하면서 그것을 제3공간이라고 이름 붙였다.[1]

그후 제3공간론은 유흥가와 번화가 같은 도시의 커뮤니케이션을 연구하는 사람들이 이어받았다(藤竹 1973). 그러나 사회학자의 도시연구가 '도시 커뮤니케이션'론 같은 종래의 지연 개념에 이끌리는 경향이 있는 것과 달리, 건축과 도시공학 분야 사람들은 완전히 새로운 개념을 제시한다.

'거리의 문화학' 창시자인 도시공학자 모치즈키 데루히코(望月照彦)는 혈연·지연(地緣)·사연 그 어느 것으로도 환원할 수 없는 인간관계를 '지연'(知緣)이라고 이름 붙였다(望月 1977). 그에 따르면 지연은 다음과 같다.

기존의 폐쇄계(閉鎖系)에서부터 도시 커뮤니티라는 열린계의 존재 가능성 그리고 '혈연' '지연'(地緣)을 대체할 '관계'라든가 '연결'의 미디어 발견 등을 고찰할 필요가 있다. 그러한 미디어는 혈연과 지연이 지니는 어쩔 수 없는 외압적인 필연성이 아니라, 선택성이나 필연성, 개인의 내적 사건 등과 같은 요소를 다분히 지니며, 이름 붙여 '지연'(知緣)이라고 할 수 있지 않을까?[2)]

나는 모치즈키의 지연 개념에 촉발되어 '선택연'(選擇緣)이라는 개념에 도달했다.[3)] 지연 개념은 '정보연'(情報緣), '상징연'(象徵緣), '(심벌) 매개연'(媒介緣)으로도 바꿀 수 있는데, 그것만으로는 혈연이나 지연 혹은 사연(社緣)과 다른 제3공간의 인간관계 고유성이 드러나지 않는다. 왜냐하면 가족 같은 혈연집단이나 법인 같은 사연집단도 정보라든가 상징장치를 매개로 해서 형성되는 측면이 있기 때문이다.

'제3공간'을 '선택연'이라 하면 오히려 혈연 · 지연 · 사연 사회의 공통된 성격이 부각된다. 그 공통점은 다름 아닌 '선택할 수 없는 관계/인연'이라는 점이다. 원래 사연은 혈연 · 지연 같은 구속력이 강한 관계와 대비되는 가입과 탈퇴가 자유로운 2차 집단을 지칭하기 위해 만들어진 용어이지만, 현대사회의 대표적 사연인 '회사연'(會社緣)을 보면 일단 기업에 들어가면 좀처럼 나가기 힘든 구속성이 있다. 물론 고용인은 항상 '이직의 자유'가 있지만 재산이 없는 서민에게 사연사회로부터 '떠날 자유'란 '굶을 자유'를 의미할 따름이다.

오늘날에는 혈연조차도 자유의지에 따른 결혼으로 성립되는 가입 · 탈퇴가 자유로운 집단이지만, 이 또한 일단 관계가 성립되면 쉽게 파기할 수 없다. 나아가 친자관계는 각자가 상대를 선택할 자유조차 없다. 지연 역시

<표 1> 관계의 유형

| 요네야마 도시나오 | 혈연 | 지연 | 사연(社緣) | |
|---|---|---|---|---|
| 퇴니스 | 게마인샤프트 | | 게젤샤프트 | |
| 매키버 | 커뮤니티 | | 어소시에이션 | |
| 쿨리 | 제1차 집단 | | 제2차 집단 | |
| 이소무라 에이치 | 제1공간 | | 제2공간 | 제3공간 |
| 모치즈키 아키히코 | 혈연 | 지연 | 가치연 | 지연 |
| 우에노 치즈코 | 혈연 | 지연 | 사연 | 선택연 |
| | (선택할 수 없는 관계/인연) | | | (선택할 수 있는 관계/인연) |
| 아미노 요시히코 | 유연(有緣) | | | 무연(無緣) |

과거와 같은 구속성이 없어져서 전입·전출이 자유롭지만, 그렇다고 해서 이웃을 선택할 수 있는 것은 아니다.

선택연과 비교하면, 종래의 '관계/인연'은 모두 '선택할 수 없다'—떠나지 못한다, 피할 수 없다—는 성격을 얼마간 지니고 있다. 이런 의미에서 '사연' 역시 혈연과 지연에 가깝다. 한편 선택연이라는 조어(造語)에는 서로 상대를 자유롭게 선택하고 다원적인 인간관계 영역이 확대된다는 인식이 그 배경에 깔려 있다.

인간의 모든 관계/인연을 선택할 수 있는 것과 할 수 없는 것으로 나누는 태도는 근대 이전의 역사에서도 찾아볼 수 있다. 중세역사 연구자인 아미노 요시히코(網野善彦)는 독특하게 '무연'(無緣)과 '유연'(有緣)이라는 명칭을 사용한다(網野 1978). '유연'의 사회는 정주(定住)를 기초로 한 구속적인 사회관계이며, '무연' 사회는 '관계/인연이 없음'을 나타내는 것이 아니라 '유연'에서 벗어나 있는 주변적 인간관계를 가리킨다. '무연'의 관계/인연은 도시적인 사회관계의 기반이다.[4]

도시화 사회가 낳은 이런 새로운 인간관계는 '사연' 개념을 벗어나 종래의 개념들에도 속하지 않는, 제4의 범주화를 요구하고 있는 것이다. 지금까지의 개념을 정리해 보면 앞의 〈표 1〉과 같다.

## 2) 선택연 사회

'선택연' 사회는 도시화 사회의 새로운 인간관계를 개념화하는 과정에서 만들어진 용어인데, 이미 많은 연구자들이 같은 관찰이나 발견을 공유하고 있다. 선택연의 특징 몇 가지를 정리하면 다음과 같다.

첫째, 자유롭고 개방적인 관계이다. 선택연은 '서로 선택하는 관계/인연'이기 때문에, 원칙적으로 가입과 탈퇴가 자유롭고 구속성이 없다. 혈연·지연과 같은 '공동의 거주'라든가 사연처럼 '공동의 생업'으로 구속되지 않으므로 관계에서 탈퇴해도 불이익이 없다.

둘째, 미디어 매개형 성격이다. 특정 정보나 상징을 매개로 해서 엮여 있기 때문에, 한 연주회장에 앉아 있는 청중처럼 커뮤니케이션의 장을 공유하면서도 익명성이 보장된다. 여기에 전신전파 미디어 같은 기술까지 매개되면 심야방송의 청취자들처럼 대면접촉이 없어도 '관계'가 형성되기도 한다. 대면접촉이나 신체적 장의 공유조차 관계를 성립시키는 필수 조건이 아니게 되었다.

셋째, 과도하게 사회화된 역할에서 이탈이라는 점이다. 혈연·지연· 사연과 같은 '유연'의 사회에서는 사람들은 상호 교류하는 상대방이 기대 하는 정형화된 역할에 맞추어서 행동한다. 아버지 혹은 과장의 역할에서 일탈하게 되면 이상하다고 여기지만, '무연'의 세계에서는 역할에서 벗어 난다든가 변신이 가능하다. 놀이와 연기가 이루어지는 것도 바로 이 공간 이다. 예를 들어 술집에서 볼 수 있는 '무연의 코뮤니타스(communitas)' (터너)에서는 정체성의 자유로운 창조라든가 조절도 가능하다.

선택연이란 정형화된 모든 역할집합의 '나머지 범주'이다. 파슨스 (Parsons)는 개인을 '역할다발'이라고 했지만, 반대로 근대적인 개인은 모 든 역할집합에서 떨어져 나온 '나머지 범주'라는 발상도 가능하다. 그렇다 면 선택연 사회야말로 개인에게 개인으로서의 정체성을 공급하는 기반인 것이다.

마지막으로, 이러한 선택연 사회를 성립시키는 사회적 기능을 살펴보 겠다. 우메사오 타다오(梅棹忠夫)의 말을 빌리면, 선택연 사회는 실리실익 과 관계없는 '사회적 틈(niche)'을 많이 창출함으로써 과밀사회 속의 경쟁 을 피하면서 안정된 정체성을 보장한다(梅棹 1981). 산업사회의 가치가 일원 화되고 지위가 희소해질수록 그만큼 이런 '틈'을 통한 '공존'(今西錦司)은 샐러리맨 사회 평화공존의 지혜가 될 것이다.[5]

그러나 선택연은 그 형성과정 때문에 약점도 지닌다. 가입과 탈퇴가 자유롭고 구속성이 없음으로 해서, 집단으로서도 불안정하거니와 안정된 정체성의 공급원이 되기도 어려울 수 있다.

물론 선택연은 역할의 나머지 부분이지만, 그렇다고 해서 인간생활에서 차지하는 중요성이 떨어지는 것은 아니다. 오히려 다소 선택연의 성격을 띠고 있는 오늘날 혈연·지연·사연 대신, 선택연이 생활에서 차지하는 비중은 점점 더 커지고 있다.

인간의 관계/인연 가운데 어떤 영역이 생활에서 결정적인 비중을 차지하는지를 측정하는 데는, 인생의 위기에 직면했을 때 동원되는 인간관계가 지표로서 유효할 것이다. 가령 장례식을 한번 생각해 보자. 사람의 죽음은 또한 그 의식과정에서 인간이 가장 보수적으로 되는 기회이기도 하다. 따라서 장례식에서의 변화는 사회생활의 기본적인 층의 변화를 그대로 보여준다고 할 수 있다. 육친의 죽음 같은 가장 큰 삶의 위기에 직면하면, 일반적으로 유족은 슬픔에 잠겨 장례에 관련된 일들을 볼 엄두도 내지 못한다. 원래 장례식은 유족 이외의 사람들이 뒤에서 맡아서 치르는 의식이었다. 전통사회에서는 친족이나 이웃집단의 사람들이 이런 일을 담당했다. 하지만 피붙이나 친인척이 지리적으로 멀리 떨어져 사는 오늘날에는 친척이 먼 길도 마다않고 한걸음에 달려온다 한들 상황이 어떻게 돌아가는지 알지 못하는 문상객에 지나지 않는다. 또한 형제자매가 몇 안 되는 요즈음은 친척 자체가 적기도 하다. 그런가 하면 지연사회는 특히 더 해체되어 버렸다. 된장이며 간장을 빌리고 빌려주는 이웃간의 교류는 더 이상 찾아볼 수 없다.

이런 혈연·지연 대신 '장례식 도우미'에 동원된 것이 사연이었다. 온 가족이 다 사연사회 속으로 편입되면서 사연이 촌락공동체 집단처럼 자리 잡은 일본형 산업사회에서는 노후나 여가까지도 기업의 복지영역에 속한다. 사원은 물론이고 그 가족의 장례식에는 회사 동료나 부하가 제일 먼저 달려와서 유족들을 도와준다. 때로는 회사의 총무과 직원이 상장(喪章)을 두르고 달려와 장례위원을 맡는 경우도 있다. 이러한 기업복지의 양태는 사연이 기존의 혈연과 지연을 대체했다는 사실을 잘 보여준다.

1960년대까지는 사연(社緣) 우위의 사회가 이어졌다. 하지만 최근 선택연이 사연을 대신하는 경향이 나타나고 있다. 장례식 도우미는 모든 장례 절차를 치르는 과정에서 조문객 접대 등의 잡무를 뒤에서 맡아서 하는 사람인데, 사연집단 사람은 보통 유족과 면식이 없는가 하면 문상객 접대할 음식이며 그릇이 어디 있는지 부엌 사정도 모른다. 이럴 때는 선택연 속에서 다져진 일상적인 인간관계가 힘을 발휘한다.

오사카 센리(千里) 뉴타운에서 생활협동조합 활동을 통해 선택연 네트워크를 쌓아온 50대 여성은 이렇게 술회한다.

실은 부업해서 모은 돈으로 좀 떨어진 곳에 땅을 샀지만 이사하고 싶지는 않습니다. 여기서 죽을 때까지 살면서 친구들과 즐거운 시간을 보내고 싶습니다. 남편한테는 내가 죽어도 친구들이 금방 달려올 테니 친척들 안 불러도 된다고 이야기합니다.[6]

선택연은 이전에는 '도움이 되지 않는 관계'였을 터인데 이제는 거주지 선택까지 좌우할 정도로 강한 신뢰관계로 변화하고 있다. '여가'에는 원래 '나머지'라는 뜻이 담겨 있지만, 선택연의 경우는 여가공간에서 맺는 단순한 '여분의 인간관계'에만 머물지 않는다.

### 3) 순수한 모델과 불순한 모델

혈연, 지연, 사연 그리고 선택연을 이념적 유형으로 본다면, 그 각각에 대응하는 전형적인 경험을 '순수한 모델'이라고 할 수 있다. 예를 들어 선택연의 순수한 모델은 혈연·지연·사연 그 어느 것과도 무관한 취미나 신념 집단으로, 이를테면 시 창작모임이라든가 야생조류회 같은 것을 생각해 볼 수 있다.

그런데 선택연 사회가 대중적 기반을 확보하면서 동시에 생활에서 큰 비중을 차지하는 예들을 살펴보면, 선택연이 결코 다른 관계들에 대해 배타적이지 않다는 것을 알 수 있다. 오히려 선택연이 다른 관계와 중첩되는 곳에 이른바 선택연의 '불순한 모델'이 생겨난다.

선택연의 불순한 모델을 주도적으로 전개하는 것은 여성들, 특히 도시의 주부층이다. 여성들은 선택연 사회를 만들 필요성이 있었던 것이다.

산업화가 낳은 도시·핵가족·고용인 가정은 '남편은 직장, 부인은 가정'이라는 성별 역할분담으로 지탱되고 있는데, 직장과 가정이라는 '공사의 분리' 속에서 남자만이 이 분리된 공적 영역과 사적 영역을 넘나들고 있다. 사적 영역에 남겨진 여성에게 공사 분리는 의미가 없었다. 여성이 남겨진 사적 영역은 자녀 한두 명 거느린 조그만 핵가족. 남편말고는 다른 어른이라고는 전연 없는 협소한 영역이다. 남성에게는 샐러리맨화를 의미한 산업화가 여성에게는 핵가족 안에서 주부의 고립이 완성된 것을 의미했다. 이 고립은 지연사회로부터 뿌리가 뽑힌 전근가족의 부인들에게 더욱 심각하다.

각지에서 생겨나는 주부서클을 보면, 전근가족의 부인들이 중심에 선 경우가 많다. 그 지역의 여성들보다 전근가족 부인들이 훨씬 활동적이다. 부인회관과 같은 여성 공공시설도 전입자들이 활발하게 이용한다는 데이터도 있다.

'공사의 분리' 아래서도 여성의 직장진출 지향은 일관되게 높지만, 기업사회는 여성들에게 좀처럼 문을 열어주지 않는다. 여성은 사연(社緣)이라는 공적 영역에서 배제되어 있을 뿐 아니라 기존의 혈연·지연 네트워크에서도 소외되어 있다. '주부의 고독'(베티 프리단)에서 벗어나기 위해, 여성들은 종래의 혈연·지연·사연과는 다른 사회관계를 만들 필요가 있었으며 현재 만들어가고 있다. 선택연 사회의 전개에서는 여성이 남성보다 한 발 앞서 있다. 남성은 아직 사연사회 속에 깊숙이 파묻혀 있기 때문에, 안정적인 정체성을 충분히 공급받는다. 또한 남성은 해체된 지연과 혈연을 대신할, 지금까지의 영역들과 전혀 다른 사회관계를 만들 필요성을 아직 절감하지 못한다. 고령사회의 도래나 고용의 공동화(空洞化)와 더불어 사연사회의 안정성이 급속하게 붕괴되고 있는데도 아직 그로부터 벗어날 필요성을 인식하지 못하고 있는 것이다.

생활협동조합이나 무농약야채 공동구매, 아동도서관이나 공동육아, 주민회관을 거점으로 한 학습모임 및 문화강좌 동우회 그룹을 비롯해서 어머니 발레단 · 합창단 등 주부들의 활동은 다채로운데, 이를 종래와 같이 '지역활동'이라 치부해 버리면 잘못일 것이다. 이러한 활동은 PTA나 반상회처럼 우연한 '거주의 근접성'으로 강제된 지연적 관계가 아니기 때문이다. 예를 들어 오사카 센리 뉴타운에서 생활협동조합 활동을 활발히 하고 있는 한 주부는 단지의 자치회에 관한 질문에 다음과 같이 대답한다.

자치회 말이죠. 잘 몰라요. 내가 이웃을 위해 사는 것도 아니고요.[7]

행정이나 도시계획의 공동체(community) 개발자들은 단지에서 층이나 계단을 공동으로 이용하면서 형성되는 공동주택형 지연 공동체를 구상했지만, 실제로는 단지 거주자들 사이에서 만들어지는 네트워크는 같은 단지의 다른 동 주민들까지 포함할 만큼 공간 확대가 이루어진다. 물론 도보생활권 내에서 접촉이 가능한 범위이기는 하지만, 같은 동 내지 같은 층의 직접적인 이웃과는 오히려 접촉이 뜸하고 스스로 선택한 관계의 사람들과는 훨씬 긴밀하게 접촉한다. 이는 단순한 '공동의 지연'에 보다 적극적인 요소를 덧붙인 것이다.[8]

그렇다면 이런 '중간범위'의 지연이라기보다는 오히려 선택연이라 할 수 있는 관계/인연은 어떻게 만들어지는 것일까? 몇 가지 특징을 꼽아보면 다음과 같다.

첫째로, 집단형성의 계기가 미디어 매개형이다. 여성들은 공동체 소식지, 광고, 전단지, 신문 등을 적극적으로 이용한다. 대면접촉으로 생겨난 집단이 아니라, 미디어의 매개가 선행되고 그 뒤에 대면접촉이 이루어지는 경우가 많다.

둘째로, 이런 미디어가 매개하는 것은 취미, 라이프스타일, 가치관, 이데올로기와 같은 특정한 목적의식의 공유이다. 예를 들어 학령기 자녀의 보육 문제를 절감한 사람이 동네 전봇대에 전단지를 붙인 것을 계기로 만들어진 모임이 있다. 참가자들은 '맞벌이가정의 부인'이라는 공통된 라이프스타일을 지녔으며, "아이에게 열쇠를 가지고 다니게 하다니, 참 안됐다" 하는 주위의 시선과 싸우면서 직장을 계속 다니는 동시에 남편과의 사이에 성별 역할분담을 둘러싸고 갈등이 끊이지 않는다는 공통점을 지닌 여성들이다. 이 그룹은 남성들도 받아들이면서 아이들이 커서 학령기 보육 문제와 무관해진 뒤에도 여전히 끈끈한 관계를 맺고 있다. 이 밖에 무농약야채 공동구매 그룹이나 생활협동조합 그룹, 아동문고 담당자 그룹 등 그 예는 무수히 많다.

셋째로, 참가여성들은 종래의 지연 규모를 뛰어넘은 지역성을 담보하기 위해 네트워크 내부의 상호 의사소통에도 하이테크 수단을 적극적으로 이용한다. 교통수단이 도보에서 자전거, 오토바이, 자동차로 바뀌면 '지역'의 범위는 크게 넓어진다. 이러한 가운데 생겨나는 네트워크에 전통적인 '지연'의 명칭을 갖다 붙이는 것이 오히려 잘못된 것 아닐까. 만 단위

인구가 거주하는 지역에서 그녀들은 여남은 명과의 관계/인연을 가치관이나 감수성(feeling)이 계기가 되어 선택하기 때문이다. 뿐만 아니라 전화라는 통신수단을 유용하게 활용할 수 있다. 그녀들의 정보교환 밀도는 매우 높다. 친구네 고양이가 교통사고를 당했다는 뉴스가 이웃여자의 친정아버지가 돌아가셨다는 정보보다도 빨리 전해진다. 그녀들은 또한 그룹 내 작은 소식지도 종종 발행한다. 워드프로세서나 복사기의 보급에 힘입어 누구나 인쇄물을 쉽게 간행할 수 있게 되었다. 이러한 '통신'이 의사소통을 뒷받침해 주기 때문에 대면접촉이 반드시 필요한 것도 아니다. 어떤 그룹에서는 월 1회 발행되는 소식지가 교토시를 중심으로 다카츠키(高槻) 지역에서 마이즈루(舞鶴) 지역까지 퍼져 있는 멤버 10여 명의 네트워크를 지탱해 주고 있다. 가까운 장래에 컴퓨터가 보급되고 컴퓨터간의 통신이 전화 거는 것처럼 손쉬워지게 되면, 이런 여성 네트워크들은 첨단 통신수단의 혜택을 가장 먼저 누릴 것이다.

한편 이렇게 형성된 여성들의 '선택연'은 그 상호교류에서 몇 가지 특징을 지닌다.

첫째, 일반적으로 구성원이 몇 사람 내지 10여 명 정도의 작은 집단이라는 점이다. 경험적으로 보면 대개 7~8명이며 많아야 15~16명인데, 이는 인격적 대면접촉이 가능한 최대 인원수라는 소집단에 관한 연구에서의 관찰과도 일치한다. 구성원들은 조직 확대노선이라든가 프랜차이즈 방식을 받아들이지 않는다. 보통 최소한의 구성원만 되면 모집하려고 애쓰지도 않으므로 구성원들 사이에 안정된 상호교류가 이루어진다. 여기서는

"큰 것이 좋다"는 조직 확대나 조직 우선의 태도는 찾아볼 수 없다.

둘째, 동성·동년배로 이루어진 동류집단(peer group)이라는 점이다. 여성의 생활과제는 삶의 단계에 따라 세분화되고 해마다 바뀐다. 아이가 여섯 살 때까지의 라이프스타일과 아이가 학교에 다니기 시작하면서의 생활방식이 전혀 다를 것이다. 부모의 고령화나 자신의 연령에 따라서도 맡은 과제가 끊임없이 변한다. 여성들은 같은 나이와 환경의 비슷한 생활과제를 가진 동류집단의 구성원들과 함께 그해 그해의 과제를 이행하면서 나이를 먹어가는 '동창회형' 네트워크를 형성한다. 이와 같은 집단에서 다른 세대의 멤버를 모집하는 것은 적극적인 과제가 아니다.

셋째, 멤버십은 안정되어 있지만 경계가 불분명하고 특정한 리더십이라든가 규약이 없다. 이것이 남성이 만드는 '결사' 연과 크게 다른 점이다. 같은 선택연이라도 남성의 선택연 집단은 회칙을 정하고 회장을 뽑는 등 집단의 모델을 사연집단에서 찾는 경향이 있다.

넷째, 여성의 선택연은 생활밀착형이라는 점이다. 여성들은 혈연·지연·사연과 선택연을 기계적으로 명확하게 구분한 공간에서 살지 않는다. 여성들은 지연 안에서 선택연을 만들어낸다든가 역으로 선택연을 지연 안에 끌어들이기도 한다. 또한 선택연의 계기가 되는 과제가 대개 자녀양육(먹을거리나 교육 등)과 관계가 있기 때문에 자녀를 포함한 일상생활에 선택연이 이끌려 들어가게 된다. 사실 핵가족 주부인 그녀들은 친구들과의 모임에 나갈 때도 아이들을 데리고 가야 하기 일쑤이며, 또 서로 아이를 맡아주는 관계를 만들어나가는 과정에서 일생생활이 상대방에게 전부 드러난다.

그리고 바로 이 생활밀착형 관계 속에 선택연의 '불순한 모델'이 불순하게 되는 중요한 원인이 있다. 그야말로 혈연·지연과 완전히 분리된 선택연이 아니기 때문에, 여성들의 선택연은 혈연·지연을 대신해 생활에서 큰 비중을 차지하게 된다. 여성의 선택연은 앞서 밝혔듯이 장례식 도우미뿐만 아니라 일상적인 삶의 어려움에 직면했을 때 기존의 혈연·지연 대신 동원되는 가장 믿을 수 있는 인간관계이다. 이런 삶의 어려움 중 하나로, 가령 친정부모가 위독해져 아이를 어디에다 맡겨야 하는 난감한 경우가 있다. 이럴 때는 과거의 친척이라든가 이웃 대신, 요즈음은 '동호회 동료' '아동도서관의 동료'가 등장한다. 그래서 아이를 맡기기 위해 자동차나 전차로 1시간 거리에 있는 친구집까지 달려간다.

또 한 가지 삶의 위기로 부부간의 갈등이 있다. 어떤 부부든 오랜 결혼생활 동안 이혼의 위기에 직면하게 마련인데, 이런 이혼상담 역시 여성들은 선택연의 동료에게 한다. 주로 연애결혼을 하는 요즈음에는 친형제자매에게는 부부사이의 위기를 호소하고 싶어도 뜻대로 되지 않는다. 학창시절 친구에게는 체면이 서지 않는다. 이웃사람들은 너무 가까이 살고 있어서 오히려 말을 꺼내기 어렵다—적당한 거리에 있는 선택연이 이럴 때 긍정적인 역할을 한다. 생활이 완전히 드러나지 않는 거리에서 정보를 적절히 조절하면서 상담하기에는 이해관계가 없는 선택연의 동료가 최적이다.

실제로 여성 네트워크의 활동적인 중심인물들을 개인적으로 인터뷰한 조사에서 놀라운 사실이 밝혀졌다. 하나의 선택연에서 활동적인 여성은 복수의 선택연에 속해 있으며, 그 선택연들 사이의 인간관계는 많은 경우 겹치지 않는다. 한 가지 전형적인 사례를 이야기해 보겠다. 다카츠키 시에 사는 50대 여성은 지역 교육위원 준(準)민선운동 사무국장을 지냈으며 그녀 없이는 선거운동이 불가능하다고 말할 정도로 핵심적인 위치에 있었다. 동시에 이 여성은 '야마토석조미술회'와 불상미술 문화교실에도 참여하고 있었다. 그런데 선거운동이 한창일 때 시민들로부터 서명을 받아야 하는 과제가 눈앞에 있는데도 그녀는 불상미술 동아리의 동료들에게 서명을 해달라고 하지 않았으며, 동아리 동료들도 그녀가 지역신문의 '인물란'에 시민운동 리더로 소개되고 나서야 비로소 그녀의 '숨겨진 얼굴'을 알았다. 그녀를 조용하고 학구적인 불상미술 애호가로 알고 있던 사람들은 시민운동의 유능한 사무국장이라는 의외의 모습을 알고는 깜짝 놀랐던 것이다.

이 여성의 경우, 복수의 선택연을 영역별로 분리해서 각각 다른 모습으로 참가한다. 여기서는 정체성의 단일성이라는 시각으로는 파악할 수 없는 다원적인 자아 존재방식이 어렴풋이 나타나는가 하면, 동시에 그렇게 함으로써 하나의 '세상'의 자아의 모든 것을 드러내는 위험을 피하려는 태도이기도 하다. 포괄적인 역할을 기대하는 '유연'(有緣)의 영역에서는 하나의 실패는 돌이킬 수 없는 결과로 이어지지만, 선택연과 같이 적당한 거리의 부분화된 관계에서는 정체성 위기에 대한 관리도 가능하다. 그리고 이런 '중간집단으로 다원적인 귀속'이야말로 근대적 인간의 이상형으로 간주되어 왔다. 한편 이 여성의 남편으로 말할 것 같으면 직장인으로서 사연 영역에서의 정체성이 우위를 차지하고 있으므로, 이 부부의 경우 어느 쪽이 '개인적 지명도'가 높은지는 명확할 것이다.

이에 비하면, 남성들이 만드는 선택연은 기능분화가 진행되어서 '순수한 모델'—이해타산이 전혀 없는 '풍류의 성격'을 띠는 경향이 있다. 아니면 다른 업종들간의 교류연구회와 같이 사연과 연계되어 움직이는 '불순한 모델'로서, 업무가 배후에 자리 잡고 있는 경우가 많다. 어느 경우이든 아이를 맡긴다든가 이혼상담을 하는 그런 개인적인 위기상황에서 도움을 받을 가능성은 낮다. 그렇다면 남성은 개인적인 인생의 위기에 어떻게 대처하는가?—아무한테도 도움을 청하지 않거나 아니면 구태의연하게 혈연에 기대든가 둘 중의 하나이다.[9] 혈연과 지연이 이미 기능을 상실한 해체기에 접어든 오늘날, 그것을 대신할 네트워크 형성에서는 여성이 남성보다 한발 앞서 있다. 요시다케 데루코(吉武輝子)는 이런 네트워크를 '여연'(女緣)이라고 부른다(吉武 1982).

이 같은 작은 규모의 선택적 집단이 인간생활에서 차지하는 의미를 야마자키 마사카즈(山岐正和)는 다음과 같이 해석한다.

우리가 그 전조(前兆)를 보고 있는 변화를 여기서 한마디로 표현하면, 더 유연하고 소규모 단위로 이루어진 조직의 대두이며 추상적인 조직 시스템보다 개인의 얼굴이 보이는 인간관계를 중시하는 사회의 도래다. 그리고 앞으로 더 많은 사람들이 이런 유연한 집단에 참여하여 구체적인 이웃의 얼굴을 보면서 살아가기 시작할 때 비로소 우리는 산업화 시대와는 확연히 다른 사회에 살게 될 것이다. 왜냐하면 우리는 산업화 시대 300년을 지나오면서 한쪽에는 완고하고 전투적인 산업조직이, 또 한쪽에는 이웃의 얼굴조차 보이지 않는 막막한 대중화 사회가 형성되면서 그 중간에 있어야 할 인간적인 집단을 아주 가끔밖에 경험하지 못했기 때문이다. 인간은 전자의 산업조직 속에서 안정을 즐기면서 부자유를 한탄하거나 혹은 후자의 대중화 사회에서 자유를 누리면서 불안을 느껴왔다. 그러나 이제 우리는 적어도 하나의 가능성으로서, 양자의 중간에 위치한 조직을 키우고 이른바 이웃의 '얼굴을 볼 수 있는 대중사회'에서 살아가는 시대를 예감한다고 할 수 있다. (山崎正和 1984, 94~95쪽)

야마자키가 말하는 '이웃'이 '지연'과는 다른, 보다 정확한 범주화가 필요하다는 점을 제외하고는 '대중사회의 변질'에 관한 이 관찰에 이론(異論)은 없다. 나의 방식으로 표현한다면, 선택연 사회는 한쪽의 극단적인 '대중화'와 또 한쪽의 과도한 '개별화'라는 양극 사이에서 우왕좌왕한 '근대사회'에 대중화와 개별화의 새로운 균형을 제시할 수 있을 것이다.

이어서 야마자키는 "그와 같은 사교의 장은 사람들이 자신의 취미를 서로 표현하는 장소인 동시에, 암묵적인 상호비평 속에서 취미의 올바름을 확인하는 장소가 되고 있다"(같은 책, 95쪽)고 지적한다. 사실 여성들에게 선택연 사회는 "유행하는 옷을 입었을 때 번화가를 활보하기보다는 먼저 친한 친구와 만나 친구에게서 자신의 취향을 직접적으로 칭찬받는 것을 최대의 기쁨"(같은 책, 96쪽)으로 여기는 그런 기호나 라이프스타일, 가치관 등과 같은 분야의 장을 제공한다. 이런 분야에 함께 참여하는 다른 사람의 수용을 경험한다는 점에서, 선택연 사회는 여성에게 자기실현의 장이기도 하다. 남편의 직업이나 연봉도 묻지 않고 '누구의 엄마'도 '아무개의 부인'도 아닌 오롯이 자기 이름을 가진 개인으로서 만나고, 그런 자신을 평가해 주는 '얼굴이 보이는 타자들' 사이에서 여성들은 비로소 '개인'이 된다. 해외여행은 40~50대 주부들의 '꿈'이라고 하는데, 이때 "누구와 함께?" 하고 물으면 하나같이 남편도 자식도 아닌 "마음이 맞는 동성친구"라고 답한다고 한다. 이런 점에서는 남성들이 종래의 혈연·지연·사연 사회 속에서 '아버지' '가장' '사원'의 역할만 하면서 사는 동안, 여성들은 이미 '아내' '어머니'의 역할에서 벗어나 어엿한 '개인'이 되었다고 해도 좋을 듯싶다. 그리고 선택연 사회는 여성들이 개인이 되는 장을 제공하고 있는 것이다.[10]

게다가 선택연 사회는 전통적인 종적 사회와 달리, 횡적 인간관계의 새로운 모델이 될 수 있다. 앞서 소개한 오사카 센리 뉴타운의 주부는 이렇게 말한다.

남자들은 역시 종적 사회에서 살고 있잖아요. 그에 비하면 여자들은 종적 사회에서 살지 않기 때문에 똑 부러지게 의견을 말할 수 있지요.

경계가 불명확한 멤버십, 규약이나 리더십의 부재, 횡적인 동류집단 관계 등, 여연(女緣)의 특징은 종적 사회의 원리가 지배하는 이에(家)형도, 안과 밖의 배타성에 기초한 촌락형도 아닌 훨씬 부드럽고 유연한 횡적 사회의 가능성을 암시한다.

지금까지 일본인은, 남성은 회사라는 직업집단에서, 여성은 결혼하면서 들어간 가부장적인 '이에'라는 혈연집단에서 벗어날 수 없는 관계 속에서 종적 사회관계를 내면화해 왔다. 선택연 사회가 횡적 유형일 수 있는 것은, 그만두고 싶으면 언제든 그만둘 수 있는 관계이기 때문이다. 언제라도 그만둘 수 있는 관계가 유효한 사회적 담지자(socializer)일 수 있는지는 아직 의문이지만, 사람들이 선택연 속에서 사회화되어 간다면 일본사회에는 이에형이나 촌락형도 아닌 새로운 인간관계가 자랄 가능성이 있다고 할 수 있다. 이런 점에서도 '선택연'은 '여연'으로부터 배울 것이 많다.

급속한 고령화 사회를 맞이하고 동시에 종래의 혈연·지연·사연이 이전과 같은 기능을 못하는 오늘날 남성도 여성도 모두 선택연 속에서 미래를 발견할 수밖에 없는 사회가 오고 있다고 할 수 있을 것이다.

**[덧붙이는 말]**

여성이 만드는 선택연, 다른 이름으로 '여연'(女緣)에 관해서는 1987년 간사이(關西) 지역에서 335개 그룹에 대한 예비조사에 기초해서 23개 그룹, 5명의 주요 인물의 인터뷰조사를 아틀리에 F와 전통(電通)네트워크연구회의 협력을 얻어 실시했다. 조사 결과는 上野·電通ネットワ一ク研究會 1988에 정리되어 있다.

그리고 이 글은 『일본인의 인간관계』(日本人の人間關係, 栗田靖之編, ドメス出版, 1987)에 실린 「선택 가능한 관계, 선택 불가능한 관계」(選べる 緣·選べない 緣)를 일부 수정·첨가했다.

[ 주 ]

1) '제3의 공간'에서 '공간'이란 사회적 커뮤니케이션이 이루어지는 장으로, 반드시 물리적 장
만을 의미하는 것은 아니다. 단 이소무라는 '공간' 개념을 실체화해서 도시의 특정 구역 같은
공간적 분할에 적용하는 경향이 있다. 그 결과 제3의 공간에 번화가와 같은 상권의 중심과
CBD(central business district, 중앙 비즈니스 지구)를 미분화상태로 포함시켰다(磯村 1975).
후지다케 아키라(藤竹曉)와 자이노 히로시(材野博司)는 도시공간의 커뮤니케이션을 기능적
측면에서 파악하여 '번화가' 이론과 연결시켰다(藤竹 1973; 材野 1978).

2) 望月 1978, 124쪽. 모치즈키는 나중에 '지연'(知緣)이라는 용어를 '가치연'으로 바꾸었다.
"일찍이 가장 원시적인 공동체 연결고리는 '혈연'이었다. …이것이 촌락 같은 지역사회로까
지 확대되었다. '지연'(地緣) 사회인… 현대사회를 '사연'(社緣)의 시대라고 부르기도 한다.
'사'(社)는 '회사' '결사'의 사인데, 이것을 '지연론'의 관점에서 다소 무리하게 이야기하자면
'가치'로 묶여 있는 것이므로 나는 '가치연' 사회라고 부르고자 한다. 하지만 이 '가치연 사
회'도 이미 수명을 다한 것 같다. 기업이나 결사에 귀속되는 것을 좋아하지 않는 자유인 사회
의 징후가 여기저기 보이기 때문이다. 나는 이러한 상황에서는 '인지'한 정보를 매개로 엮여
있는, 자유도 높은 이합집산의 '지연'(知緣)에 기초한 사회가 출현할 것이라고 본다."(望月
1985, 81~82쪽)

3) 모치즈키의 '지연' 또는 '가치연'과 구리타 야스유키(栗田靖之)가 제창한 '정보연'이 내가 말
하는 '선택연'에 가깝다. 또 히구치 게이코(樋口惠子)는 '지연'(志緣)이라는 용어를 만들었다.
그런데 '지연'(知緣)이라고 하면 지연(地緣)과 혼동되기 쉽다는 점과 지연(知緣)과 '정보연'
모두 '知·情·意' 중 어느 하나를 대표하면서 다른 것들을 배제하는 것으로 오인될 수 있다
는 점 때문에 사용하지 않았다. 정보연의 경우는 '정보 매개성'이 선택연에 고유한 것이 아니
라고 판단했기 때문에 사용하지 않았다.

4) 일찍이 나는 유연(有緣)/무연(無緣) 개념쌍을 열쇠말로 해서 도심 공간의 커뮤니케이션, 특히
상행위에 적용한 적이 있다(上野 1980).

5) 샐러리맨 사회의 생존전략인 '틈새시장 창출'과 관련해서는 기업소설 작가 사카이야 다이치
(堺屋太一)와 장기은행(長銀) 상담역인 다케우치 히로시(竹內宏)가 우메사오와 비슷한 제안
을 하고 있다.

6) 1983년 6월 26일 도시생활연구소(대표 시노자키 유키코 篠崎由紀子)가 실시한 센리 지역 주

민 인터뷰에서 생협 활동을 하는 여성 공동체지도자의 발언.

7) 같은 곳.

8) 다카하시 사치코(高橋幸子)의 '지렁이학교'는 집단주택에서 같은 계단을 쓰는 이웃간의 모임으로 출발했으나 관리 위주의 학교교육에 새로운 바람을 불어넣는 '또 다른 학교'로서 보다 넓은 지역에서 같은 뜻을 지닌 사람들을 엮어가고 있다(高橋 1984). 다카하시는 전근대형 서민 집단주거 공동체의 이미지를 원형으로 삼았는데 현대사회에는 그와 같은 즉자적인 공동체는 애초에 존재하지 않아서 의도적·선택적으로 창출해야만 한다는 아이러니가 있다. 나는 이것을 '이도바타카이기'(井戸端會議, 여성들이 우물가에서 정보교환을 겸한 수다를 떨었던 것에서 유래한 용어―옮긴이)가 아닌 '오방야도'(オバン宿, 줌마네―옮긴이)라고 불렀다(上野 1985a; 1985c).

9) 이혼으로 인한 편모가정과 편부가정의 위기에 대한 대응은 상호 명료한 차이를 보인다. 편모가정의 여성은 서로 돕는 네트워크를 만들어 비교적 도움을 받기 쉬운 데 반해, 편부가정의 남성은 일반적으로 상담상대가 없으며 생활이 파탄 나서 자녀를 아동상담소에 맡기거나 멀리 사는 어머니에게 맡겨 이산가족이 되는 경우가 많다(春日 1985).

10) 사회학적으로 보면 근대적 '개인'이란 모든 역할을 제거한 뒤에 남는 인격의 '나머지 범주'이기 때문에 여기서 형성되는 사회관계의 장 또한 전형적인 역할기대와 역할취득에 기초한 모든 '유연'(有緣)관계의 나머지, 즉 '여가'라는 이름의 나머지 시공간이라는 것은 논리적으로 당연할 것이다.

# 4. 성차별의 역설: 이문화 적응과 성차

## 1) 이문화 적응과 성차

이문화 적응에 성차와 연령차가 있다는 사실은 문화인류학 분야에서는 잘 알려져 있다. 다른 조건이 같을 경우, 일반적으로 여성이 남성보다 적응이 빠르고 나이가 적을수록 많은 쪽보다 빨리 적응한다고 본다. 고구마를 바닷물에 씻어서 먹는 새로운 문화를 학습하여 유명해진 고지마(幸島)의 고구마를 씻는 영리한 암컷원숭이 '이모'(イモ)처럼, 새로운 관습은 문화의 주변부, 다시 말해 여성과 어린아이들로부터 중심부로 전파되는 경향이 있다. 고지마의 원숭이 경우도, 이처럼 고구마를 씻는 문화가 처음에 새끼원숭이에서 시작되어 마침내 어미원숭이에게 전파되었고, 마지막까지 완강하게 저항한 것은 늙은 수컷원숭이였다.

그렇지만 지금까지 일본인의 해외체험에 관한 연구 가운데 성차(性差)를 연구대상으로 한 것은 비교적 적었다. 일본인의 이문화 적응에 관한 이나무라 히로시(稻村博)의 일련의 업적도 주로 일본인 비즈니스맨을 다루는가 하면(稻村 1980), 이보다 앞선 나카네 치에(中根千枝)의 『적응의 조건』
(適應の條件, 中根 1972) 역시 남성 비즈니스맨을 주요 대상으로 하여 여성
문제는 다루지 않는다. 최근 급격히 증가한 귀국자녀 연구에서도 체재기
간이나 연령은 주요 변수로 삼지만 성차를 유의미한 변수로 설정한 경우
는 적다.

그 이유로는 몇 가지를 생각할 수 있다.

첫째로, 사회과학의 연구테마에서 성차를 변수로 도입하는 것 자체가
매우 새로운 현상이라는 점이다. 여성해방운동에 힘입어 성립한 여성학의
영향을 받아서 비로소 사회과학의 모든 분야에서 성차가 중요한 주제가
되었다. 이문화 적응에 관한 연구도 예외는 아니다.

둘째로, 성차 연구는 "다른 모든 조건이 같다면"이라는 비교상황에서만
의미를 지닌다. 하지만 지금까지 일본 남성과 여성들이 **동일한 조건 아래**
서 해외에 나간 것은 아니었다. 남성은 주로 주재원·행정관·유학생·연
구자 자격으로 해외에 나갔다면, 여성은 그런 남성의 아내 내지는 외국인
남성의 아내로서 갔다. '비즈니스맨의 해외적응'에서 성차가 문제로 부상
하려면 남성과 동일한 조건에서 해외근무를 하는 비즈니스 우먼이 늘어나
야 하는데, 이런 상황이 조성되기에는 아직 멀었다. 비즈니스맨 해외적응
의 이면에서 가족문제가 대두되기 시작한 것은 귀국자녀 문제가 표면화되
면서부터이다. 그래도 여전히 아내로서 해외에 간 여성들의 존재가 문제
로 제기된 적은 별로 없었다. 일찍이 나는 '주부론'의 역사에서 "주부는
암흑대륙이었다"고 논한 적이 있는데(上野 編 1982), 마찬가지로 주재원이나

유학생을 따라간 아내의 존재도 부속품처럼 드러나지 않는 존재로 취급받았다. 예외적으로 이 여성들이 문제가 되는 것은 어머니가 자녀의 이문화 적응과정에 끼치는 영향이라는 맥락에서였다. 이제는 해외귀국자녀 연구의 고전이 된 미노우라 야스코(箕浦康子)의 『아동의 이문화 체험』(子供の異文化體驗, 箕浦 1984)에서도 주재원의 아내는 어머니 자격으로 자녀의 사회화 환경을 규정하는 요인으로서 처음 고찰대상에 포함되었다고 저자는 고백한다.

미노우라의 논문은 여성들이 '주재원의 아내'라는 특이한 상황에서 겪게 되는 문제를 깊이 분석하지 않은 채로 마무리된다.

셋째로, 귀국자녀 연구에서는 성차라는 변수의 우선순위가 '내국인' 자녀의 연구에 비해 상대적으로 낮다고 볼 수 있다. 귀국자녀의 정체성에서 핵심으로 다가오는 것은 남아·여아를 불문하고 해외에 있는 동안에는 '일본인'이며 귀국해서부터는 '이상한 일본인'이라는 따돌림 문제이어서, 성별(gender) 정체성의 우선순위는 부차적으로 밀려나는 경향이 있다. 이는 소수민족(ethnic minority) 연구에서도 밝혀진 바이다. 미국의 여성해방운동에는 소수민족을 끌어들이기 힘든 역사적 경위가 있는데, 이 역시 소수민족의 정체성 문제에서는 젠더보다 인종이 핵심 요소이기 때문이다. 따라서 미국의 소수민족 여성들은 같은 인종집단의 남성과는 함께 투쟁해도 백인 여성들과는 좀처럼 연대하려 하지 않는다.

일반적으로 젠더가 변수로서 문제되는 것은 다른 변수의 우선순위가 낮아졌을 때로 한정된다. 이것이 곧 젠더라는 변수가 중요하지 않다는 것을 의미하지는 않는다. 오히려 너무나도 당연시되기 때문에 문제로 삼는 경우가 가장 적은, '최후의 변수'라는 의미이다.

최근 귀국자녀의 성차 연구에서 크게 눈에 띄는 경향은 국내의 입시경쟁이 치열해짐에 따라 고학년으로 올라갈수록 남녀의 성비가 불균형을 이루는 현상이다. 이는 세계 각지의 현지학교에서 공통적으로 나타나는 현상인데, 일본인 학교에서도 학년이 올라감에 따라 남학생이 줄어드는 경향이 있다. 중학교 입시기, 고등학교 입시기를 계기로 부모들이 남자아이를 일본으로 보내기 때문이다. 예를 들어 1987년 봄베이의 일본인 학교의 중등부 재학생 7명 가운데 6명이 여학생이고 남학생은 1명인데, 이 한 명도 고등학교 진학할 무렵에 일본의 기숙고등학교로 가기로 결정했다.

『해외자녀 교육사정』(カニングハム 1988)의 저자인 커닝햄 히사코(久子)에 따르면, 현지 학교와 일본인 학교를 비교해 보아도 현지 학교에서 성적이 우수한 일본인 남학생은 초등학교 고학년이 되면 일본인 학교로 전학을 간다. 반면 현지 학교에 남는 남학생은 이런저런 학습장애가 있는 경우이다. 요컨대 보살핌이 필요한 아이를 현지 학교에 억지로 떠맡기는 경향이 있다고 한다. 하지만 여학생의 경우는 반대로 성적이 우수한 학생이 현지 학교에 남는 경향이 있다. 이런 현상에 대한 커닝햄 히사코의 해석은 이렇다.

일본인 부모의 아들과 딸에 대한 교육관과 기대치의 차이가 엿보여서 흥미롭다. 아들은 장래에 일본 사회의 조직에서 기능할 수 있도록 준비를 시키고, 딸은 결혼준비의 하나로서 현지 학교에서 교육시키는 패턴이 드러나는

것 같다. (같은 책, 31쪽)

부모들이 아들을 대할 때와 딸을 대할 때 다른 태도를 취하는 것은, 귀국자녀 재적응 과정의 문제점에 대한 인식이 퍼지면서 부모 스스로 자구책을 강구하게 되었다는 사정이 있다.

초기 해외주재원들은 자녀교육에 대해 순진한(naive) 신념을 가지고 있었다. 우선, 그들은 자녀들의 이문화 적응은 물론 귀국 후 재적응에 대해서도 너무나도 낙관적이었다. 둘째로, 그렇게 해서 국제화되어 자란 자녀의 장래에 대해 너무나도 낙관적이었다. 셋째로, 자신들이 엘리트였던 부모들은 자신들의 지위나 능력이 계승되리라고 너무나도 낙관했다. 고학력 부모일수록 자녀들에게 자신들 이상의 학력을 기대한다는 데이터가 있지만, 엘리트 부모들은 자녀가 고학력을 취득하는 것을 자명하게 여기는 한편으로 불과 한 세대 사이에 입시제도가 전문적인 훈련이 필요할 정도로 치열해진 사실을 인식하지 못했던 것이다.

이와 같은 낙관의 결과는 귀국자녀 제1세대에게 참담한 결과를 안겨주었다. 전후(戰後) 제1기 해외주재원들은 기업에서 엘리트였지만, 그 2세들도 똑같이 비즈니스 엘리트계층에 진입했는가 하면 반드시 그렇지는 않다. 학교교육에서는 치열한 입시경쟁과 성적순에 의한 줄 세우기가 진행되는 한편, 기업에서도 채용기준이 점점 더 학력주의로 흘러 직업의 세습은 어려워졌다. 부모의 순진한 신념 아래서 방임된 2세들의 장래는 기껏해야 부모의 연줄로 2개 국어를 구사하는 인력으로서 현지 채용되는 정도였다. 기업은 귀속의식이 애매한 귀국자녀보다 국내에서 교육을 받아 집단 충성도가 높은 인재들을 우대했던 것이다.

그 결과 부모의 이런 낙관적 신념은 순식간에 무너졌다. 그리고 그 자구책으로 고학년 남자아이는 일본인 학교 아니면 귀국이라는 선택이 생겨났다고 할 수 있다. 이는 일본인 부모들이 남자아이에 대해서는 기본적으로 일본 사회에서 살아갈 수밖에 없다고 생각한다는 사실과 그리고 일본 사회는 어정쩡한 아웃사이더를 결코 집단 엘리트로 받아들이지 않는다는 사실을 익히 알기 때문이었다.

최근 이문화 체험의 성차 연구와 관련해서 언어인류학적 젠더 연구가 나왔다. 예를 들어서 일본어에서는 인칭대명사에 성별 지정(gender assignment)이 있다. 또한 일상어에도 성별로 분화된 어법(여성언어/남성언어)이 있다. 뉴욕의 일본어 보습학원에서 사용하는 초등학교 1학년용 일본어 교재 첫 페이지는 "나와 저"(ぼくとわたし)로 시작한다. 영어로 옮기면 'I and I'가 되어버린다. 현지 학교와 일본인 보습학교를 오가는 아이들은 젠더 지정이 없는 인칭의 세계와 젠더 지정이 있는 인칭 세계 사이에서 문화적 낙차를 경험하게 된다. 이와 같은 경험에 뒤따르는 성별 역할 의식에 대한 갈등은 여성학의 영향을 받아 이후 언어인류학의 새로운 테마가 되었다.

미국 서부해안에서 영어와 일본어를 모두 구사하는 여성들을 대상으로 실시한 언어인류학적 연구에 따르면, 같은 취지의 질문에 대해 동일한 조사대상자가 영어로 답할 때는 보다 적극적인 태도를 보이고 일본어로 말할 때는 상대적으로 수동적이고 억눌린 답변을 했다고 한다. 이러한 실험 결과는 사용언어가 사고양식을 규정하는 한 가지 예이다.

이 글 첫머리에서 밝혔듯이, 해외체험의 성차를 문제로 삼을 때는 성차 이외의 변수들을 통제해서(control) 동일한 조건을 만들어야 한다. 그 때문에 샘플이 적다고 앞에서도 말했지만, 미국의 대학에 재학중인 일본인 유학생을 보면 일반적으로 여학생이 남학생보다 어학습득이 빠르고 성적도 좋은 경향이 있다. 이런 경향은 전후(戰後) 풀브라이트 유학생을 대상으로 한 조사에서도 증명된다.

그 이유에 대해서는 몇 가지 해석이 있다.

첫째, 일반적으로 여성은 부지런해서 어학 같은 반복학습에는 남성보다 더 적합하다는 설. 이 설은 여성다움이라는 스테레오타입에 기초해 있으며 예언의 자기성취적인 측면이 있다.

둘째, 여성은 자문화에 대한 자부심이 남성보다 낮아 이문화 적응에 적극적인 태도를 취하기 쉽다는 설. 즉 여성은 남성보다 자문화 충성도가 낮다는 설인데, 이 또한 편견적 요소가 강하고 실증하기 어렵다.

셋째, 남성에게 유리한 자원 분배구조 아래서는 일반적으로 남성과 비교해 여성은 유학기회에 접근방법(access)이 부족하다. 이런 환경에서 해외유학을 한 여학생들은 여성 가운데 특권적 소수파이다. 해외유학이 결코 엘리트의 전유물이 아닌 지금도 남자 유학생보다 여자 유학생의 평균 수준이 높은 것으로 나타난다. 이는 동성·동년배 집단의 유학생 비율을 생각해 보면 금방 수긍이 간다.

넷째, '여성스러움의 사회화'(gender socialization) 덕분에 여성은 어학 학습에 따르게 마련인 초보적인 실수를 두려워하지 않으며 그 때문에 실력이 빨리 향상된다. 이에 반해 남성은 '체면 차리고' '남의 눈 의식하느라' 어학학습에서 초기의 실패를 두려워하는 경향이 있다. 외국인에게 일본어를 가르치는 일본어 교사 또한 마찬가지의 관찰결과를 이야기한다. 중국인 연구자에게 일본어를 가르칠 때 남편은 자존심과 체면 때문에 화를 내거나 저항감을 보여 습득이 늦지만 그 부인은 빨리 향상되는 사례가 있다고 한다.

다섯째, 성별과 나이가 그다지 중요하지 않은 영어문화권에서 일본 여성은 일본어를 사용할 때보다 활발하고 적극적으로 되는 경향이 있다. 이는 앞서 언급한 언어인류학적 연구가 입증해 준다.

여섯째, '남자는 능동, 여자는 수동'이라는 성역할이 기대되는 환경에서는 대인관계에서 여성은 가만히 있어도 상대가 말을 걸어오는 기회가 많은 반면 남성은 자기 쪽에서 말을 걸어야 한다는 부담이 있어서 언어를 습득할 기회가 상대적으로 적다.

이상과 같은 몇 가지 요소가 복합적으로 작용한다고 본다.

이문화 체험은 일종의 한계상황이다. 여기서는 남성이나 여성 모두 이른바 무력한 소수자가 된다. 이러한 위기상황에서는 사회적으로 '구조적 열세'(structural inferiority, V. 터너)에 놓인 여성이 남성보다 유리해진다는 역설이 있다. 이 역설은 소수민족의 고용이라든가 불황기의 가족(Elder 1974. エルダ 1986) 같은 한계상황에서도 공통적으로 나타난다. 이 같은 상황

에서는 풀타임 고용의 남성을 원하는 직장은 찾기 어려운 반면 여성을 대상으로 한 푼돈벌이 직종(job for pin money)은 비교적 구하기 쉽다. 그 결과 불황기라든가 소수민족 집단에서는 남편은 실업상태이고 아내가 일용직 일을 하면서 가족을 먹여 살리는 역전현상이 나타나기도 한다.

유학생은 비즈니스맨에 비해 사회자원이 적기 때문에 훨씬 한계상황에 놓이기 쉽다. 일본인 유학생부부에게도 그 실례가 있다. 유학길에 오른 남편을 따라 부인도 미국으로 갔는데, 결과적으로 부인이 어학습득이 빠르고 아르바이트 기회도 많아 남편보다 수입이 많아졌다. 영어권에서 생활하는 것도 영향을 끼쳐서, 그때까지 남편에게 순종했던 부인은 전보다 자기주장을 하게 되었다. 그리하여 미국으로 건너가기 전의 부부 세력관계가 미국에서 역전되기에 이르렀다. 이 부부는 도미한 지 3년 만에 이혼했다.

기업의 파견유학생이나 주재원처럼 사회자원의 분배가 보장되어 있는 조건에서는 성차 문제가 어떻게 나타날까? 안타깝게도 이 질문의 답을 얻기 위해서는 같은 조건을 지닌 여성 샘플이 좀더 늘어나기를 기다려야 한다.

## 2) 해외주재원의 부인

여성의 해외체험은 상당 부분 해외에 부임하는 남편을 동행하는 케이스이다. UCLA(University of California at Los Angeles)의 인류학부 대학원생인 미우라 야스코(箕浦康子)는 '아동의 이문화 체험'에 관심을 가지고

1976~81년에 로스앤젤레스에 거주하는 일본인 주재원 80가족을 대상으로 면접조사를 했다. 그 결과를 정리해서 같은 제목의 책으로 펴내, 현재 이 분야에서는 고전이 되었다. 미우라는 아동의 이문화 체험이라는 측면에서 접근했으나 결과적으로 아이의 배후에 있는 그 어머니의 상황에 주목할 수밖에 없었다. 이 관찰에서는 이문화 적응의 성차라는, 또 다른 측면이 드러난다.

첫째로, '남편은 직장, 부인은 가정'이라는 성역할이 분담된 상황에서 부인은 직장에 나가는 남편보다 다른 문화를 접할 기회가 적다.

둘째로, 해외체재에 대한 준비교육도 부인은 남편에 비해 부족하기 때문에 정보부족과 언어소통의 벽에 부딪혀 집 안이나 일본인 공동체(community)에 틀어박혀서 벗어나지 않는 경향이 있다.

셋째로, 주재원 부부는 학력상승 결혼이 많아 일반적으로 부인은 남편보다 학력이 낮고 어학능력도 떨어진다.

넷째로, 일본에 있을 때부터 의존적이고 가정 지향적인 여성이 많고 체재기간이 한시적이라는 요인도 작용해 현지사회에 뛰어드는 적극성이 부족하다.

다섯째, 부인이 현지에서 지역사회 활동이나 취업을 하려고 하면 일본인 공동체와 기업이 유형무형의 압력을 가한다.

비즈니스맨의 이문화 적응이나 스트레스에 대해서는 기업도 적극적으로 대처하고 이나무라 히로시(稻村博)를 비롯해서 여러 학자들의 연구도 있지만, 동반가족에 관심을 기울이는 경우는 별로 없다. 또 귀국자녀의 문

제는 크게 부각되지만 부인의 이문화 적응에는 그다지 주의를 기울이지 않는다. 하지만 주재원 부인이 겪는 고립무원의 폐쇄감과 갈등을 그린 르포나 다큐멘터리는 히로코 무토의 『부인들의 해외주재』(妻たちの海外駐在, 스ト- 1985)와 다니구치 에츠코(谷口惠津子)의 『마담 상사』(マダム 商社, 谷口 1985) 등 최근 들어 늘어나고 있다.

해외주재는 부인들에게도 일종의 위기상황이다. "전화도 못 받고, 말도 못하고, 돌아다니지도 못하는(운전을 할 줄 모르는)" 부인의 '삼중고' 때문에 남편에게 가해지는 생활상의 부담이 너무 커서 가족을 귀국시킨 사례, 부인의 우울증이나 신경쇠약증으로 해외생활을 조기에 정리해야 했던 사례, 해외체류 동안 또는 귀국 후에 부부갈등으로 이혼한 사례 등 다양하다.

일정 기간 체제하는 주재원 가족들로 구성된 일본인 공동체의 특이한 모습에 관한 보고도 있다. 남편의 기업 내 지위와 체류기간이 공동체 내에서의 지위에 영향을 주는 연동서열(packing order), 현지 지역사회와 적극적으로 교류하는 여성에 대한 집단따돌림, 일본계 현지인이나 현지인의 일본인 부인 등 영주권자에 대한 의존과 멸시의 상반된 감정(ambivalence) 등. 공간적으로 아무리 넓은 지역에 흩어져 있어도 일본어권이라는 작은 언어공동체에 머무는 이들은 국내에 사는 '사택부인'들 이상으로 외부로부터 고립된 일종의 '정보과소(過疎) 지역'에 살고 있는 것이다.

기업이 주재원 가족에 대해 취하는 태도는 주재원의 부인들을 지역사회로부터 더욱더 격리시킨다. 기업이 부인들의 지역사회 활동이나 취업에 제약을 가하면서 내거는 명분은, '해외근무 수당'을 비롯해서 주재원과 그

가족이 기업의 위신에 걸맞은 체면을 유지할 만큼의 급여를 지급하고 있다는 것이다. 여기서는 기업이 남편 한 사람의 노동력뿐만 아니라 가족 모두를 고용하고 있다는, 기업가족주의가 아닌 가족기업주의 논리가 노골적으로 드러난다(木下 1983).

최근 들어 해외주재원 생활에서 부인의 역할을 중시하게 되었다. 어학능력이 있으며 적극적이고 사교적인 부인의 역할도 중요하다는 사실을 인식하게 된 것이다. 기업에 따라서는 가족을 대상으로 해외주재 준비교육을 실시하는 곳도 있고 자녀의 해외교육 상담창구를 개설한 곳도 있다. 그런가 하면 비즈니스맨으로서는 뛰어나지만 "직무 이외의 일은 일체 부인에게 맡겨버리는" 남편에 대한 반성의 일환으로 남성을 대상으로 생활 세미나를 실시하는 곳도 있다.

커닝햄 히사코는 『해외자녀 교육사정』에서 학습장애를 가진 아동들을 상담하면서, 그 이면에 있는 '일본형 가족'의 일그러진 측면을 파헤친다. 커닝햄에 따르면, 이런 일본형 가족의 왜곡은 '모성사회의 병리'이다. 구체적인 문제점으로는 첫째로 남편의 장시간노동과 부부의 역할분담이 불러일으킨 가정 내 아버지의 부재, 둘째로 그 결과 생겨난 모자간의 과도한 밀착, 나아가 언어장벽 등으로 더욱 밀착되면서 생긴 모자의 고립을 꼽는다. 일본형 가족이 원래 지니고 있던 왜곡성이, 일본이라면 드러나지 않았을 수도 있지만 해외주재라는 한계상황 속에서 문제로 돌출되는 것이다. 그 과정에서 부부사이나 부모자식사이에 원래부터 있었던 알력이 불거져 나온다. 해외주재를 계기로 결속력이 강해진 가족도 있지만, 이혼위기에 놓인 가족도 많다. 긍정적이든 부정적이든 해외주재의 체험이 가족에게 위기상황이라는 사실에는 변함이 없다. 이 경우 어머니의 불안은 자녀의 불안으로 전염된다. 커닝햄은 정서적으로 불안한 아이들에게서 나타나는 다양한 적응장애를 임상사례로 다루어왔다.

그녀는 일본의 아버지들이 학습장애아에게 보이는 공통된 태도 몇 가지를 지적한다.

첫째, 아이가 문제를 일으켜도 무관심하거나 방치하는 태도를 취한다. 학교나 카운슬러가 면담을 요청해도 응하지 않는다.

둘째, 무관심을 넘어서 사실을 받아들이기를 거부하고 그럼으로써 사태의 개선을 방해한다. 예를 들어 언어적응에 장애가 있는 아이에게 학년을 올라가지 말고 현재 학년에서 공부하도록 조언을 한다거나 일본인 학교로 전학할 것을 권할 경우에도 이를 거부하는 쪽은 압도적으로 아버지들이 많다. "다른 아이들은 다 올라가는데 왜 우리 아이만"이라든가 "우리 아이가 제대로 못할 리가 없다. 강한 아이로 자랐으면 좋겠다"면서 현실을 부정하고 자신의 가치관과 기대를 강요한다.

셋째, 더 심각한 경우에는 거부하는 태도가 아이와 부인에 대한 공격으로 바뀌어 모자를 질책하면서 궁지에 몰아넣기까지 한다. 예를 들어 아이가 문제를 일으켰을 때 부인을 때리거나 호통을 치면서 책임을 묻는다든가 "우리 집안에 이상한 아이는 없다"는 식으로 부인에게 책임을 전가한다. 어처구니없게도 가장 가까운 타자인 남편이 문제를 껴안고 도움을 구하는 부인을 고립으로 몰아넣는다. 이 지경까지 가면 모자 동반자살은 얼마든지 일어날 수 있다. 이렇게 보면 일본 남성들은 사실상 아버지 역할을 다하기는커녕 오히려 적극적으로 자녀를 내팽개치고 있다고 해도 과언이 아니다. 커닝햄의 임상사례에서는 이런 참담한 사례를 적지 않게 볼 수 있다.

커닝햄은 학습장애를 일으키는 아동의 경우 남자아이가 많다고 지적하면서, 그 이유로 두 가지를 꼽는다. 첫째로 일본 가정에서는 여자아이보다 남자아이에 대한 기대와 압박이 훨씬 크며, 둘째로 그로 인해 남자아이한테서 모자밀착이라든가 어리광이 두드러지게 나타난다는 것이다.

최근 사춘기 발달장애에서 성별 양상차이는 줄어드는 경향을 보인다. 기존에는 등교거부나 가정 내 폭력은 남자아이에게 많이 나타나고 섭식장애는 여자아이에게서만 볼 수 있는 병리현상으로 간주되어, 이와 같은 차이를 남자아이는 과도한 기대와 압력 때문인 것으로, 여자아이는 내면화되어 있는 열등감과 성숙거부 때문이라고 설명했다. 하지만 정신병리학자들은 요즈음 발달장애에서 성별 양상차이가 사라지고 있다고 보고한다. 등교거부 아동의 경우 남녀차이가 사라지는가 하면 '가정 내 폭력소년' 뿐 아니라 '가정 내 폭력소녀'도 등장하고 있다. 여자아이들한테서만 볼 수 있던 섭취장애조차 남자아이들에게서도 나타난다. 1남1녀 혹은 1자녀 시대가 되면, 자녀에 대한 기대나 압박, 모자밀착의 경향은 성차를 불문하고 나타날지도 모른다. 해외거주 자녀들한테서도 마찬가지의 경향이 나타날 가능성이 있다.

## 3) 귀국자녀

자녀의 사회화와 정체성 형성에 해외체험이 어떻게 영향을 끼치는가에 대해서는 이미 많은 연구가 축적되어 있다. 일반적으로 자녀가 어릴수록 이문화 적응은 빠르면서도 철저하지만, 반대로 귀국 후 재적응에 심각한 문제가 발생한다고 한다. 8세가 그 분기점으로 알려져 있다. 2개 국어 교육의 전문가인 나카쓰 료코(中津燎子)는 아이의 모국어 정체성이 확립되는 3~4세 언어형성기까지는 외국어 교육을 시작하지 않는 것이 좋다고 주장한다(中津 1976).

성 정체성과 성별 사회화 문제는 어떠한가? 구로키 마사코(黑木雅子)는 미국 서부해안 지역에서 재미일본인과 일본계 미국인의 성별 역할의식을 비교조사하고 있다(黑木 1986). 다음 〈표 2〉의 성별 역할규범 중 두번째 항목 "개인의 희망을 가족의무보다 우선시해도 괜찮다"라는, 개인주의 규범과 가족주의 규범의 우선순위를 묻는 명제에 대한 공감도는 흥미로운 결과를 보여준다〈표 1〉〈표 2〉.

공감도가 높은 순서로 열거하면 1위 '영주권이 없는 재미일본인', 2위 '영주권이 있는 재미일본인', 이어 '일본계3세' '일본계1세' 그리고 마지막으로 '일본계2세'가 공감도가 가장 낮다는 의외의 결과가 나온다.

이러한 결과는 첫째 일본계 1세보다 2세가 전통적인 성별규범에 대한 동조의 정도가 높으며, 둘째로 재미일본인보다 일본계 미국인이 일본의 전통적인 가치관을 강하게 지니고 있고, 셋째로 영구거주자보다 한시적

**〈표 1〉 각 대상그룹의 내용**

(단위: 년, %)

| 구분 | 일본인 | | 일본계미국인 | | |
|---|---|---|---|---|---|
| | **A군**<br>(영주권 없는 재미일본인) | **B군**<br>(영주권 있는 재미일본인) | **C군**<br>(1세) | **D군**<br>(2세) | **E군**<br>(3세) |
| 평균연령 | 29 | 37 | 84 | 60 | 30 |
| 체재기간 | 4 | 13 | 61 | 56 | 28 |
| 학력 | 15 | 16 | 10 | 16 | 17 |
| 여성비율 | 30 | 53 | 84 | 52 | 53 |
| 일상 사용언어<br>(영어사용이 쉽다는<br>사람의 비율) | 15 | 23.5 | 0 | 95.2 | 100 |

\* 주: 수치는 각 그룹의 평균치임.

**〈표 2〉 결혼에서 부부의 역할 및 '이에' 이데올로기에 관한 규범**

| 구분 | 일본인 | | 일본계미국인 | | |
|---|---|---|---|---|---|
| | **A군** | **B군** | **C군**<br>(1세) | **D군**<br>(2세) | **E군**<br>(3세) |
| 1. 아내의 일이 남편의 일과<br>똑같이 중요하다 | 1.59<br>(3) | 1.46<br>(2) | 1.93<br>(4) | 1.95<br>(5) | 1.40<br>(1) |
| 2. 개인의 희망을 가족의무보다<br>우선시해도 괜찮다 | 2.21<br>(1) | 2.25<br>(2) | 3.00<br>(4) | 3.10<br>(5) | 2.85<br>(3) |
| 3. 부모가 자녀를 맡기고<br>놀러 가도 상관없다 | 2.57<br>(2) | 2.00<br>(1) | 2.92<br>(4) | 2.75<br>(3) | 2.94<br>(5) |
| 4. 힘들 때는 타인보다 가족에게<br>기대는 편이 좋다 | 2.40<br>(4) | 1.80<br>(1) | 2.00<br>(3) | 1.85<br>(2) | 2.50<br>(5) |
| 5. 옳다고 생각한다면 부모의<br>뜻을 거역해도 상관없다 | 1.83<br>(1) | 2.08<br>(3) | 1.91<br>(2) | 2.38<br>(5) | 2.33<br>(4) |

\* 주1) 수치는 평균치, 괄호 안은 강한 동의를 표한 순서

\* 주2) 적극찬성=1, 찬성=2, 반대=3, 적극반대=4, 무응답=5, 평균치는 '무응답'을 제외하고 계산

\* 자료: 黑木雅子, 「日米の文化比較から見る日系アメリカ人の性役割」, 『女性學年譜』 no. 7, 1986.

체류자가 개인주의 지향이 강하다는 것을 보여준다.

구로키는 그 이유로 다음의 다섯 가지를 든다.

첫째, 일본계 이민이나 영구거주자는 미국 내 소수민족으로서 민족적 정체성에 대한 충성도가 높은 동시에 일본인 공동체에 귀속성이 강하다.

둘째, 일본계 1세와 2세가 놓여 있는 인생단계가 다르다. 1세는 나이가 많고 가족의무로부터 해방되었기 때문에 개인주의적 태도를 취할 수 있지만, 2세는 아직 가족의무가 중요한 인생단계에 머물러 있다.

셋째, 전후(戰後)에 일본에서 태어난 신참 이주자는 전전(戰前)에 이주한 일본계1 세보다 젊을 뿐만 아니라 가족주의 가치관의 쇠퇴라는 변화된 일본 사회의 모습을 이미 국내에서 경험했다.

넷째, 재미일본인은 일본계 미국인에 비해 훨씬 적극적인 이유로 일본을 떠났다.

다섯째, 한시적으로 체류하는 일본인은 대체로 학생·연구자·비즈니스맨 등 고학력층이다.

일반적으로 해외체험의 양상은 그것이 선택적인지 비선택적인지에 따라 크게 다르다. 일본계1 세와 한시적 체류자처럼 선택적으로 해외에 간 사람들은 자국문화에 대한 충성도가 낮은 데 반해, 비선택적 이유로 해외에 가 있는 일본계2세나 해외거주 자녀들은 정체성 문제 때문에 오히려 전통적 가치에 대한 충성도가 높다고 할 수 있다.

성별에 따른 자국문화 충성도를 보면, 일반적으로 여성이 남성보다 낮다고 할 수 있을 것이다. 이는 일본계의 다른 인종과의 결혼(interracial marriage) 양상을 보아도 알 수 있다. 최근 들어 일본계의 타인종과의 결혼률은 매우 높아지고 있으나, 성별에 따른 차이는 크다. 일본계 여성은 외국인과의 결혼률이 높고, 일본계 남성은 동족집단 내에서의 결혼률이 높다. 또한 여기서는 인종간 상승혼의 경향이 뚜렷하다. 일본계 여성의 결혼상대는 유태인을 포함한 백인계가 많으며, 일본계 남성은 한국계나 중국계 등 아시아계 여성과의 결혼이 많다. 타인종과의 결혼양상만을 놓고 보면 "일본인은 인종차별주의자(racist)"라는 말을 들어도 도리 없다.

성별에 따른 타인종과의 결혼양상을 보면 남성 우위의 가부장제가 반영되어 있다. 하나는 가부장제에서 여성은 결혼하면 집을 떠나는(marrying out) 운명에 놓여 있다는 점, 또 하나는 남성 우위 사회에서 여성의 결혼상대는 자신보다 상위계층에 속한다는(marrying up) 점, 두 가지이다. 여성은 결혼해서 자기 집을 떠남으로써 자신의 문화권을 벗어나서 다른 문화권으로 들어간다. 다른 문화에 적응하지 않으면 안 되는 상황에 내던져지기 때문에 적응이 빠르다고 할 수 있다. 여성이 자국문화에 대한 충성도가 낮고 이문화 적응이 빠른 것은 결과이지 원인이 아니다. 성별에 따른 이문화 적응의 차이는 "어떤 가풍이든 잘 받아들이도록" 여성들을 키우는 가부장제 음모의 '역설'이라고 볼 수 있지 않을까.

이 역설에는 공(功)·과(過)가 다 있다. 과의 측면에서는 "딸을 국제인으로 키우고 싶다"는 미명 아래 민족적 정체성 형성이 잘못된 '바이링 걸'(bilingual gal의 축약)의 존재를 들 수 있다. 앞의 1절에서 지적했듯이, 아들과 딸에 대한 부모의 기대가 다르기 때문에 딸의 장래는 크게 신경 쓰지 않는다. 부모들이 딸은 곁에 두고 마냥 예뻐해 주고 싶어서 현지 학교에 장기간 보내는 경향이 있다. 그 결과 부모가 다 일본 국적을 가진 일본인 인지라 100% 일본인 혈통이지만 말과 행동양식은 '외국인'이 된 '이상한 일본인'이 탄생한다.

『아크로스』(アクロス, Across) 1987년 7월호는 '귀국자녀 붐'을 다루면 서 "혈중 외국인 농도가 높은 일본인(Japanese)"이라고 정의한다(『アクロス』 1987, 54~77쪽). 일본인을 '바나나'—겉은 누런색이지만 껍질을 벗기면 마음은 백인—라고 경멸하며 부르는 호칭이 있지만, 귀국자녀는 '외국인처럼' 행동하는 것이 아니라 '사고방식이 완전히 외국인'이다. 일본 사회에 제대로 적응하지 못해 일본인으로서의 정체성도 확립되지 않은 '혈중 외국인 농도'가 높은 이상한 일본인들은, 만약 남자라면 남들이 싫어하겠지만 여자이기 때문에 떠도는 풍속의 일종으로서 새로운 붐을 만들어내고 있다. 바이링 걸은 소녀이지 소년이 아니다. 〈FEN〉 등 국내 영어방송에 DJ로 기용된다든가 뉴스캐스터나 국제 리포터로 등용되는 등, 바이링 걸은 시대의 새로운 문화영웅이 되어가고 있다. 하지만 화려해 보여도 대중 매체의 주변부노동자로서 일회용 취급을 받는 그녀들을 위해 일본 사회 내의 정식 멤버십이 준비되어 있을 리 없다.

'여자이기 때문에' 자국문화에 대한 충성도를 요구받지 않았던 그녀들 은 오히려 문화로부터 **버림받은** 존재이기도 하다. 문화로부터 버림받은 귀국자녀 문제에도 성차는 짙게 그림자를 드리우고 있다.

## 4) 맺음말

마지막으로 두 가지 문제를 지적하고 싶다.

하나는 이문화 적응과 가족 문제이다. 지금까지 가족은 이문화 적응의 기초 단위가 되는 집단으로 간주되었다. 이에 대해 정영혜(鄭暎惠)는 중국 귀국자녀와 그 가족의 일본 문화 적응과정을 조사해 이 가설에 이의를 제기했다. 그리고 해외적응에서 가족은 결코 기초 단위(unite)가 되지 않는 다는 사실을 명쾌하게 제시한다(鄭 1988).

가족은 성차와 연령차를 안고 있는 집단이다. 정영혜는 궁극적으로 적응은 개개인의 내면적 과정이고 그러한 과정이 간혹 가족이라는 단위로 묶여 집단 역동성(group dynamics)을 보일 수도 있지만 가족 자체가 통일된 상위 단위가 되어 아버지가 적응하면 온 가족이 다 적응이라는 과제를 해결하는 식으로는 되지 않는다고 지적한다. 즉 부모의 적응은 어디까지나 부모의 적응일 뿐 자녀들의 적응을 반드시 보장하지 않거니와, 남편의 적응이 아내의 적응을 보장해 주지 않는다. 그 반대도 마찬가지이다. 적응은 가족 구성원 각자의 개별 과제이어서, 구성원 상호간의 어긋남이나 뒤틀림이 새로운 가족 역동성을 불러일으키기도 한다. 이는 가족의 결속을 강화하는 쪽으로 전개될 수도 있고, 잠재된 갈등을 증폭시켜 여러 가지 위기를 초래할 수도 있다. 『초원의 집』(*Little House on the Prairie*)처럼 아버지가 자연의 위협에 맞서 가족을 지키는 그런 신화적인 이미지가 여기서는 붕괴된다. 가족은 결코 상위의 피난처로서 개인을 보호하고 적응을 매개해 주는 존재의 성질을 지니지 않았다. 적응은 어디까지나 개인 단위에서 이루어진다. 따라서 성차와 연령차가 이문화 적응과정에서 변수로서 지니는 의미를 보다 적극적으로 검토해야 한다. 또한 가족 구성원 상호간의 적응도 차이가 큰 다문화 가정의 집단 역동성에 대해서도 보다 깊이 있는 연구가 필요할 것이다.

또 하나는 동화주의와 귀국 후 재적응 문제이다. 이문화 적응에는 해외에 가서 이문화 적응과 귀국해서 자국문화 적응이라는 두 가지 측면이 있다. 이때 문제가 되는 것이 문화간의 서열구조(hierarchy)이다. 동화주의는 상위문화에 대해서만 작동한다. 따라서 일본인의 해외체험은 일본인이 상위문화라고 간주하는 서구권에 간 경우와 하위문화라고 간주하는 아시아·아프리카권에 간 경우 사이에 큰 차이가 있다. 현지학교 입학률도 제3세계권에서는 극단적으로 적으며 일본인들만으로 집단을 구성해 그 안에서 생활하는 것을 당연시한다. 서구인들은 스스로 최우수 문화를 지녔다고 믿기 때문에, 어떤 문화권에 가도 자국의 방식을 관철시키는 식민지주의로 일관한다. 일본은 번영에 힘입어 과거 서구 식민지주의자와 같은 위치에 도달하고 있다.

역사를 되돌아보면 해외귀국자녀 대책은 세 시기로 나눌 수 있다. 완전 방임과 낙관주의가 지배했던 제1기. 이에 대한 반동으로 '외국물 벗기'와 귀국 후 재적응을 강요했던 제2기. 그리고 귀국자녀가 수적으로 일정 규모에 이르자 국내의 외국이라고도 할 수 있는 특권지구를 만들어낸 제3기. '외국물 벗기'와 귀국 후 재적응의 압박에 대한 자구책으로, 귀국자녀를 귀국 후에도 국내 미국계 학교나 국제학교에 입학시키는 부모가 늘어났다. 개중에는 귀국 후 재적응에 실패해 국외로 '재탈출'하는 귀국자녀도 있다. 하지만 또 한편으로 귀국자녀 대책의 일환으로 대학입학 때 귀국자녀 특별정원과 같은 우대조치가 취해진다거나 2개 국어 구사라는 특별한 능력을 갖춘 특권계급으로 대접받는 현상도 나타났다. 국내의 외국이라고 할 수 있는 국제학교나 미국계 학교는 100% 일본인 혈통이면서 영어로 생활하는 특별지구를 만들어냈다. 귀국자녀가 아닌데도 자녀를 미국계 학교나 국제학교에 입학시키기를 열망하는 일본인 부모들도 속출했다. '외국물 벗기'를 하지 않고 **재일일본계 외국인**으로 행동하는 것이 득이 되는 역전현상이 일어난 것이다. 하지만 앞서 지적했듯이 이 역시 남자아이가 아니라 여자아이들에게서 두드러지게 나타난다는 점에서 일본 사회가 '해외체험'이라는 자원을 가진 인재를 진심으로 활용할 생각이 있는지는 의심스럽다.

그러나 이상과 같은 상황도 상위문화권에서 생활한 귀국자녀에게만 해당된다. 하위문화권에서 귀국한 자녀들은 일본인 집단에서만 생활했기 때문에 현지문화에 동화하려는 노력도 하지 않았을 뿐더러 '외국물 벗기'라는 재적응 압력도 받지 않는다. 서구의 식민지 이주자들에게는 일본과 같은 심각한 '귀국자녀 문제'가 없었다. 그들은 세계 각지에 있는 그들만의 문화로 형성된 특수지구로 옮겨가는 것이었을 뿐이기 때문이다.

귀국자녀 대책에서 지금은 제4기, 즉 식민주의라고 지칭할 수 있는 시대가 다가오는 듯하다. 아이러니하게도 일본의 '국제화'가 진행될수록 상위문화권과 하위문화권에 상관없이 이러한 경향은 강해지고 있다. 이는 해외파견이 더 이상 엘리트에게만 한정되지 않고 중소기업 사원에게도 해당되면서 점점 더 많은 일본인들이 해외에 나감에 따라 각지에 민족적 공동체를 만들 정도의 규모가 되자, 역설적이게도 일본인 마을 같은 특별지구에서만 생활하는 것이 가능해졌기 때문이다. 과거의 서구인들처럼 외국에 살면서도 일본어만 사용하다가 귀국하는 해외체험자가 앞으로 늘어날 것이다. 해외에서 생활했지만 그것이 조금도 해외체험이 되지 못한 일본인이 증가한다는 사실을 국제화의 역설이라고 해야 할까.

青木やよひ(1983), 「性差別の根據をさぐる: 日本における近代化と儒教イデオロギーについて
　　の覺え書き」, 山本哲士 編, 『經濟セックスとジェンダー』(シリーズ プラグを拔く 1), 新評論.

青木やよひ 編(1983), 『フェミニズムの宇宙』(シリーズ プラグを拔く 3), 新評論.

青木やよひ(1986), 『フェミニズムとエコロジー』, 新評論.

『アクロス』160号, 1987(7月), 「FM横浜: 第四山の手にバイリンガル文化が開花する」, パルコ
　　出版局.

天野正子(1979), 『第三期の女性』, 學文社.

天野正子(1988), 「'受 働から 能 働への實驗: ワーカーズ・コレクティブの實驗」, 佐藤慶幸 編
　　著, 『女性たちの生活ネットワーク』, 文眞堂.

網野善彦(1978), 『無緣・公界・樂』, 平凡社.

荒井保男(1978), 「老人の心理」, 高齡化社會化老人問題(ジュリスト增刊總合特集 12), 有斐閣.

アリエス, フィリップ(1980), 杉山光信・惠美子 譯, 『子供 の誕生: アンシァン レジーム期の
　　子供と家族生活』, みすず書房. Aries 1960; 1973.

アンダーソン, マイケル(1988), 北本正章 譯, 『家族の構造・機能・感情: 家族史研究の新展開』,
　　海鳴社. Anderson, M. 1980.

イーグルトン, テリー(1987), 大橋洋一 譯, 『クラリッサの凌辱』, 岩波書店. Eagleton 1982.

磯村英一他 編(1975), 『人間と都市環境』, 鹿島出版會.

糸井重里(1986), 『家族解散』, 新潮社(1989, 新潮文庫).

伊藤幹治(1982), 『家族國家觀の人類學』, ミネルヴァ書房.

伊藤整・安岡章太郎・江藤淳(1965), 「文學の家庭と現實の家庭」, 『群像』1965年 10月号.

伊藤整(1965), 「作家の証明」, 『中央公論』1965年 11月号.

稻村博(1980), 『日本人の海外不適応』, NHKブックス, 日本放送出版協會.

井上勝也(1978), 「ポックリ信仰の背景」, 『高齡化社會と老人問題』(ジュリスト增刊總合特集
　　12), 有斐閣.

井上清(1948), 『日本女性史』, 三一書房.

井上哲次郎(1891), 『勅語衍義』(上・下).

井上哲次郎(1908), 『論理と教育』, 弘道館.

井上輝子・江原由美子 編(1991), 『女性のデータブック: 性・からだから政治参加まで』, 有斐閣.

今井賢一(1984), 『情報ネットワーク社會』岩波新書, 岩波書店.

イリイチ, イヴァン(1977), 東洋・小澤周三 譯, 『脱學校の社會』(社會科學叢書), 東京創元社. Illich 1971.

イリイチ, イヴァン(1979), 金子嗣郎 譯, 『脱病院化社会: 医療の限界』, 晶文社. Illich 1976.

イリイチ, イヴァン(1982), 1990(同時代ライブラリー), 玉野井芳郎・栗原彬 譯, 『シャドウ ワーク: 生活のあり方を問う』岩波現代選書, 岩波書店. Illich 1981.

イリイチ, イヴァン(1984), 玉野井芳郎 譯, 『ジェンダー』岩波現代選書, 岩波書店. Illich 1982.

イリガライ, リュス(1987), 棚澤直子他 譯, 『ひとつではない女の性』, 勁草書房. Irigaray 1977.

ウェーバー, マックス(1957), 浜島朗 譯, 『家産制と封建制』, みすず書房. Weber, 1921～22.

上野千鶴子(1980), 「百貨店の記号學」, 『廣告』1980年11～12月号, 博報堂.

上野千鶴子(1982a), 「主婦の戰後史」, 上野千鶴子 編, 『主婦論争を讀む・全記錄』I, 勁草書房.

上野千鶴子(1982b), 「主婦論争を解説する」, 上野千鶴子 編, 『主婦論争を讀む・全記錄』II, 勁草書房.

上野千鶴子 編(1982), 『主婦論争を讀む・全記錄』I / II, 勁草書房.

上野千鶴子(1984), 「祭りと共同」, 井上俊 編, 『地域文化の社學』, 世界思想社.

上野千鶴子(1985a), 「オバン宿」(共同討議・新世相探検, 第一回「女・子ども文化」), 『朝日新聞』, 大阪版6月15日 夕刊.

上野千鶴子(1985b), 「女は世界を救えるか: イリイチ『ジェンダー』論徹底批判」(上野 1986 所收).

上野千鶴子(1985c), 『「私」探しゲーム: 欲望私民社會論』, 筑摩書房.

上野千鶴子(1985d), 『資本制と家事勞動』, 海鳴社.

上野千鶴子(1986), 『女は世界を救えるか』, 勁草書房.

上野千鶴子・電通ネットワーク研究會(1988), 『「女縁」が世の中を変える』, 日本経濟新聞社.

上野千鶴子(1989a), 『スカートの下の劇場』, 河出書房新社.

上野千鶴子(1989b), 「ジェンダーレス ワールドの愛の實驗」, 季刊『都市』2号, 都市問題研究所.

上野千鶴子(1989c), 「日本の女の二十年」, 『女性學年報』10号, 日本女性學研究會.

上野千鶴子(1989d), 「親離れしない娘たちが達成する'男女平等'」, 『中央公論』1989年5月号.

上野千鶴子(1990a),『家父長制と資本制』, 岩波書店.

上野千鶴子(1990b),『戀愛の社會史』, 上野千鶴子 編『ニューフェミニズム レヴュー1 戀愛テク
　　ノロジー』, 學陽書房.

梅棹忠夫(1981),『わたしの生きがい論: 人生に目的があるか』, 講談社.

梅棹忠夫(1991),『梅棹忠夫著作集』第9券, 中央公論社.

江藤淳(1956),『夏目漱石』, 東京ライフ社.

江藤淳(1967), 1988(新版), 1993(講談社文芸文庫),『成熟と喪失: '母' の崩壊』, 河出書房.

江藤淳(1972),『夜の紅茶』, 北洋社.

江藤淳(1973),『一族再會』, 講談社.

江藤淳・蓮實重彦(1985), 1988(中央文庫),『オールド ファッション: 普通の會話』, 中央公論社.

江原由實子(1983),『れた振子: リブ運動の軌跡』(江原 1985 所收).

江原由實子(1985),『女性解放という思想』, 勁草書房.

江守五夫(1992),「家父長制の歴史的發展形態: 夫權を中心とする一考察」(永原他 編 1992 所
　　收).

エリクソン, エリック H.(1973), 岩瀬庸理 譯『アイデンティティ: 青年と危機』, 金澤文庫.
　　Erikson 1963.

エルダー, グレン H.(1986), 本田・伊藤他譯『大恐慌の子どもたち』, 明石書店. Elder 1974.

エンゲルス, フリードリヒ(1965), 戸原四郎 譯『家族・私有財産・國家の起源』岩波文庫, 岩波
　　書店.

オークレー, アン(1986), 岡島茅花 譯『主婦の誕生』, 三省堂. Oakley 1974.

大平健(1990),『豊かさの精神病理』岩波新書, 岩波書店.

小木新造・熊倉攻夫・上野千鶴子(校注)(1990),『風俗 性』(日本近代思想大系 23), 岩波書店.

小此木啓吾(1978),『モラトリアム人間の時代』, 中央公論社.

落合惠(1987),「 '近代' とフェミニズム: 歴史社學的考察」,『女性學年報』(落合 1989 所收).

落合惠美子(1989),『近代家族とフェミニズム』, 勁草書房.

笠原嘉(1977),『青年期』中公新書, 中央公論社.

春日キスヨ(1985),「男性における相補二元的兩性關係の矛盾: 父子家庭の '孤立' と '孤獨'」,『岩
　　國短期大學紀要』第一四号, 岩國短期大學.

春日キスヨ(1989),『父子家庭を生きる』, 勁草書房.

片多順(1979), 「中年と老年」, 綾部恒雄 編, 『人間の一生: 文化人類學的探求』, アカデミア出版會.

加藤典洋(1985), 『アメリカの影』, 河出書房新社.

カニングハム久子(1988), 『海外子女教育事情』 新潮選書, 新潮社.

金子仁郎・新福尚武 編(1972), 『老人の精神医學と心理』(講座日本の老人 1), 垣內出版.

鹿野政直(1983), 『戰前 "家" の思想』, 創文社.

鹿野政直(1989), 『婦人・女性・おんな』 岩波新書, 岩波書店.

加納實紀代(1987), 『女たちの "銃後"』, 筑摩書房.

鎌田浩(1992), 「"家父長制" の理論」(永原 他編 1992 所收).

神島二郎(1961), 『近代日本の精神構造』, 岩波書店.

河上徹太郎(1966), 「文學賞作品その他: 文學時評 (8)」, 『新潮』 1966年1月号.

木下律子(1983), 『王國の妻たち―企業城下町にて』, 経書房.

木原敏江(1979~84), 『摩利と新吾』 1~13, 白泉社.

ギャブロン, ハンナ(1970), 尾上孝子 譯, 『妻は囚われているか』 岩波新書, 岩波書店.

公文俊平・村上泰亮・佐藤誠三郎(1979), 『文明としてのイエ社會』, 中央公論社.

グループわいふ(1984), 『性: 妻たちのメッセージ』, グループわいふ.

黑木雅子(1986), 「日米の文化比較から見る日系アメリカ人の性役割」, 『女性學年報』 第七号, 日本女性學究會.

黑澤隆(1987), 『建築家の休日: モノの向うに人が見える』, 丸善.

経濟企畫聽民生活局 編(1987), 『新しい女性の生き方を求めて』, 大蔣省印刷局.

國際女性學會 編(1978), 『國際女性學會十九七八東京會議報告書』.

『國民の経濟白書 一九八七』(1987), 日本評論社.

小路田泰直(1993), 「書評 女性史總合研究會 編 『日本女性生活史』第四卷 近代」 『日本史研究』 336.

小島信夫(1965), 『抱擁家族』, 講談社.

駒澤喜美(1982), 『魔女的文學論』, 三一書房.

小松滿貴子(1987), 『女性経營者の時代』, ミネルヴァ書房.

小山靜子(1991), 『良妻賢母という規範』, 勁草書房.

齋藤茂男(1982), 『妻たちの思秋期』, 共同通信社(1993, 『齋藤茂男ルポルタージュ日本の情景 1:

妻たちの思秋期」, 岩波書店에 재수록).

齋藤茂男(1984a),「時代の狀況を見すえる」,『新聞研究』10月号.

齋藤茂男(1984b),「企業社會という主役の顔」,『新聞研究』10月号.

齋藤茂男(1991),『飽食窮民』, 共同通信社.

材野博司(1978),『かいわい: 日本の都市空間』SD選書, 鹿島出版會.

作田啓一(1967; 1981),『恥の文化再考』, 筑摩書房.

佐藤忠男(1978),『家庭の甦りのために: ホームドラマ論』, 筑摩書房.

シーがル, L(1989), 織田元子 譯,『未來は女のものか』, 勁草書房. Segal 1987.

城山三郎(1976),『毎日が日曜日』, 新潮社.

シュー, F. L. K.(1971), 作田啓一・浜口惠俊 譯,『比較文明社會論: クラン・カスト・クラブ・家元』, 培風社. Hsu 1963.

シュルロ, E. & O. チボー 編(1983), 西川祐子・天羽すぎ子・宇野賀津子 譯,『女性とは何か』上/下, 人文書院.

シュワルツ, ペッパー & フィリップ ブルームスティーン(1985), 南博監 譯,『アメリカン カップルズ』上/下, 白水社. Schwartz & Blumstein 1985.

庄野潤三(1965),『夕べの雲』, 講談社.

女性史總合研究會 編(1990),『日本女性生活史』第四券「近代」, 東京大學出版會.

ショーター, エドワード(1987), 田中俊宏他 譯,『近代家族の形成』, 昭和堂. Shorter 1975.

鈴木孝夫(1973),『ことばと文化』岩波新書, 岩波書店.

鈴木裕子(1986),『フェミニズムと戦争』, マルジュ社.

ストーン, ローレンス(1991), 北本正章 譯,『家族・性・結婚の社會史: 1500~1800年のイギリス』, 勁草書房. Stone 1977.

住谷一彦(1992),「おわりに:「家父長制」論の展望」(永原他 編 1992 수록).

盛山和夫(1993),「「核家族化」の日本的意味」, 直井優他 編,『日本社會の新潮流』, 東京大學出版會.

盛根英二(1993),『「他者」の消去』, 勁草書房.

關知山角(1990),「家父長制をめぐって」, 江原由美子 編,『フェミニズム論争』, 勁草書房.

瀬理府 編(1983),「婦人の現狀と施策: 國內行動計畫第三回報告書」, ぎょうせい.

副田義也(1981),「老年社會學の課題と方法」, 副田義也 編,『講座老年社學 I 老年世代論』, 垣内

　　出版.

ソコロフ, ナタリー(1987), 江原由美子他 譯, 『お金と愛情の間』, 勁草書房. Sokoloff 1980.

外崎光廣 編(1971), 『植木枝盛 家庭改革・婦人解放論』, 法政大學出版.

高取正男・橋本峰雄(1968), 『宗教以前』, 日本放送出版協會.

高橋幸子(1984), 『みすずの學校』, 思想の科學社.

高群逸枝(1954~58), 『女性の歷史』(『高群逸枝全集』第四/五卷 수록), 理論社.

竹宮惠子(1977~84), 『風と木の詩』1~17, 小學館.

タトル, リサ(1991), 渡辺和子監譯, 『フェミニズム辭典』, 明石書店. Tuttle 1986.

田中康夫(1981), 『なんとなく, クリスタル』, 河出書房新社.

谷口惠津子(1985), 『マダム 商社』, 學生社.

中部家庭経営學研究會 編(1972), 『明治期家庭生活の研究』, ドメス出版.

鄭暎惠(1988), 「ある'中國歸國者'における家族: 適応過程に生じた家族の葛藤」, 『解放社會學研
　　究』2, 明石書店.

坪內玲子(1992), 『日本の家族 '家'の連續と不連續』, アカデミア出版會.

紡木たく(1986~87), 『ホットロード』1~4, 集英社.

ドゥーデン, バーバラ & クラウディア フォン ヴェールホーフ(1986), 丸山眞人 編譯, 『家事勞働
　　と資本主義』岩波現代選書, 岩波書店.

富岡多惠子(1983), 『波うつ土地』, 講談社.

豊中市女性問題推進本部 編(1989), 『市民のくらしいの意識に關する調査報告書: 男性の日常生
　　活と自立をめぐって』.

ドンズロ, J.(1991), 宇波彰 譯, 『家族に介入する社會: 近代家族と國家の論理』, 新曜社.

中津燎子(1976), 『異文化のはざまで』, 每日新聞社.

中根千枝(1967), 『タテ社會の人間關係』講談社現代新書, 講談社.

中根千枝(1972), 『適応の條件』講談社現代新書, 講談社.

永原慶二他 編, 比較家族史學會 監修(1992), 『家と家父長制』, 早稻田大學出版部.

西川祐子(1985), 「一つの系譜: 平塚らいてう・高群逸枝・石牟礼道子」, 脇田晴子 編, 『母性を
　　問う: 歷史的変遷 (下)』, 人文書院.

西川祐子(1991), 「近代國家と家族モデル」, 河上倫逸 編, 『ユスティティア』2, 特集 "家族・社
　　會・國家", ミネルヴァ書房.

西川祐子(1993),「比較史の可能性と問題点」,『女性史學』3, 女性史總合研究會.

西部邁(1975),『ソシオ エコノミックス』, 中央公論社.

西部邁(1979),『蜃氣樓の中へ』, 日本評論社.

野間光辰 編者(1961),『完本色道大鑑』, 友山文庫.

博報堂生活總合研究所 編(1989),『90年代家族』, 博報堂.

長谷川公一(1989),「究ノート: 家父長制とは何か」, 江原由美子他 編,『ジェンダーの社會學: 女たち/男たちの世界』, 新曜社.

長谷川三千子(1984),「「男女雇用平等法」は文化の生態系を破壊する」,『中央公論』1984年 5月号.

長谷川三千子(1986),『からごころ: 日本精神の逆説』, 中央公論社.

波田あい子(1976),「社會學と性別役割分業論」,『婦人問題懇話會會報 25(特集: 性別役割分業思想をめぐって)』, 婦人問題懇話會.

バダンテール, エリザベート(1981), 鈴木晶 譯,『プラス ラブ』, サンリオ.

花村太郎(1980),「「老熟」文化へ向けて」,『別冊宝島 18(現代思想のキーワード)』, JICC出版局.

林郁(1985),『家庭内離婚』, 筑摩書房.

原ひろ子・岩男壽美子(1977),『女性學ことはじめ』, 講談社.

ひこ田中(1990),『お引っ越し』, 福武書店.

ひこ田中(1992),『カレンダー』, 福武書店.

日地谷キルシュネライト, イルメラ(1992), 三島憲一 譯,『私小説: 自己暴露の儀式』, 平凡社.

平野謙(1971),「「抱擁家族」の新しさ」,『小島信夫全集』第五卷月報, 講談社.

福武直也 編(1958),『社會學辭典』, 有斐閣.

藤枝澪子(1985),「ウーマンリブ」,『朝日ジャーナル』1985年 2月 22日号(『女の戰後史』III, 朝日新聞社, 1985 수록).

藤竹曉(1973),「都市空間のコミュニケーション」, 倉澤進 編,『都市社會學』社學講座 第五卷, 東京大學出版會.

婦人教育研究會 編(1987; 1988; 1989),『統計にみる女性の現狀』, 垣内出版.

フリーダン, ベティ(1977), 三浦富美子 譯,『増補 新しい女性の創造』, 大和書房. Friedan 1963.

ブルデュー, ピエール(1990), 石井洋二郎 譯,『ディスタンクシオン』I / II, 藤原書店. Bourdieu 1979.

ベーベル, A.(1958), 伊東勉・土屋保男 譯, 『ベーベル婦人論』上/下, 大月書店.

ベネディクト, ルース(1967), 長谷川松治 譯, 『菊と刀』, 社會思想社 Benedict 1946.

ボーヴォワール, シモーヌ・ド(1953), 生島遼一 譯, 『第二の性』, 新潮社.

ホブズボウム, E. & T. レンジャー(1992), 前川啓治他 譯, 『創られた伝統』文化人類學叢書, 紀
    伊國屋書店. Hobsbaum & Ranger 1983.

堀場清子(1990), 『イナグヤナナバチ』, ドメス出版.

本多秋五(1965), 「文芸時評'上'」, 『東京新聞』1965年6月28日 夕刊.

本多秋五・山本健吉・福永武彦(1965), 「創作合評」, 『群像』1965年8月号.

水田珠枝(1973), 『女性解放思想の歩み』岩波新書, 岩波書店.

見田宗介他 編(1988), 『社會學事典』, 弘文堂.

ミッチェル, ジェリエット(1977), 上田昊 譯, 『精神分析と女の解放』, 合同出版. Mitchell 1975.

ミッテラウアー, ミヒャエル & ラインハルト ジーダー(1993), 若尾祐司・若尾典子 譯, 『ヨーロ
    ッパ家族社會史: 家父長制からパートナー關係へ』, 名古屋大學出版會. Mitterauer & Sieder
    1977.

箕浦康子(1984), 『子供の異文化体験』, 思素社.

ミレット, ケイト(1977), 藤枝澪子他 譯, 『性の政治學』, 自由國民社(1985, ドメス出版). Millett
    1970.

牟田和恵(1990a), 「日本近代化と家族: 明治期'家族國家觀'再考」, 筒井清忠 編 『近代日本'の
    歴史社會學』, 木鐸社.

牟田和恵(1990b), 「明治期總合雜誌にみる家庭像: '家庭'の登場とそのパラドックス」, 『社會學
    評論』第41券1号, 日本社會學.

ムトー, ヒロコ(1985), 『妻たちの海外駐在』, 文藝春秋社.

村上淳一(1985), 『ドイツ市民法史』, 東京大學出版社.

村上信彦(1969~72), 『明治女性史』全4券, 理論社.

村上信彦(1980), 『近代史のおんな』, 大和書房.

村上龍(1976), 『限りなく透明に近いブルー』, 講談社.

目黑依子(1980), 『主婦ブルース』, 筑摩書房.

目黑依子(1987), 『個人化する家族』, 勁草書房.

MORE編集部 編(1983), 『モア リポート』, 集英社.

望月照彦(1977), 『マチノロジ: 街の文化學』, 創世記.

望月照彦(1978), 『都市は未開である』, 創世記.

望月照彦(1985), 『地域創造と産業・文化政策』, ぎょうせい.

森綾子(グループ野菊)(1987), 「女と墓格れるイエ意識」, 『女性學年報』8, 日本女性研究會.

森岡清美他 編(1993), 『新社會學辭典』, 有斐閣.

安岡章太郎(1959), 『海辺の光景』, 講談社.

柳田國男(1931), 『明治大正史 世相篇』(『明治大正史 第四卷』), 朝日新聞社(1976, 『明治大正史
    世相篇』上/下, 講談社學術文庫, 講談社).

山崎浩一(1993), 『男女論』, 紀伊國屋書店.

山崎正和(1972), 『鷗外: 闘う家長』, 河出書房新社.

山崎正和(1984), 『柔らかい個人主義の誕生』, 中央公論社.

山下悦子(1988a), 『高群逸枝論』, 河出書房新社.

山下悦子(1988b), 『日本女性解放思想の起源』, 海鳴社.

山田太一(1977), 『岸辺のアルバム』, 東京新聞出版局.

湯澤雍彦(1987), 『図説: 現代日本の家族問題』NHKブックス, 日本放送出版協會.

要田洋江(1986), 「とまどいと抗議: 障害兒受容過程にみる親たち」, 『解放社會學研究』1号.

吉武輝子(1982), 「血緣から地緣, 女緣へ」, 佐藤洋子他, 『共働き・離婚・友だち』, 教育史料出版
    會.

吉野朔實(1988~89), 『ジュリエットの卵』1~5, 集英社.

吉廣紀代子(1989), 『スクランブル家族』, 三省堂.

吉本ばなな(1988), 『キッチン』, 福武書店.

吉行淳之介(1966), 『星と月は天の穴』, 講談社.

琉球新報社 編(1980), 『トートーメー考: 女が継いでなぜ惡い』, 琉球新報社.

ルイス, オスカー(1986), 柴田稔彦・行方昭夫 譯, 『サンチェスの子供たち』, みすず書房.

レヴィーストロース, クロード(1972), 荒川幾男・生松敬三他 譯, 『構造人類學』, みすず書房.
    Levi-Strauss 1958.

レヴィーストロース, クロード(1977~78), 馬淵東一・田島節夫 監譯, 『親族の基本構造』上/下,
    番町書房. Levi-Strauss 1947; 1968.

『省婦人局 編(1989), 『婦人勞動の實情』平成元年版, 大藏省印刷局.

Anderson, Michael(1980), *Approaches to the History of the Western Family 1500~1914*, Macmillan.

Ariés, Philippe(1960; 1973), *L'Enfant et la Vie Familiale sous l'Ancien Régime*, Plon, Editions du Seuil.

Beechy, Veronika(1987), *Unequal Work*, Verso.

Benedict, Ruth(1946), *The Chrysanthemum and the Sword*, Houghton Mifflin, Co.

Bonurdieu, Pierre(1979), *La Distinction: Critique Social du Judgement*, Editions de Minuit.

Clark, M. & B. G. Anderson(1967), *Culture and Aging: An Anthropological Study of Older Americans*, Charles C. Thomas.

Cowan, Ruth Schwarts(1983), *More Work for Mother: the Ironies of Household Technology from the Open Hearth to the Microwave*, Basic Books.

Cowgill, D.(1972), "A Theory of Aging in Cross-Cultural Perspective," Cowgill & L. D. Holmes ed., *Aging and Modernization*, Meredith Co.

Davidson, Caroline(1982; 1986), *A Woman's Work Is Never Done: A History of Housework in the British Isles 1650~1950*, Chatto & Windus.

Delphy, Christine(1984), *Close to Home: A Materialist Analysis of Women's Oppression*, The University of Massachusetts Press.

Eagleton, Terry(1982), *The Rope of Clarissa*, Basil Blackwell.

Elder, Glen H.(1974), *Children of the Great Depression: Social Change in Life Experience*, The University of Chicago Press.

Erikson, E. H.(1963), *Identity: Youth and Crisis*, W. W. Norton & Co.

Friedan, Betty(1963), *The Feminine Mystique*, Dell Publishing.

Hardyment, Christina(1988), *From Mangle to Microwave: The Mechanization of Household Work*, Polity Press.

Hobsbaum, E. & T. Ranger eds.(1983), *The Invention of Tradition*, Cambridge Univ. Press.

Hsu, F. L. K.(1963), *Clan, Caste, and Club*, van Nostrand.

Illich, Ivan(1971), *Deschooling Society*, Marion Boyars Publishers.

Illich, Ivan(1976), *Limits to Medicine: Medical Nemesis; the Expropriation to Health*, Marion

Boyars Publishers.

Illich, Ivan(1981), *Shadow Work*, Marion Boyars Publishers.

Illich, Ivan(1982), *Gender*, Marion Boyars Publishers.

Irigaray, Luce(1977), *Ce sexe qui n'en est pas un*, Editions de Minuit.

Laslett, Peter & Richard Wall eds.(1972), *Household and Family in Past Time*, Cambridge Univ. Press.

Leacock, E.(1981), *Myths of Male Dominance: Collected Articles*, Manthly Review Press.

Le play, F.(1855), *Les Ouvriers Européens*.

Lévi-Strauss, Claude(1947; 1968), *Les Structures Élémentaires de la Parenté*, Mouton.

Lévi-Strauss, Claude(1958), *Anthropologie Structurale*, Librairie Plon.

Mallos, Ellen ed.(1980), *The Politics of Housework*, Allison & Busky.

Matthews, Glenna(1987), *Just a Housewife: The Rise and Fall of Domesticity in America*, Oxford University Press.

Millett, Kate(1970), *Sexual Politics*, Doubleday(1977, Virago).

Mitchell, Juliet(1975), *Psychoanalysis and Feminism*, Kern Associates.

Mitterauer, Michael & Reinhard Sieder(1977), *Vom Patriarchat zur Patnerschaft: zum Structurwandel der Familie*, C. H. Beckschen Verlag.

Oakley, Anne(1974), *Woman's Work: The Housewife Past and Present*, Vintage Books.

Schwartz, Pepper & Philip Blumstein(1985), *American Couples*, Pocket Books.

Segal, L.(1987), *Is the Future Female? Troubled Thoughts on Contemporary Feminism*, Harper & Row.

Shorter, Edward(1975), *The Making of the Modern Family*, Basic Books.

Sokoloff, Natalie(1980), *Between Money and Love: The Dialectics of Women's Home and Market Work*, Praeger publishers.

Stone, Lawrence(1977), *The Family, Sex, and Marriage in England, 1500~1800*, Penguin Books, 1979, Abridged and Revised Edition, Pelican Books.

Strasser, Susan(1982), *Never Done: A History of American Housewife*, Pantheon Books.

Tuttle, Lisa(1986), *Encyclopedia of Feminism*, Longman.

Weber, Max(1921~22), *Wirkungen des Patriarchalismus und Feudalismus, in Wirtschaft und*

*Gesellschaft.*

Werlhof, C. von(1983), "Die Frauen und die Peripherie: Der Blinde Fleck in der Kritik der politischen Ökonomie," Arbeitspapiere Nr. 28, Universität Bielefeld.

최근 몇 년 동안 관심이 향하는 대로 써놓았던 원고가 한 권의 책이 될 정도로 쌓였다. 일정한 맥락 없이 그때그때 편집자의 종용이나 생각지도 않은 의뢰를 받고 그냥 썼을 뿐인데, 이렇게 한 권으로 묶으니 하나의 줄거리가 생긴다. 그보다는 오히려 오랫동안 한 가지에만 집착했다고 말하는 게 맞을지 모르겠다. 다름아니라 '근대'와 '가족'이다. 이와 동시에 자신의 출발점을 묻는 여행이 되었다. 자신이 태어나 살아가는 시대의 수수께끼를 풀고 싶다… 이로부터 사회학은 출발했을 터이다.

지금까지와 달리 이 책에서 나의 관심은 역사적인 문제로 기울어진다. 자신에게 부여된 사회도 역사와 시대의 산물임에 틀림없다. 역사의 어느 시점에서 시작되었다면, 필시 그것이 소멸하는 시점이 있을 것이다. 시작이 있다면 끝낼 수도 있다. 시작하는 방법을 알면 끝내는 방법을 알 수 있지 않겠는가. 시작에 대한 관심은 주어진 현실이 뒤흔들리기 시작할 때 생긴다. 역사적 상상력은 현실에 균열이 생기면서 그 틈새로 역사의 대안(alternative)이 보일락 말락 할 때 생긴다. 그때 비로소 우리는 지금까지 익히 아는 것들의 기원을 전혀 모르고 있다는 사실을 깨닫는다. '근대가족'

역시 마찬가지이다. 해체의 징후를 보이기 시작하자 조금씩 그 출발에 관심을 기울이게 되었다.

이 책에 실린 논문 하나하나에는 내가 관심을 기울일 수 있게 이끌어준 사람들과의 만남이 있었다. 에도도쿄학자(江戸東京學者) 오기 신조(小木新造) 씨는 전문가도 아닌 나를 역사 속으로 초대해 주었다. 「가족의 근대」는 "일본 근대사상대계" 제23권 『풍속·성』의 해설로 쓴 글의 일부인데, 이때 처음으로 메이지 시기의 1차 자료를 읽는 작업을 경험했다.

우메사오 타다오(梅棹忠夫) 씨는 가정을 장치계(裝置系)로 보는 문명학 시각을 가르쳐주었다. 이런 우메사오 가정학의 응용문제를 푸는 심정으로 쓴 것이 「기술혁신과 가사노동」이다.

나에게 발표와 사색의 기회를 열어준 여러 학회나 심포지엄에도 감사해야 한다. 공동연구로 야나기타 구니오(柳田國男)의 『메이지 다이쇼 사: 세태편』 속편을 추진한 국립민족학박물관의 장기 연구프로젝트 "현대 일본의 전통과 변용"에 몇 차례 참가했다. 다니구치(谷口) 기념 문명학 심포지엄에서 일주일 동안의 심도 있는 원탁회의도 나에게는 자극으로 충만한 기회였다. 국제일본문화연구센터에서 국내외 일본 연구자들과의 만남 역시 역사에 관심을 기울이는 계기가 되었다. 「여성사와 근대」는 국제일본문화연구센터의 국제연구 세미나에서 발표한 글을 바탕으로 했다. 간사이(關西)사회학회에서는 엔도 소이치(遠藤惣一) 씨의 권유로 1970년대 이후 일본의 구조변동을 주제로 한 특별분과에 참여하기도 했다. 그 결실이 「여성의 변모와 가족」인데, 특별분과에서는 같은 변화를 다른 측면에서 논한

나오이 아쓰시(直井優) 씨의 관찰과 나의 논점이 부합하는 데 대해 놀라움을 나타냈다.

새로 쓴 「일본형 근대가족의 성립」은 원래 오스트레일리아국립대학의 일본연구 국제세미나에서 발표하기 위해 영어로 준비했던 글이다. 채 다듬어지지도 않은 영문논문을 리츠메이칸(立命館)대학 국제문화연구소 니시카와 나가오(西川長夫) 씨의 배려로 다시 일본어로 발표하면서 검토할 수 있었다.

이 모든 연구모임과 심포지엄에서 유익한 토론과 코멘트를 해준 연구자 여러분에게 깊이 감사드린다. 결과적으로 이 책은 거의 대부분 일본 사례를 가지고 논하고 있지만, "날실을 씨실로 삼는" 해외연구의 소개가 아닌 일본을 대상으로 한 독창적인 연구만이 해외를 향한 정보발신의 의미가 있음을 가르쳐준 사람은 외국의 연구자들이었다.

생각지도 않은 해설을 의뢰받기도 했다. 사이토 시게오 씨는 저작집 『사이토 시게오 르포르타주 일본의 정경』(齋藤茂男ルポルタージュ日本の情景) 제1권 『아내들의 사추기』의 해설을 부탁했다. 에토 준(江藤淳) 씨가 『성숙과 상실』을 30년 만에 문고판으로 출간할 때 일면식도 없는 나에게 해설을 쓸 기회를 준 것은 정말 의외였다. 도미오카 다에코(富岡多惠子) 등이 공동집필한 『남류문학론』(男流文學論)에서 직접 이름을 들어 비판했던 당사자에게서 이런 의뢰를 받았을 때 그 대범함과 포용력이 절로 느껴졌다. 이것이 아니었더라면 『성숙과 상실』 이후, 즉 이 책에서 실린 「전후(戰後) 어머니의 역사」는 쓰지 못했을 것이다. 이 모든 기회에서 나는 해설

의 범위를 뛰어넘어 시대를 논했고, 이 책에 실린 논문의 원형이 되었다.

논문들의 탄생과정을 지켜보면서 이 책에 싣게 해준 편집자 여러분에게도 감사드린다. 이 책의 편집을 맡은 이와나미서점의 다카무라 고지(高村幸治) 씨에게 특별히 감사의 말을 전한다. 이 책에서 가장 오래된 「살아온 경험으로서의 노후」를 시리즈 『늙음의 발견』에 써보라는 권유를 받은 뒤로, 총 8권으로 된 시리즈 『변모하는 가족』의 편집에도 관여하면서 「가족 정체성의 전망」 등 몇 편의 논문을 썼다. 독립된 논문들 속에서 '근대가족의 성립과 종언'이라는 굵직한 줄기를 캐어내 준 이도 다카하시 씨이다. 그가 끈기를 가지고 다그치고 신속하게 일처리를 해준 덕분에 예상보다 빨리 책이 세상에 나올 수 있었다.

이 책 역시 많은 분들의 도움을 받아 출간되었다. 이 자리를 빌려 감사드린다.

1994년 2월 눈 내리는 교토에서

우에노 치즈코

# 최초 수록목록

「가족 정체성의 전망」: シリーズ "変貌する家族" 第一巻 『家族の社會史』, 岩波書店, 1991.

「여성의 변모와 가족」: 遠藤惣一・光吉利之・田中實 編, 『現代日本の構造變動: 一九七0年以降』(世界思想ゼミナール), 世界思想社, 1991. (원제 「家族 (2): 女性の變貌と家族」)

「일본형 근대가족의 성립」: 새로 집필.

「가족의 근대」: 小木新造・熊倉功夫・上野千鶴子 編, 『風俗・性』(日本近代思想大系 23), 岩波書店, 1990. (「解說」 3의 제1절)

「여성사와 근대」: 吉田民人 編, 『現代のしくみ』, 新曜社, 1991. (원제 「女性史と近代: フェミニズムはどうとらえてきたか」)

「우메사오(梅棹) 가정학의 전개」: 『梅棹忠男著作集 9券 女性と文明』, 中央公論社, 1991. (원제 「コメント2: 梅棹 家庭 學と文明史的ニヒリズム」)

「기술혁신과 가사노동」: シリーズ "變貌する家族" 第4券 『家族のフォークロア』, 岩波書店, 1991.

「전후(戰後) 어머니의 역사」: 江藤淳, 『成熟と喪失: '母' の崩壊』(講談社文芸文庫), 講談社, 1993. (원제 「解說 『成熟と喪失』 から三十年」)

「포스트사추기의 아내들」: 齋藤茂男, 『齋藤茂男ルポルタージュ日本の情景 I 妻たちの思秋期』, 岩波書店, 1993. (원제 「批評: 'ふつうの女' が事件になった」)

「부부각성의 덫」: 『現代のエスプリ』 第二六一号 "夫婦別姓時代を生きる", 至文堂, 1989. (원제 「夫婦別姓の人類學」)

「살아온 경험으로서의 노후」: シリーズ "老いの發見" 第二券 『老いのパラダイム』, 岩波書店, 1989. (원제 「老人問題と老後問題の落差」)

「여연(女緣)의 가능성」: 栗田靖之 編, 『現代日本における伝統と変容 3: 日本人の人間關係』, ドメス出版, 1989. (원제 「選べる緣・選べない緣」)

「성차별의 역설: 이문화 적응과 성차」: 小山修三 編, 『日本人にとっての外國』, ドメス出版, 1991.

# 찾아보기

## ㄱ

가나이 요시코(金井淑子) 79, 169, 194

가네코 지로(金子仁郎) 364

가노 마사나오(鹿野政直) 117, 161

가노 미키요(加納實紀代) 164

가라타니 고진(柄谷行人) 225

가마타 히로시(鎌田浩) 125

가미네 요시오(神根善雄) 136

가미시마 지로(神島二郎) 214

가사하라 요미시(笠原嘉) 363

가스가 기스요(春日キスヨ) 337

가와카미 데츠타로(川上徹太郎) 234

가와카쓰 덴(川勝伝) 259

가타타 준(片多順) 307, 308, 315

가토 노리히로(加藤典洋) 251, 254

개블런, 한나(Hanna Gablon) 79

고다 료조(甲田良造) 132

고마샤쿠 기미(駒尺嘉美) 158

고마츠 마키코(小松滿貴子) 364

고사와 헤이사쿠(古澤平作) 226, 227

고야마 시즈코(小山靜子) 364

고지마 노부오(小島信夫) 232, 233, 236, 237

고지타 야스나오(小路田泰直) 241, 245, 247, 249, 338

구로사와 다카시(黑澤隆) 216

구로키 마사코(黑木雅子) 352, 354

구로키 세야(黑木靜也) 140

구리타 야스유키(栗田靖之) 336

구마쿠라 이사오(熊倉功夫) 377

구몬 슌페(公文俊平) 117, 215

기노시타 리츠코(木下律子) 364

기무라 구마지(木村熊二) 145

기하라 도시에(木原敏江) 63

## ㄴ

나가하라 게지(永原慶二) 125

나쓰메 소세키(夏目漱石) 196, 228, 250

나카네 치에(中根千枝) 119, 128, 339

나카쓰 료코(中津燎子) 352

노마 고신(野間光辰) 366

니시베 스스무(西部邁) 249, 251, 252

니시카와 유코(西川祐子) 102, 103, 114~16

## ㄷ

다나카 미쓰(田中美津) 270

다나카 야스오(田中康夫) 247, 252

다니구치 에츠코(谷口惠津子) 348, 374

다자이 오사무(太宰治) 158, 159

다카라다 마사미치(宝田正道) 176

다카무레 이쓰에(高群逸枝) 125, 151, 152, 164, 166, 280

다카토리 마사오(高取正男) 107

다카하시 사치코(高橋幸子) 337

다케다 류코(武田柳香) 147

다케미야 게이코(竹宮惠子) 63
다케우치 히로시(竹內宏) 336
데이비슨, 캐롤라인(Caroline Davidson) 208, 209
데즈카 겐타로(手塚源太郎) 137
델피, 크리스틴(Christine Delphy) 171, 172, 197
도미오카 다에코(富岡多惠子) 254, 375
도쿠토미 소호(德富蘇峰) 137
동즐로, 자크(Jacque Donzelot) 116
두덴, 바르바라(Barbara Duden, ドゥーデン) 70

ㄹ

래슬렛, 피터(Peter Laslett) 104
레비-스트로스, 클로드(Claude Levi-Strauss) 127
레이처드 306
루소, 장 자크(Jean Jacque Rousseau) 153
루이스, 오스카(Oscar Lewis) 268
르플레이, F.(F. Le play) 122
리코크, 엘레노아(E. Leacock) 155

ㅁ

말로즈, 엘런(Ellen Mallos) 221, 370
매키버, 로버트 M.(Robert M. MacIver) 316, 319
매튜, 글레너(Glenna Mattews) 370
메구로 요리코(目黑依子) 261

모리 아리노리(森有礼) 141
모리 아야코(森綾子) 61, 127
모리 오가이(森鷗外) 250
모리오카 기요미(森岡淸美) 65
모치즈키 데루히코(望月照彦) 317~19, 336
모치즈키 마코토(望月誠) 144
모토다 나가자네(元田永孚) 95, 96
무라카미 노부히코(村上信彦) 148, 151, 152, 165
무라카미 류(村上龍) 247
무라카미 야스스케(村上泰亮) 364
무라카미 준이치(村上淳一) 115
미노우라 야스코(箕浦康子) 262, 263, 340
미야가와 데쓰지로(宮川鐵次郎) 134
미즈타 다마에(水田珠枝) 153, 163
미첼, 줄리엣(Juliet Mitchell) 123
미타 무네스케(見田宗介) 122
밀레트, 케이트(Kate Millett) 123

ㅂ

바덴텔, 엘리자베스 185
베네딕트, 루스(Ruth Benedict) 225, 226, 310
베르호프, 클라우디아 폰(C. von Werlof) 69, 172
베버, 막스(Max Weber) 122
베벨, 아우구스트(August Bebel) 153
보부아르, 시몬 드(Simone de Beauvoir) 243
보아스, 프란츠(Franz Boas) 225
부르디외, 피에르(Pierre Bourdieu) 112

블룸스테인, 필립(Philip Blumstein) 51

비치, 베로니카(Veronika Beechy) 68, 113


ㅅ

사와키 고타로(澤木耕太郎) 267

사이구사 사에코(三枝佐枝子) 176

사이토 시게오(齋藤茂男) 258~69, 271~74,
　276, 375

사카이야 다이치(堺屋太一) 336

사쿠타 게이치(作田啓一) 226

사토 다다오(佐藤忠男) 95~97, 114, 116,
　117, 155, 156, 214, 253

사토 세자부로(佐藤誠三郎) 364

세야마 가즈오(盛山和夫) 365

세치야마 가쿠(瀨也山角) 124

세키네 에이지(關根英二) 240

소에다 요시야(副田義也) 315

소콜로프, 나탈리(Natalie Sokoloff) 76

소토자키 미츠히로(外崎光廣) 365

쇼노 준조(壓野潤三) 254

쇼터, 에드워드(Edward Shorter) 103, 104,
　108~10, 114, 116

슈, F. L. K.(F. L. K. Hsu) 128

슈바르츠, 페퍼(Pepper Schwartz) 51

스미야 가즈히코(住谷一彦) 125

스즈키 다카오(鈴木孝夫) 299, 365

스즈키 유코(鈴木裕子) 166

스트라서, 수잔(Susan Strasser) 198, 204,
　205, 221

시가 나오야(志賀直哉) 158

시갈, 린(Lynne Segal) 171

시노자키 유키코(篠崎由紀子) 336

시로야마 사부로(城山三郎) 298

시마자키 도손(島崎藤村) 158

시바야마 에미코( 柴山惠美子) 64, 66, 67

신후쿠 나오다케(新福尙武) 364

쓰루미 슌스케(鶴見俊輔) 252

쓰무기 다쿠(紡木たく) 59, 256

쓰보우치 레코(坪內玲子) 104, 366


ㅇ

아그네스 챤(Agnes Miling Kaneko Chan) 167,
　168

아라이 야스오(荒井保男) 306

아리에스, 필리페(Philippe Aries) 149, 361

아마노 마사코(天野正子) 87, 261

아미노 요시히코(網野善彦) 319

아사다 아키라(淺田彰) 225

아오키 야오이(靑木やよひ) 97, 157, 161~
　63

아쿠타가와 류노스케(芥川龍之介) 268

아토미 가케이(跡見花蹊) 146

앤더슨, B. G.(B. G. Anderson) 307

앤 이마무라(Ann 今村) 38

야나기타 구니오(柳田國男) 140, 142, 374

야마다 다이치(山田太一) 254

야마다 에이미(山田詠美) 252

야마모토 겐키치(山本健吉) 234, 235

야마시타 에쓰코(山下悅子) 166

야마시티 가쓰토시(山下勝利) 267

야마자키 고이치(山崎浩一) 255

야마자키 마사카즈(山崎正和) 250, 252, 332, 333

야마카와 기쿠에(山川菊榮) 163, 164

야스오카 쇼타로(安岡章太郎) 229, 230, 232, 233, 237, 241

에릭슨, 에릭 H.(Erik H. Erikson) 17, 243, 290, 293, 294

에모리 이쓰오(江守五夫) 126

에하라 유미코(江原由美子) 162, 164

에토 준(江藤淳) 227~31, 233, 236~41, 243, 245, 247, 248, 250~55

엘더, 글렌 H.(Glen H. Elder) 375

엥겔스, 프리드리히(Friedrich Engels) 153, 159

오기 신조(小木新造) 374

오시마 기요시(大島淸) 275

오치아이 에미코(落合惠美子) 101~103, 160

오코노기 게이고(小此木啓吾) 227

오클리, 앤(Anne Oakley) 197, 221

오히라 겐(大平健) 273

와키타 하루코(脇田晴子) 108

요네야마 도시나오(米山俊直) 316, 319

요다 히로에(要田洋江) 63, 369

요사노 아키코(与謝野晶子) 95

요시노 사쿠미(吉野朔實) 63

요시다케 데루코(吉武輝子) 332

요시모토 바나나(吉元ばなな) 57

요시유키 준노스케(吉行淳之介) 240, 241

요시히로 기요코(吉廣紀代子) 48

우메사오 타다오(梅棹忠夫) 175~90, 192, 193, 207, 208, 214, 321, 336, 374

우에노 치즈코(上野千鶴子) 9, 63, 67, 74, 76, 79, 112, 162, 171, 175, 194, 211, 222, 261, 319, 335~37, 339, 362, 363, 376

우에키 에모리(植木枝盛) 137, 140, 149

우치무라 간조(內村鑑三) 144

유자와 야스히코(湯澤雍彦) 104

이글턴, 테리(Terry Eagleton) 111

이나무라 히로시(稻村博) 338, 347

이노우에 가쓰야(井上勝也) 302~304, 312

이노우에 기요시(井上淸) 151, 152

이노우에 데루코(井上輝子) 362

이노우에 데스지로(井上哲次郎) 93~95

이노우에 지로(井上次郎) 132

이리가레이, 뤼스(Luce Irigaray) 170

이마니시 긴지(今西錦司) 298, 321

이소무라 에이치(磯村英一) 317, 319, 336

이시게 나오미치(石毛直道) 176

이시카와 다쿠보쿠(石川啄木) 158

이와오 스미코(岩男壽美子) 260

이이다 센리(飯田千里) 140

이치카와 후사에(市川房枝) 166

이토 데츠지로(伊藤鐵次郎) 148

이토 미키하루(伊藤幹治) 93~95, 156, 157

이토 세이(伊藤整) 236~39, 245
이토이 시게사토(糸井重里) 256
일리치, 이반(Ivan Illich) 154, 155, 159, 162, 163, 242

ㅈ

자이노 히로시(材野博司) 336
정영혜(嬶嶼暎惠) 357

ㅊ

치모토 아키코(千本曉子) 80

ㅋ

커닝햄 히사코(カニングハム久子) 263, 341, 349
코길, D.(D. Cowgill) 308
코완, 루스 슈바르츠(Ruth Schwartz Cowan) 204~206
쿨리, 찰스 H.(Charles H. Cooley) 317, 319
클라크, M.(M. Clark) 307

ㅌ

터너, 빅터(Victor Turner) 321, 345
터틀, 리사(Lisa Tuttle) 98, 123
퇴니스, 페르디난트(Tonnies, Ferdinand) 316, 319
티보, 오데트(Odette Thibault) 194

ㅍ

파슨즈, 탈코트(Talcott Parsons) 320
파이어스톤, 슐라미스(Shulamith Firestone) 243
푸코, 미셸(Michel Foucault) 113
프로이트, 지그문트(Sigmund Freud) 62, 120, 128, 225~28, 230, 243, 250, 253, 256
프리단, 베티(Betty Friedan) 159, 160, 270, 335

ㅎ

하나무라 다로(花村太郎) 314
하다 아이코(波田あい子) 304
하라 히로코(原ひろ子) 260, 261
하세가와 고이치(長谷川公一) 124, 125
하세가와 미치코(長谷川三千子) 163
하스미 시게히코(蓮實重彦) 231
하시모토 미네오(橋本峰雄) 107, 365
하야시 이쿠(林郁) 34, 35, 258, 264, 268
핫토리 데츠(服部徹) 146
헤겔(Hegel) 256
호리바 기요코(堀場清子) 367
호즈미 야쓰카(穗積八束) 92
혼다 슈고(本多秋五) 234, 235
홉스봄, 에릭(Eric Hobsbawm) 91
후지다케 아키라(藤竹曉) 336
후지모토 기산(藤本箕山) 132
후지에다 미오코(藤枝澪子) 160
후카사와 시치로(深澤七郎) 189

후쿠나가 다케히코(福永武彦) 234, 235
후쿠자와 유기치(福澤諭吉) 136~38, 142
히구치 게이코(樋口惠子) 160, 300, 336
히라노 겐(平野謙) 236, 237
히라쓰카 라이초(平塚らいてう) 163

히로코 무토(ムトーヒロコ) 348
히지야 키르슈네라이트, 이르멜라(Irmela 日地
　谷 Kirschnereit) 235
히코 다나카(ひこ田中) 256